外国人の子どもと日本の教育

不就学問題と多文化共生の課題

宮島　喬／太田晴雄［編］

東京大学出版会

Foreign Children and Japan's Education System
Takashi MIYAJIMA and Haruo OTA, Editors
University of Tokyo Press, 2005
ISBN 978-4-13-050162-0

目次

序章——外国人の子どもと日本の学校

何が問われているのか

宮島　喬・太田晴雄

ニューカマー外国人の増加が提起したもの

「ニューカマー」、すなわち一九八〇年代後半から増えてくる中国、ブラジル、フィリピン、ペルーなどの出身の外国人の滞在長期化が進んでいる。そのなかで最大の問題の一つとして、ようやく認識されはじめたのが、子どもたちの教育問題、わけても「不就学」「不登校」の問題である。

外国人の多住自治体が多い静岡県、愛知県、三重県など東海地方では、もう七、八年前から教育界やジャーナリズムで、「学校をやめる子どもたち」や「学校に行かない子どもたち」のことが論議の焦点となっていて、当のブラジル人などのコミュニティもこれに危機感をつのらせていた。現地では報道は少なくなかったが、全国的にはまだあまり知られていなかった。二〇〇一年、「外国人集住都市会議」が設立される。これはニューカマー（ことに南米系）の増加によって生じる諸課題について情報交換と取り組みをめざす自治体首長会議であったが、そこで子どもの教育問題がメインテーマの一つに取り上げられた。「不就学」について同会議は、「公立小中学校への就学促進や、外国人学校への就学支援、さらに生活サポートのための施策」を訴えて、問題がようやく知られるようになった。二〇〇四年四月、「外国人受け入れ問題に関する提言」を公にした日本経済団体連合会（経団連）は、そのなかで「子弟教育の充実」を強調する一方、不就学にも言及するにいたり、いちだんと認識は広まった。

肝心の文部科学省はどうだったか。この間、同省はこの問題に触れるのを避けてきたが、それは、「どう対応するのか」と問われても満足なデータも、施策の準備もなかったからであろう。それが二〇〇四年九月、ある全国紙夕刊のトップに「外国人の子　不就学調査」の見出しが躍った。文科省が、〇五年度に不就学の外国人の子どもの実態調査を行なうため予算要求をした、とのニュースなのである。まさにこれから全国的な議論が展開されることと思う。

地方から始まっていた対応

子どもを伴う外国人の増加は、改正入管法の施行（一九九〇年六月）によって入国、滞在、就労が容易になった日系人の家族帯同の来日に始まるといえる。なかでもブラジル人、ペルー人が多く、その子どもたちが日本の学校に登場するようになって、該当する自治体は「待ったなし」の課題を突きつけられ、独自に、また県の補助を得て、教育現場での対応を始める。ペルー人がどっと増えた神奈川県愛川町が二つの学校で日本語指導学級を開設し（九〇年四月）、ブラジル人の町となった群馬県大泉町が日本語学級を設置し、ポルトガル語指導助手を各学校に配置する（同年一〇月）、といった動きがそれである。日本語を使えない子どもが年に一〇人、一五人といった規模で編入学してくることは、日本の学校のかつて経験したことのない事態だった。それに対し旧文部省は、国際教室（日本語教室）の設置、担当教員の配置、そして「日本語指導を必要とする外国人児童・生徒」の調査を開始する。

ただし、より目立たないが、類似した事態が先行して、または並行して起こっていたことは忘れてはならない。たとえば、一九八〇年代、難民として来日したインドシナ系の子どもたちを公立学校に受け入れる先駆的試みが、神奈川県などの教師の個人的な努力によりながら展開された（堀、二〇〇一）。難民来日者たちは、その後滞在の年輪を重ねるが、今もなお、日本の生活への適応や、その子どもたちの学習・進学には困難を経験している(宮島、二〇〇二a)。また、「中国帰国者」関係の子どもの学習、学校への参加の困難も、関東、関西でそれぞれ現場の課題となっている(蘭、二〇〇〇)。ここでも、日本語、学校文化、日本人クラスメートや日本社会の反応など、かなり共通の問題が問われていたのである。

「不就学」という問題

「学校に行かない子どもたち」の存在を編者らに具体的に突きつけたのは、一九九八―九九年に実施、公表された愛知県豊橋市によるニューカマー外国人登録者の日本の学校への就学状況調査である。この調査では、小学校該当年齢で二五・〇%、中学校該当年齢で四五・五%という予想を越える不就学率が示された。豊橋市は、ブラジル人を中心に多くの南米人が地元または隣接市の自動車関連事業所で働く中規模都市である。われわれが同市をフィールドの一つとしていたこともあり、調査の発表後、編者の一人(太田)はいち早くこの結果の重大性に注意を喚起した(太田、二〇〇〇b)。ほぼ同じ頃、自動車生産のメッカ、同県豊田市内の、「国際団地」の異名をとる保見団地で、学校に行かないブラジル人の子どもたちが昼間、団地内の空間に群れている光景に、周囲の社会から注視が向けられ、緊張も生じ、メディア報道の対象になった。豊田市の二〇〇一年の就学状況調査では不就学率は一二・二%だったが、これは、後に述べるブラジル人学校に通う者二四・一%を「就学者」にカウントした上での数字である。

「不就学」という事実、これは、編者らの知るかぎり、欧米諸国ではあまり聞かれない。教育の義務は国籍を問わず該当年齢の子どもに及ぶという考え方がとられているからであろう。じっさい、外国人・移民の子どもの教育問題でそれこそ議論の絶えないイギリスで、アフリカ＝カリブ系の子どもの「不規則出席」(irregular attendance)がよく問題とされるが、これはイコール不就学ではない。不就学児、つまり学校に籍を置かない子どもの問題が論じられるのは稀であり、右のような日本の現状を語ると、「教育大国であるはずの日本で、なぜそのような問題が……?」と欧米研究者は不思議そうな顔をする。

適用されない義務教育

比較でいえば、外国人に就学義務を課さず、彼らが就学しないことを事実上放置してきたこと、それが日本の特徴といえるだろう。このことは遡れば、戦後における在日朝鮮人の日本の学校教育からの排除の過程と関連しており、そのことは11章でも触れている。いずれにせよ、就学が義務とされないため、1、2章で論じるように、市町村教育委員会は、学齢期外国人に日本人へと同様に就学を働きかけることをしない。就学案内は送付しても（送付のなかった一九八〇年代までに比べれば改善されたとはいえるが）、就学手続をしない保護者をチェックし、それらに働きかけることまで行なっている教育委員会はないようである。

のみならず、就学を希望するならかくかくしかじかの条件を満たさなければならないという、日本人の子どもに対しては許されない条件付き受け入れを行なう教育委員会、学校もある。これは、右に述べた義務教育年齢の在日朝鮮人子弟の受け入れに際して当局のとった「誓約書」の発想（三五頁参照）を事実上引き継ぐものではなかろうか。

他方、外国人の子どもを受け入れる日本の学校が、彼らの言語や文化の状況を考慮した対応を行なえないことも、彼らや親に就学をためらわせる要因だろう。日本語自体の壁もさりながら、日本語モノリンガリズム、複雑な学校規則、異質な行為者に対して向けられるいじめその他の不寛容の壁が、それぞれに立ちはだかっている（と少なくとも彼らに映じる）。「日本の学校に入っても、どうせ授業にはついていけないから……」と諦めて、家にとどまる者、ブラジル人学校などエスニック学校に通う者が生まれる。なお、日本の学校に籍を置き、一応通級していても、ドロップアウトの危険を感じている子どもはあり、中国帰国者関係の子どもや、インドシナ系の日本育ちの子どものなかにも、これが少なくない。日本の学校は彼らに何を提供できているのだろうか。

学習機会と文化の剥奪？　「日本語指導」に特化した施策

「生徒の母語が話せないなかで、日本語が不十分な生徒を指導するのは、限界がある。週数時間の取り出し〔授業〕で、何をしてあげられるのか。中学校の学力にとてもおよばないまま卒業させていくのは悲しく思うが、何もできない」。これは、神奈川県のある公立中学校で教える国際教室担当教員の、誠実な、苦衷をにじませたことばである。日本の学校に在籍するニューカマー外国人の子どもに対し、文科省がこれまで推進してきたほとんど唯一の施策といえば、国際教室の設置、担当教員の加配であろう。その意義を否定するものではないが、ひじょうに多くの問題が残されている。

第一に、国際教室担当教員の数は、外国人の子どもの在籍数に見合って増えていず、三、四〇人という多数の日本語指導を必要とする子どもを抱える学校でも、「配置は一校当り上限二名」の規則があって、きめこまかな対応ができない。施策の貧困といわざるをえない。外国人多住県のなかには独自に県費で三人目の担当教員の配置に踏み切った所もある。

第二に、日本語の使えない子どもを、国際教室での指導と並行してにせよ、いきなり原学級に配属することが行なわれるが、子どもは授業に参加できるだろうか。否であろう。ではどうするか。子どもの言語文化的背景も顧慮した、日本語習得のための余裕を与える数カ月間のプレスクールが必要だろうが、実践されている例はきわめて少ない。

第三に、日本語教育の訓練を受けた指導者が配置されがたいこととならんで、母語、母文化の保持と両立しがたい「日本語のみ」の指導が中心になっている。文科省は、バイリンガル的背景の下にある外国人の子どもの言語的可能性を適切に判断せず、日本語指導のみを課題視してきた。母語は彼らにとって重要な思考の手段、アイデンティティ

表0－1　主な国籍と５－14歳人口

国　籍	Ａ 外国人登録者	Ｂ ５－14歳の外国人登録者	Ｂ／Ａ (%)
韓国・朝鮮	613,791	41,897	6.8
中　国	462,396	21,460	4.6
ブラジル	274,700	27,613	10.1
フィリピン	185,237	8,018	4.3
ペルー	53,649	5,994	11.2
ベトナム	23,853	3,346	14.0

出所：入管協会（2004）.

把持の手段なのに、である。国際教室が母語、母文化の指導の場でありえないなら、それは別のかたちででも、なんらかの場で保障されるべきだろう。

その意味で、真に必要な多文化性の配慮が日本の教育では担保されていない。である以上、外国人の子どもの不就学、不登校、中途離学を生み出す制度的要因ばかりでなく、構造的な要因が、日本の学校教育システムの中に埋め込まれているといっても、あながち過言ではなかろう。これが、研究を通じてわれわれが認識するにいたった一つの関係構図である。とすると、「不就学」とは、学習機会の不利用や放棄というより、学びたくとも学べない、学ぶにしてはあまりに障害、困難が多いという意味で、学習の機会の剥奪ではないかと考えられてくる。われわれの認識は、かなりこうした方向に近づいている。

次に、いま一つの大きな要因群にわれわれはぶつかる。それは彼らニューカマーの子どもと保護者の来日、滞在、就労の条件のうちにもひそむ諸要因である。

来日外国人の滞在の諸条件から

今、その子どもたちの教育参加が求められている滞日外国人の主な国籍を選んで、二〇〇三年末の外国人登録者数、および五―一四歳(1)の子どもの数、率を挙げれば、表**0－1**のようになる。

数世代前から日本に住む「在日」がその多くを占める「韓国・朝鮮」にはここでは触れない。学齢期の子どもの比率が比較的高いのはブラジル、ペルーであり、アジアではベトナムであろう。絶対数では、中国の存在も大きい。

中国人はかなり異質性を含んだ集団で、親の在留資格でみると、「永住者」、「日本人の配偶者等」「定住者」、「技術」、「人文知識・国際業務」などが多いが、すでに述べた中国帰国者関係の子どもも含めたい。そこには二つの側面がうかがわれる。ある保護者は、子どもの通う日本の中学校について、「〔授業が〕遊びみたい」であり、「もっとしっかり〔厳しく〕やってほしい」と語り、教育への要求水準も高く、受験のための具体的指導も望んでいる（かながわ自治体の国際政策研究会、二〇〇一：一七三―一七四）。他方、日本語が不自由で、社会生活への参加もむずかしく、子どもはいじめに遭うなどして、学校、学習への参加が容易でないケースもある。これは保護者の階層の違いを表しているようで、「中国帰国者」の多くは後者に含まれると思われる。7章をみられたい。

ベトナム人の場合、元難民であることを示す「定住者」、そして「永住者」が多い。難民出身という過去に関連して保護者にはトラウマや日本語問題など適応の困難があるが、子どもたちは比較的学校志向であり、「就学を尊ぶという文化的習慣はあるようで、学校へ行くこと、進学することを親が督励し、子どももそれに応じるという関係は一応保たれている」（宮島、二〇〇一：五六）。ただ、モデルの不在のため学習の動機づけに困難があり、いじめなど周囲から否定的反応にさらされ、そのための学校離脱の例もある。8章でこれらの問題に触れる。

在日フィリピン人は、女性が八三％を占める特異な構造を示し、在留資格は「永住者」、「日本人の配偶者等」、「興行」の三つに突出している。その子どもでフィリピン国籍である者には、正規の在留資格がなかったり、母子世帯である者が相当含まれているようで、まだ顕在化していないが、日本の学校へのスムーズな就学が行なわれるのかどうか懸念される。9章で触れるように、これは案じられる今後の教育問題である。

出稼ぎ型家族としての南米出身者

南米出身者は、子どもの不就学との関連で言及されることが多い。その滞日者のほとんどは日系人とその配偶者（非日系でも、ビザは日系人のそれ）であり、親の在留資格は「日本人の配偶者等」「定住者」が一般的で、「永住者」も、二〇〇三年末では一五％強（ブラジル）、三二％強（ペルー）に達している。しかしその来日と滞在の動機が示すのは、出稼ぎのそれであり、自己選択度の低い、業者頼みの来日であり、このことは子どもの生活に影響を与えている。日本での生活スタイルとしては、父母とも長時間労働に従事し、将来の明確なプランをもたず、しかしそのような滞在が五―一〇年も続いているという形が多い。豊橋市が二〇〇二年に行なった市在住ブラジル人（成人）調査では、それまで日本語を学んだことのない者が五割に達し（豊橋市、二〇〇三：三五）、日系人とはいえ、今では純然たるアルファベット世界に生きる者が大半とみられる。日本化する子どもとのギャップは、時に深刻となる。

子どもの経験している困難は、少なくとも二重にある。来日時に日本語が使えない状態にあり、特に漢字、漢語の支配する日本の学校への編入に不安をいだいている。次に、親は子どもの教育について見通しをもって考えられず、子どもの側でも来日↓日本の学校での学習の心の準備がなく、ストレスを抱えるケースが多い。親自身がこれでよいのかと悩みながら語るわが子の態度、「責任感がなく、落ち着きがない」（小六男）、「気が短く、危険なことをやりたがる傾向がある」（中二女）も、これを反映していると思われる（豊田市国際交流協会、二〇〇一：一一九―一二二）。

家族の配慮とサポートを欠いて

右からも示唆されているように、子どもたちがそのなかに置かれている家族のあり方が不就学、不登校と関わっていることは否定できないようである。欧米の研究では、たとえばフランスではZ・ゼルールー（Zéroulou, 1988）が、能動的で統合的な移民家族と、受動的で拡散的な移民家族の型の違いが子どもの学校的成功におよぼす影響を明らかにし、またイギリスではつとにS・トムリンソン（Tomlinson, 1983）が、教師のそれとならんで、家族による励まし と支援がマイノリティの子どもの学校的成功にプラスに作用することを明らかにしている。それに照らすと、あるペルー人中学生が語るような「両親ともに朝七時半に仕事に出、夜九時まで不在」といった生活スタイル、あるいは右のように、子どもの態度の不安定さを案じながらも日々の労働に精一杯で、子どもに寄り添いつつ生きるのがむずかしい親の毎日が、否定的意味をもつことは明らかだろう。そこでは、子どもは親の選択の犠牲者の位置にあるようにさえ思われる。

こうした家族環境的要因は、われわれの考察のなかでは重要な位置を占めた。「いずれ帰国し、子どもの教育はブラジルでやり直せばよい」と語る親もいるが、「帰国の予定は？」という質問には、たいてい沈黙のみが返ってくる。東海地方のある中学校の教員は、「〝子どもの教育は先延ばしのできない、いま大事な問題なのだ〟ということをぶつける、親へのカウンセリングが本当に必要だと思う」と真剣に語っていた。なかには、出稼ぎ型生活スタイルから離脱し、子どもに寄り添おうとする家族も生まれているが、まだ少数のようである。

エスニック学校をどう捉えるか

ところで、不就学、不登校を問題視し、彼ら子どもたちを「学びの場」へ、と考えるわれわれの認識が、無意識、無批判に「学校中心主義」に立っていないかどうか、とりわけ現在の日本の学校への就学を当然視することになっていないかどうか。これは、研究を進めつつ、われわれがつねに自問してきた事柄である。じっさい、外国人の不就学を生みだす多くの要因が日本の学校教育の側にあることを確認しながら、かれ・彼女らが日本の学校で学ぶことのみを肯定するとすれば、矛盾であろう。

では、ブラジル人などの選択肢の一つとなっているエスニック学校についてはどう考えるべきか。こうした学校が静岡、愛知、群馬などに数多く開校し、外国人児童・生徒を集めているという事実は無視できず、その問題について4章、5章で種々の角度から考察を加えた。平均月三―四万円、またはそれ以上という授業料は明らかに保護者の負担能力を超え、教育の機会均等の点で問題であり、改善が必要であろう。しかし、もしも各種学校への認可が可能になるとしても、われわれの考察では、現状では、日本に今後も滞在していくであろう子どもにとり、エスニック学校を唯一の通学先に選ぶことが有意味なオルターナティヴになる、という確証は得られない。

地域の重要性、学校への問い

編者の一人（宮島）は、かつて次のように書いた。「『就学』という言葉を留保もなく、ストレートに使ってよいか。……親や周囲がかれ／彼女たちに『学校に通うべきだ』という圧力をかけると、かえって不登校、学校拒否という反応を招くおそれもあるだろう。このような場合、無理強いをせず、時間をかけたソフトランディングの道を用意することも必要ではなかろうか」（宮島、二〇〇三a）。では、どういう選択肢があるのだろうか。なお、「もし彼らに働いて収入を得る道があるなら、中学課程未修了でもやむをえない」という意見も耳にするが、そうした見方は本書執筆者間の意見交換でも肯定されるにはいたらない。

教育のエイジェントは、学校だけに限られない。今、日本の学校に足を向けるのに抵抗を感じる子どもは、たとえばボランティア、NGO、NPOなどのいとなむ地域学習室で指導を受けることがある。いわゆるフリースクール通級と相通じるところがある。また学校に通いつつ、これらの学習室で親身になって指導してくれる指導者に出会っている者もいる。学校と地域学習室の連係はきわめて重要な課題と考えるので、一つの章（10章）を設けて論じる。

それにしても、メインの主題としては日本の学校をどう変えるかを論じるべきだろう。ある現場の教師は、アンケート調査に、反省をこめて答えている。「外国籍の子どもが自国の文化を堂々と語れるような授業、人間関係がつくれる学校であればと思う。ひたすら我々は日本の現状に慣れさせることを考えているのではないだろうか」。就学を進める理念、制度、学力の多文化的見方、言語の考え方、保護者と学校の関わり、等々の現状と改善について、以下の諸章で論じていくことになる。

本書のアプローチ

本書は、不就学の量的把握をめざすものではない。外国人について、「不就学」を量的に捉える、だれもが妥当とする基準は現状では求められないからである。特にエスニック学校に通う者を就学者に数えるかどうかが最大の焦点となるが、これは複数の観点からの検討が必要である上、その通級者数を確実に捉える方法も今のところない（小さな自治体では戸別訪問でこれを試みた所はあるが）。本書では主に、義務教育年齢でありながら日本の学校に籍を置かず、通わない子どもに焦点を当てているが、エスニック学校に通う者を一律に就学者から排除しているわけではなく、後者については個々の検討が必要であると考えている。

本書のアプローチは、教育社会学、文化の社会学、グローバリゼーションと移民の社会学を主なベースとした、外国人の子どもの不就学問題の要因連関の解明と、社会学的診断である。

先行研究としては、志水・清水（二〇〇一）、神奈川県教育文化研究所（二〇〇一）、教育総研・多文化共生教育研究委員会（二〇〇三）などがあり、本書の執筆者たちも個々にそれら先行研究に参加しているから、その諸成果も、実は本書の中に反映されている。しかし、外国人の子どもの不就学、不登校の要因、背景として何があるか、というテーマを正面からとりあげた研究はたぶん本書が初めてではないかと自負するものである。

調査研究は、神奈川、愛知を主なフィールドとして以前から行なってきたものであるが[2]、特に二〇〇一―〇三年には、「外国人児童生徒の不就学問題の社会学的研究」というテーマで科学研究費補助金を得、一一名の研究メンバーで「外国人児童・生徒の不就学研究会」をつくり、群馬、岐阜、三重県等に地域を拡大し、インテンシヴに調査を行なうことができた。

具体的には、右の研究会による次の調査研究が中心の位置を占めるが、執筆者たちは多様な調査と関わっており、各章の考察はより幅広いデータを用いている。

第一に、外国人の子どもへの教育行政、学校の対応に焦点をあて、特に、先述した義務教育不適用がどのような含意をもつかを明らかにしようと試みた。地方自治の原則のある日本のこと、市町村教委の対応は必ずしも画一的ではないはずだと考え、聞き取り調査を行ない、不就学、不登校を生じやすい教委・学校の対応のいくつかを明らかにした。また、事態への対応を模索し、努力を試みている例も知ることができた。

第二に、子どもたちの学習、就学の困難を惹起する社会・文化的条件を明らかにすることに力をいれ、(1)移民、移動および就労や家族生活のスタイルを明らかにする課題、(2)アクターとしての子ども、保護者の認識、経験、選択を彼らの視点から明らかにするという課題、の二つに取り組んだ。方法としては、問題の性質上、アクター本人たちへのインタビューが中心となったが、言語の問題があり、なかなか容易ではなかった。4章を執筆しているイシカワエウニセ　アケミは、この間数度ブラジルに滞在し、現地で、帰国後の日系ブラジル人保護者、子ども二〇例以上に聞き取り調査を行なっている。合わせると、執筆者が行なったインタビュー件数は一〇〇を越える。

第三に、日本の学校以外の教育エイジェントとしての地域学習室およびエスニック学校の実態、役割を明らかにすることにも努め、インタビューを重ねた。個別の事例を深く追究する研究にまではいたらず、今回はどちらかといえば全体的傾向を捉え、その必要性、問題点、課題を示すという形となった。なお地域学習室の指導者には子どもの悩める心をよく知り、その観点から今の学校教育の問題点も捉え、よきインフォーマントとなってくれた人々がいる。

しかし、それだけでは日本に生き、学ぶ外国人の子どもたちの広がり、経験世界はなお十分にすくい上げられないと考え、第Ⅱ部では、国籍、民族の幅もやや広げ、就学、不就学の経験の多様さに光をあてている。ここにも数々の問題が隠されていることに読者の方々が気付いて下されば幸いである。

（1）初等教育（義務教育）年齢は六―一五歳で、一歳ずつずれているが、在留外国人統計の公表する年齢層が五―一四歳のそれしかないので、近似的数字であると判断し、これを用いた。

（2）その研究成果は、太田（二〇〇〇b）（愛知県豊橋市をフィールド）や、宮島（二〇〇二a）（神奈川県平塚市などをフィールド）に示されている。

I　不就学と子どもたちの教育環境

1章——学校に通わない子どもたち

「不就学」の現状

太田晴雄・坪谷美欧子

1　「不登校」と「不就学」

二〇〇四年の秋、次のようなニュースが配信された。

「一四歳のブラジル人少年がプレス加工工場に派遣され、親指を切断する大けがをしていたことが分かり、労働基準監督署は、労働安全衛生法と労働基準法違反の疑いで、人材派遣会社とプレス加工業の二社と役員を書類送検した」（共同通信、二〇〇四年九月二日）。

この事件は、図らずも、義務教育年齢にあるにもかかわらず、学校に通っていない子どもがいるという今日の日本社会の現状を明示したのである。

「学校に通わない子どもたち」という場合、読者の多くが思い当たるのは、「不登校」状態にある小・中学生の子どもたちのことではないだろうか。もちろん不登校のケースにもさまざまに言及するが、ここで主に取り上げるのは、むしろ、「不就学」状態にある小・中学年齢相応の子どもたちのことである。前者の場合、学校には在籍するものの、その学校に通っていない状態を指しており、「フリースクール」などの教育機関において学習の場を得ている者も少なくない。文部科学省は、子どもたちが代替的な教育機関に通うことによって、学校を卒業することもできる措置を講じている。これに対して後者の場合は、そもそも学校に在籍せず、教育を受ける機会をもたない状態を意味している。前者との決定的な相違は、それが日本国籍をもたない子どもにのみ生じていることにある。

　日本国籍を持つ子どもたちについては、その親あるいは保護者に「就学義務」が法的に課せられており、子どもたちが「不就学」におちいることはほとんどない（2章でもふれるように、皆無ではないが）。親が「就学義務」を負うことによって、子どもたちは「教育への権利」を保障されているのである。一方、日本国籍を有しない子どもをもつ親には、法律上の「就学義務」はないものとされている。したがって、子どもの就学は親の意思に関わる問題となり、親にその意思がない場合、子どもは「不就学」の状態に置かれてしまう可能性がでてくるのである。在日コリアンや中国人など、いわゆる「オールドカマー」の子どもたちの間で、「不就学」が問題になることは、今日ではまずないが、[1]「ニューカマー」外国人の子どもたちのなかで、「不就学」の状態にある者が少なくないのである。毎日、家の中でゲームやテレビを観て過ごしたり、幼い弟妹の世話をしたりする者もいれば、前述の報道のように、中学生の年頃では仕事に就く者もいる。

　このように、義務教育年齢にあるにもかかわらず、教育を受けるいかなる機会も享受できない子どもたちの存在を深刻な問題として考える必要がある。それは、「すべて人は、教育を受ける権利を有する」として、「万人のための教育」の理念を示した「世界人権宣言」を参照するまでもなく、まさしく教育を受ける権利という基本的人権に関わる問題にほかならない。「不就学」とは、「基礎的な教育を受ける権利や学習する権利を享受できない状態」を意味しているのである。

2　外国籍の子どもの就学の場

日本国籍をもたない子どもたちが基礎的教育（義務教育）を受ける機会は、どのような教育機関によって提供されるのであろうか。大別すれば、「日本の学校」と「それ以外の教育機関」に分類できる。

日本国籍を有しない子どもの親や保護者には、「就学義務」が課せられていないため、公立学校への就学についても一定の手続きが必要になる。就学手続きの詳細については後述するが、一般的には、親や保護者が地域の教育委員会に出向いて就学申請書を提出し、それを教委が許可することによって就学できることになっている。子どもの年齢と居住地が確認されれば、就学に関してとくに条件を課せられることはないが、過去には、在日コリアンの就学に際して、「誓約書」の提出を求めるケースが少なからずあった[2]。今日では、当該の子どもの就学についてこのような要件は撤廃されたが、近年、ニューカマーの子どもの就学に際して一定の条件を課す動きも一部の地域で見られる。

私立学校への就学も可能であるが、その手続きは各学校の裁量に任されていることもあり、一般的に論じることはできない。ニューカマーの子どもの場合、実際に私立の小・中学校に在籍することはきわめて稀であり、これは授業料を徴収することによると思われる。

「日本の学校以外の教育機関」としては、外国人学校（民族学校）とインターナショナル・スクールの二種類が存在する。前者は、特定の国籍をもつ子ども、または特定の民族語を母語とする子どもを対象とし、後者は複数国の子どもを対象にしている学校である。これらの学校は一部の例外を除いて、学校教育法第一条で定められる正規の学校（「一条校」）と認められておらず、ほとんどが「各種学校」扱いとなっている。したがって、これらの学校では、学習指導要領や文科省検定済みの教科書を用いることなく、独自の教育内容で教育をおこなえる反面、大学入学資格や教育助成・補助金などにおいては、正規の学校に比べて不利な立場に置かれている。たとえば、大学入学資格については、従来、外国人学校やインターナショナル・スクール卒業者には資格は付与されてこなかった。したがって、日本の大学、とくに国立大学に進学を希望する場合は「大学入学資格検定（大検）」を経て、受験資格を得なくてはならなかった。政府は、二〇〇三年にその政策を見直し、主に欧米系の学校の卒業者に対して入学資格を認める決定を下した。しかし、朝鮮学校などのアジア系の学校卒業者には依然として認めない立場をとっている。(3)

最近相次いで設立されているブラジル人学校に関しては、いまだ各種学校としても認可されていないのが実情で、国や地方自治体からの教育助成や補助金を一切受けることのできない状況にある。それゆえ、授業料は相対的に高く、親や保護者の経済的な負担が大きくなっている（詳しくは4、5章を参照）。なお、主に朝鮮学校を指して使われる「民族学校」という呼称と区別する意味で、暫定的にだが、ブラジル人学校等を「エスニック学校」と呼んでおきたい。

就学の状況については、在日コリアンの子どもの場合、九割以上が日本の学校に在籍していると言われている。ニューカマーの子どもに関しては、当該の外国人学校の数などを考えると、やはり大半が日本の学校、とりわけ公立学校に通っているものとみてよいであろう。

以上の教育機関以外に、ニューカマーの子どもの学習の場はないのであろうか。フォーマルな形態ではないが、いくつかのものがある。ひとつは、通信教育である。出身国の教育機関が提供する教材を用い、母語による学習をおこなうものである。5章に取り上げられているように、ペルー人の子どもの間ではかなり用いられている。以前は、ブラジル人を対象にした通信教育もおこなわれていたが、現在は休止状態にあるようである。

このほかには、地域社会におけるボランティアグループなどが主宰する「学習室」がある。これらの教室は週一—

二回程度、学校外の時間に開かれるもので、学校における教科学習の補習や高校入試に備えた受験指導などを中心におこなわれており、学校に通う子どもの学習を補助することを目的としている。ちなみに、神奈川県下にはこのような「学習教室」が一九九九年現在で一五を数えている（宮島・鈴木、二〇〇〇、また本書10章を参照）。

「学校」に通わない子どもを対象にした「教室」も例外的にではあるが見られる。また東海地方のある教会は、在留資格のない子どもを対象にした「学校」を運営している。浜松市では、市立学校内に「不就学」の子どもが通うことができる「学習教室」を設けている。

3　不就学の現状

筆者の一人（太田）は数年前、不就学状態にある子どもたちの人数を推計する試みをした。当時は、不就学者の存在は知られていたものの、量的把握はほとんどなされておらず、その実態は明らかではなかった。その時点での推計によると、「全国的にはブラジル出身の子どもだけで三〇〇〇人程度の不就学者が」おり、在留資格のない子どもの場合、「少なく推計しても、一万人程度が不就学の状態」にあるとの結果を得た（太田、二〇〇〇b）。

今日、不就学の定義について、その基準が自明でないという問題があることは序章で触れたが、ニューカマーの集住地域を中心として、不就学に関する統計資料を公表する自治体が散見されるようになった。また、実態調査も一部の自治体で実施されるなど、問題への関心は高まりつつある。以下では、統計資料や実態調査を参照しながら、不就学の状況の量的把握を試みることにする。

(1)　全国レベル

外国籍児童生徒の不就学に関する全国的規模の実態調査はこれまでのところ実施されていない。ただし、総務省行政評価局は二〇〇三（平成一五）年八月に発表した報告書のなかで、不就学の状況について次のように述べている。

「学齢相当の外国人子女についてみると……（中略）……平成一三年末で約一〇万六〇〇〇人となっている。平成一三年五月一日現在、義務教育諸学校に在籍している者は約六万八〇〇〇人、また、各種学校として認可された外国人学校に在籍している者は約二万六〇〇〇人となっていることから、これらの学校に在籍していない学齢相当の外国人子女は、相当数になるとみられる」（総務省行政評価局、二〇〇三：一二）。

ここでは、不就学者の数を特定することは避けているものの、政府関係文書において不就学者数の推計を試みていることは注目に値する。この推計について見ておくことにしたい。

表1－1は、右にいう就学状況をまとめたものであるが、(a)「学齢相当の外国籍の子ども（六―一四歳）」の数が推計値となっているのは、法務省の在留外国人統計による外国人登録者数から推計されているからである。在留外国人統計では、年齢別登録者数を〇―四歳、五―九歳、一〇―一四歳というように、五歳刻みで集計しており、六―九歳の登録者数を推計するために、「五―九歳の登録者数」に五分の四を乗じて算出している。それに一〇―一四歳の外国人登録者数を加えたものが学齢相当の外国籍の子どもの推計値とされている。(b)の義務教育諸学校在籍者数とは、「日本の国・公・私立の小学校・中学校に在籍する者の数」であり、これは文科省の学校基本調査から得られる数である。(c)の各種学校として認可された外国人学校在籍者数のなかには、幼稚園・高校および大学に在籍する者も含まれており、当該児童生徒数はこの数値よりも小さくなる。(a)から(b)および(c)を減じたのが(d)であるが、これが不就学

表1－1　外国籍児童生徒の就学状況（全国）

区　分	人　数
(a)学齢相当の外国籍の子ども（6－14歳）［推計値］	約106,000
(b)義務教育諸学校在籍者数	68,088
(c)各種学校として認可された外国人学校在籍者数	25,814
(d)＝(a)－(b)－(c)	12,098

出所：総務省行政評価局（2003），一部加筆．

者数を示しているわけではない。なぜなら、(d)には、各種学校に認可されていない学校、たとえばブラジル人学校などエスニック学校に通う者も含まれているからである。さらに留意しなくてはならないのは、(d)には超過滞在者などの不正規滞在者がほとんど含まれていないことである。不正規滞在者であっても外国人登録は可能であるが、その数は限られていると考えられる。

以上の事情を加味して総務省の推計を参照するならば、不就学の状態にある子どもは全国的には、万単位で存在していると考えられるのである。

(2)　都道府県レベル

都道府県レベルでの不就学に関する調査もほとんど行われていない。例外として長野県が不就学者数の推計結果を公表している。推計方法は学齢期の外国人登録者数から「一条校」に在籍する外国籍の子どもの数を減じて不就学者数を求めている。それによると、「不就学者」は五六五人で、外国人登録者全体の二四・六％に相当する（長野県国際課資料、二〇〇一年）。およそ四人に一人が「不就学」の状態にあるという結果になっているが、この中には外国人学校や塾に通う子どもも含まれている。したがって、不就学者をより正確に把握するには、「日本の学校以外の教育機関」に通う子どもの数を特定することが必要となる。

この点に留意して実施された調査として、東京都のNPO法人による東京二三区における「不就学」調査があるので、それを参照してみることにしよう（多文化共生センター・東京21、二〇〇三）。「一条校」以外の学校として、東京中華学校、朝鮮学校、東京韓国学校およびインターナショナル・スクールにおける在籍者数を調査することによって、「一条校」以外の教育機関に通う外国籍の子どもの数を推計している。ただし、学齢相当の外国籍の子どもの数を公表していない区がかなりあるので、二三区全体の当該子ども数も推計値として提示されている。こうした限界はあるものの、この調査では不就学者数を「学齢相当の外国籍の子ども」から「小・中学校（一条校）在籍者」および「『一条校』以外の在籍者」を減じて算出し、次のように結論している。

「数千人規模の学齢相当の外国籍の子どもについては、公立学校以外のどのような場で教育を受けているかもはっきりせず、教育機会を享受しているか、あるいは、逸しているかもわからないのである」（同：六一）。

(3)　市町村レベル

不就学への実質的な対応が求められる市町村レベルでも、不就学者の状況を明らかにするデータを保有する自治体はまだ少数にとどまっているが、一四市町が参加する外国人集住都市会議は[4]、各市町における外国籍児童生徒の不就学に関する資料を公表している。それによると、「不就学者」は最も少ない自治体で四六人、最も多いところで三二五人となっており、不就学率は九・一―五六・三％となっている。ちなみに、不就学者数は前述の総務省などと同様の方法によって算出されている。すなわち、(a)就学年齢にある外国人登録者数から、(b)「一条校」に在籍する外国籍児童生徒数および(c)「一条校」以外の「外国人学校」在籍者数を減じて「不就学者」を算出している。自治体によっては、「不就学者」のなかに(c)を含んでいる場合もあり、データの統一性に欠ける点は否めない。

ところで、このような算出方法の大きな問題点は、基数となる「外国人登録者数」が居住実態を必ずしも正確に反映していないことにある。外国人登録は居住する市町村でおこなうことになっており、たとえば、ある自治体から他の自治体に移動する場合、転出入の手続きは転出先の自治体（転入する自治体）でおこなうことになる。しかし、このような手続きをとることなく移動する事例が少なくないと考えられる。登録者数と実際の居住者数との間には一定の「ズレ」が存在するわけで、したがって外国人登録者数を基数として算出される「不就学者数」は、あくまでも概数にとどまると言わざるをえない。

(4)　実態調査による不就学状況の把握

外国籍の子どもの不就学の状況をより正確に把握するには、対象となる家庭への訪問調査などの実態調査をする必要がある。一部の自治体では、このような調査による不就学者の特定の試みがなされている。

人口の一五％が外国籍住民である群馬県大泉町では、二〇〇二年と〇三年に外国人登録者の八割を占める南米系の学齢相当児童生徒を対象にした戸別訪問による就学／不就学状況に関する実態調査をおこなった。〇三年の調査では、町内在住が確認された南米系外国籍学齢期の子どもの数は四四六人で、そのうち二七九人（六二・六％）は町内の公立小・中学校に在籍しており、一二九人（二八・九％）はブラジル人学校や塾に通っていた。残りの一四人（三・一％）はブラジル人が経営する保育施設に通っており、二四人（五・四％）は上記いずれの学校／施設にも通っておらず、「不就学」の状態にあった（大泉町、二〇〇三）。ただし、保育施設で体系的学習活動がおこなわれていないとすれば、「不就学」に近い状態にあるものと判断できる。

岐阜県可児市で二〇〇三年に実施された調査結果も見ておきたい（小島・中村・横尾、二〇〇四）。外国人登録をしている学齢期の子ども全員を対象に聞き取りによる面接方式によっておこなわれた調査は、「前期」と「後期」の

表1－2　外国籍児童生徒の就学状況（可児市）

就学形態	人数（比率：%）	
	前　期	後　期
日本の学校		
可児市立小・中学校	113（39.9）	118（37.1）
私立中学校	6（ 2.1）	6（ 1.9）
養護学校	1（ 0.4）	1（ 0.3）
外国人学校		
ブラジル人学校	71（25.1）	80（25.2）
インターナショナルスクール	2（ 0.7）	2（ 0.6）
朝鮮学校	1（ 0.4）	1（ 0.3）
不就学	12（ 4.2）	23（ 7.2）
居住不明	77（27.2）	87（27.4）
計	283（100.0）	318（100.0）

出所：小島・中村・横尾（2004：67，69），一部加筆．

二回にわたり実施され、対象者はそれぞれ二八三人と三一八人であった。**表1－2**は就学状況に関する調査結果を示している。

こうした戸別訪問を伴う調査をおこなうと、「居住不明者」、つまり外国人登録をした住所にもはや住んでいない者の数も判明する。「居住不明者」の内訳は「帰国」、「別人居住」、「転居」、「不在・不明」となっている（その当該の登録者全体に占める割合は、自治体によってバラツキはあるが、二割を超える所もある）。これらを除いた数を母数とするなら、不就学率は前期で五・八%、後期では一〇%となる。この表を見るかぎり、前期と後期の就学状況は大きく変化していないように思われるが、実際にはかなりの異動が見られる。すなわち、前期の就学者一九四人のうち、後期も継続して就学していたのは一六四人で、六人が「不就学」となり、二四人が「不明」となっている。一方、「不就学」については、前期一二人のうち、後期に「就学」した者は一人にすぎず、三人が「不明」となっている。

このように、「就学」から「不就学」あるいは「不明」となる子どもがかなりいる反面、「不就学」から「就学」に転じる者はきわめて稀であることがわかる。ちなみに、後期に新たに調査対象となった者は四八人いたが、就学者三五人に対して「不就学、不明」は一三人となっている。

4　就学／「不就学」のプロセス

以下では、外国籍の子どもが日本においてなんらかの教育機関へ通う／通わないという事態が生じる過程を図式化した「就学／『不就学』プロセス・チャート」（図1－1）を用いながら、「不就学」を引き起こしやすい場面がどこにあるのかを探ってみる。なお、「不就学」、不登校の要因としては、当然、日本の学校教育に参加できない子どもたちの学習困難、学力の不適合をあげなければならないが、ここでは主に制度的側面に焦点を当て、とくに就学に関する手続きの各段階で生ずる問題点や日本国籍の子どもとの扱いの違いに着目してみたい。

(1)　外国人登録と就学案内の関係

学齢期に達する前の外国人の子どもの公立学校への入学については、外国人登録にもとづく就学案内送付が非常に重要になっている。日本国籍者の場合、住民基本台帳にもとづいて学齢期の子どもをもつ家庭に就学通知が郵送されるが、外国籍の子どもの場合は外国人登録にもとづき就学への案内が進められる。本来、日本では外国人に就学の義務はないとされるが、序章で述べたような経緯から「就学案内」が送られており、対象者には全外国人が含まれる。これにより、外国人登録をしている学齢期の子どもの保護者全員に就学案内が届いていると理論上は考えられるが、実際にはいくつかの問題点がある。

まず、他の地域に転居した者、そこでの登録を完了していない者はこの案内を受け取ることができない。実際、送った就学案内が返送される割合が少なくなく、右にふれた「居住不明者」の率も示すように、相当のパーセンテージに達するようである。

また案内に使用される言語も、日本語しか用意していない自治体もあるようで、言語が就学へのアクセスに影響を

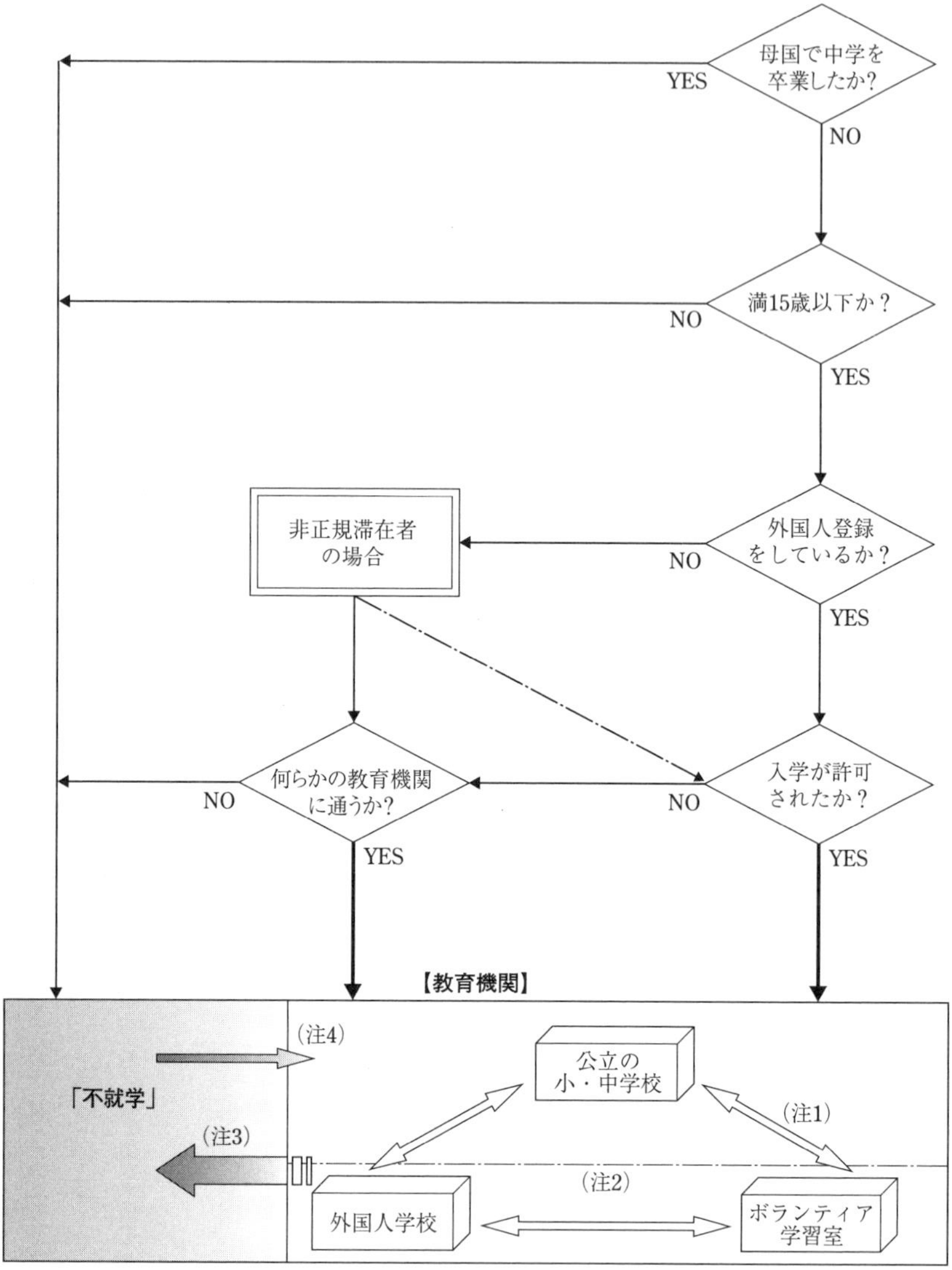

図1－1　外国人の子どもの就学／「不就学」プロセス・チャート

（注１）３つの白矢印は，「ダブル・スクール」など複数の教育機関への通学を意味する．
（注２）エスニック学校や地域のボランティア教室のみに通っている場合，地域によっては「不就学」者にカウントされるおそれがある．
（注３）定期的にはいずれの教育機関にも通学していない状態，たとえば長期欠席，退学，帰国，他都市への転居による「不就学」（自治体へ未届けも含む），日本での単純労働への従事などが含まれる．
（注４）矢印は，「不就学」状態から，復学・再入学を意味する．
（出所）坪谷・田房（2004：22）をもとに一部加筆・修正．

及ぼすことが考えられる。次章でみるように、外国人が多く住む大都市でも日本語のみの通知である所もあり、自治体間の差が大きいようである。

(2)　非正規滞在者の問題

外国人の子どもの就学受け入れの際には、必要事項の確認のために外国人登録証の提示を求める教育委員会が一般的であり、手続きのための必須の条件としている自治体も多い（宮島、二〇〇四：四七）。このような手続き方法では、非正規登録や超過滞在の外国人は子どもの就学手続きのために教育委員会をすすんで訪れようとはしないだろう。かれ・彼女らは就学手続きの情報を得ても、申請段階で入国管理局への通報を恐れ、手続きに行くのを控えてしまう可能性がある。実際には、非正規滞在の者でも、学校に通う意思があれば受け入れる方針をとり、パスポートなど本人確認ができるもので済ませたり、民生委員による居住証明書や母子手帳で代替させている自治体もある（坪谷・田房、二〇〇四：九）。しかし、厳格に外国人登録証の提示を求める自治体であれば、非正規滞在の場合は就学を拒否することもあるだろう。その時点で、こうした子どもの公立教育機関へのアクセスは途絶えてしまう。

(3)　教育委員会による入学許可

学齢期にすでに達している外国籍の子どもが公立小中学校へ入学を希望する場合は、各市町村の教育委員会に対し就学の申請をすることになる。しかし外国籍者の場合、義務教育が適用されないため、就学に対しては許可／不許可という形をとる。一九九二年、香川県善通寺市の教育委員会が、対応できないという理由で日系人の子どもの就学を不許可にしたことは、メディア等で報じられたためよく知られている。しかし実際には、この事例の他にも「公にはなっていない」が、断られた事例はあるのではないかと思われる（宮島、二〇〇三ａ：一八四）。「子どもの母国語を理解できる教師がいない」「外国人の子どもに特別な対処をする人的余裕がない」などの理由で、受け入れを拒否されることも考えられる。

「義務」ではなく「許可」であるという問題はあるものの、就学申請をすれば外国人登録をしている外国人の子どもも、公立学校で学ぶことができる。しかしその場合も、以下のような理由から不登校や「不就学」に陥る可能性がある。

(4)　何らかの教育機関に通う場合——公立学校・外国人学校・地域学習室

第一に、外国人の子どもを受け入れる際の編入学年についてであるが、一般に教育委員会は、年齢に対応した学年へ編入させる。それゆえ、かれ・彼女らは日本語が習得途上で、教科の理解がいちじるしく困難で、学校の勉強に「ついていけない」と感じることも少なくない。日本語の能力等に応じて暫定的に下級の学年に編入させ、その後、年齢相当学年に戻すという柔軟な対応も必要であろう（就学事務研究会、一九九三：六五）。自治体によっては、希望する学年を聞いたり、日本語能力に応じて学年を下げて編入させるところもあるようだが、大部分は、体格や生活年齢などの理由で、年齢対応の学年に入れられている。

第二に、中学校に進むと授業は小学校段階に比べ内容的にかなり難しくなり、その結果、日本の学校に通うのをあきらめて不登校、「退学」の比率が上がるようである。とりわけ、長期に学校から離れる夏休み後の二学期には、通学しなくなる例がしばしばみうけられるという。また、同国人どうしの結びつきが強い場合、友人やボーイ（ガール）フレンドが学校をやめたり、エスニック学校に転じたりすると、影響されて学校に来なくなることもあるという。

第三に、外国人の子どもにおいて長期欠席、それに続いての退学が少なくないが、長期欠席の子どもの保護者に対しては、義務教育不適用の理由から、学校や教育委員会は強く登校を求めることをしない。これとは対照的に日本人の場合、進級や卒業認定について、学校長が出席日数や成績だけでなく総合的に考慮し判断するといわれている。しかしながら、外国人に対しては、日本人の不登校ほどには右のような配慮がなされず、退学や除籍の手続きが比較的安易に進められてしまう傾向にあるようだ。

こうした子どもたちがエスニック学校や地域のボランティア学習室等に通うことに対し、公立学校を出席扱いにする配慮が講じられることはない。日本人の子どもが不登校になった場合、登校を強いず、多様な対応がとられることもある。文部省通知「登校拒否問題への対応について」（一九九二年九月二四日）では、場合によって、適応指導教室や民間施設に通所または入所して指導・相談を受けた日数を出席扱いとすることができるとしている（同：二一六）。この解釈を外国人の子どもに適用すれば、公立学校に在籍のままエスニック学校や地域学習教室への通級を考慮するなどの可能性も考えられるが、現段階では実現していない。

(5)　中学既卒者と学齢超過者

「就学／『不就学』プロセス・チャート」の順序では前後してしまうが、義務教育年齢を超えた者の中学校入学問題と、満一五―一八歳程度で、母国ですでに中学校相当課程を修え、来日後教育の機会を得られないまま、働くこともできずにいる若者にも言及しておきたい。

教育基本法第四条では、保護者は満六歳から満一五歳（「学齢」）の九年間、子どもを就学させる義務を負う。これによると、学齢超過者から小・中学校に入学を希望する旨の申し入れがあっても、すでに就学義務はないので、教育委員会としては受け入れる義務は生じないとされている（同：二一六）。なお、夜間中学（夜間学級）は、年齢は超過しているが中学校を卒業していない者のためのものと定められているため、満一五歳以上の外国籍の者は、こちらへの通学を余儀なくされるという実態がある。

日本の中学校を卒業していない者が日本の高校を受験する場合、「中学校卒業程度認定試験」により認定されれば、高校入学資格を得ることができる（同：一四〇）。この試験は、文部科学省が、病気その他のやむをえない理由で中学校に行けなかった者のため、年に一回各地方自治体の教育委員会が行っており、平成一一年度からは、満一五歳以上に達した外国人も受験ができるようになった(5)。したがって、この試験に合格すれば、高校受験資格が与えられるのだが、今のところ、試験の認知度は高くはないように思われる。日本人生徒の高校進学率が九七％にのぼるなかで、高校へ進まないかれ・彼女らに対しては、専修学校、職業訓練校などへの進学の機会はまったくといってよいほど閉ざされている(6)。

5　「不就学」問題の位置づけ

就学／「不就学」に関するプロセス・チャートを用いて、「不就学」がどのような場面で起こりやすいのかを点検してきた。これらを引き起こす要因についての詳細な検討は2章以下でなされるため、ここからは「不就学」問題をどのように考えるかについて簡潔に整理しておきたい。

(1)　制度上の問題

移民を多く受け入れている欧米諸国に目を向けてみると、在留許可の条件として子どもの就学を義務づけているところが多い。ドイツ、オランダ、カナダ、アメリカ等では、外国人保護者にも子どもの就学義務が課せられているため（手塚、一九九九：三〇〇）、「不就学」問題が起こる可能性は低いと考えられる。ところが日本の場合、外国人の子どもへの義務教育の不適用が、就学手続き段階でも入学後の学校での対応においても、外国人の子どもを学校から遠ざけてしまう結果を招いている。

また、各自治体が「つかむことができない」という「記録上の不就学者」については、ニューカマー外国人世帯に比較的よくみられる、日本国内の他都市への転出（未届けも含まれる）や一時帰国と再来日などの頻発が、その背景にある。

さらに、本章2節で論じたように、外国人学校や地域のボランティア教室のみに通学している場合、地域によっては「不就学」者にカウントされている（図**1**－**1**の注2）。

そして、教育委員会が就学希望者に外国人登録証の提示を求めることで、非正規滞在者の子どもたちの多くを日本の教育システムから事実上「排除」しているのではないかということも考えられる。

やや周辺的な問題ではあるが、既卒者や学齢超過者の学習の権利も保障されているとはいえない。理由は何であれ、いったん学校を離れ（図**1**－**1**の注3）、教育の「空白」期間が生じると、あらためて勉強を続ける復学や再入学などのチャンス（図**1**－**1**の注4）は格段に減少しがちである。

(2)　学びへの周囲のサポート不足

学校に行かない外国人の子どもたちが少なくないことの背景のもう一つには、「学校へ通う」ことについての情報不足や周囲のサポートの欠如が考えられる。

まず、外国人の保護者たちに対しては、子どもの教育に関するさまざまな情報の量が少ないか、提供自体がなされていないおそれがある。文部科学省は、県教委を通じて市教委に対し外国人保護者への就学援助制度の周知を促す通知を行っている。(7) しかし四三市教育委員会への調査では、すべての市教委で入学決定後に就学援助制度の周知を行っていたものの、入学決定前に本制度を外国人保護者へ知らせていた自治体はなかった（総務省、二〇〇三）。日本の教育システムを適切につかんでいない外国人保護者は少なくない。義務教育は無償であることや、就学援助制度が存在することは、親たちに是非とも知らせるべき情報であろう。

さらに、低収入、不安定な雇用、残業が常態化する長時間労働、繰り返される転居など、保護者たちが抱える生活上の問題、そして生活スタイルが、子どもの教育への支障をきたす場合がある。子どもへの期待はけっして低くはないものの、「出稼ぎ」意識の強さや将来プランの不透明さ（宮島、二〇〇三ａ：一五二―一五五）から、結果として、学校を「託児施設代わり」と考えるような、教育に対する「軽視」傾向も一部ではみられる。なお、反対に、アジア系にしばしば見られるのは、日本の経済的発展と日本の教育レベルとを結びつけ、日本の学校へ過度の期待を抱いたり、中国系のように教育熱が高まる母国と比較して「勉強量が少ない」と考え、子どもに執拗にプレッシャーをかける保護者の姿もある。これもこれなりに問題ではあろう。

制度的および行政手続的なレベルでも、また家庭内でも、外国人の子どもの「学び」そのものが保障されていない状況下では、地域社会の中のさまざまな教育エイジェントが果たす役割が相対的に大きくなっている。近年では、エスニック学校やボランティア学習室など、学校外の教育エイジェントをサポートする自治体もみられるようになっている。しかし、公立の学校とこれらの学習施設の間にはシステムそのものの違いがあるため、地域内の子どもの教育に対する連係したサポート体制を確立するまでにはいたっていない。

6　検証の必要

外国籍の子どもの就学／「不就学」の現状と、それが生じる仕組みを概略的にたどってきたが、あらためて、外国人の「就学」という行為を規定している制度的要因が複雑であることを確認した。検討をとおして、日本国籍の子どもたちに比べ、外国籍の子どもたちが各段階において「不就学」状況に陥る可能性が高く、複数の制度や要因からなる構造的な問題であることがわかった。これにより、「不就学」問題が外国人の子どもたちの学校嫌いや怠慢のみによって引き起こされるのではないことも明らかになった。

行政や学校関係者らは、「不就学」の子どもたちの生活の様子を「見えない」「つかみにくい」という言い方をよくする。しかし、制度上調べるのが不可能、家庭に入り込めないといった理由から問題を放置してしまうことは、実態に目を向けることなく短絡的に「非行」と結びつけるなど誤った認識を助長するおそれもある。すべての子どもの学習機会の保障という観点から、まず、外国人の子どもたちの学びへの困難を引き起こしているものへのさらなる検証を進めなければならない。

（1）　過去には不就学者がかなりいたことが確認されている。小沢有作は一九五〇年代の状況を次のように述べている。「神奈川県の場合、小学生二八五〇名のうち就学者二五〇〇名、不就学者三五〇名、中学校年齢該当者一二八〇名のうち就学者七五〇名、不就学者五三〇名となっており、義務教育の年齢においてさえそれぞれ一二%、四一%という高率な不就学者をだしていた」（小沢、一九七三：三三三）。

（2）　一九五〇年代初頭、東京都が朝鮮人児童に求めた誓約書の内容は次のようなものであった。

一、入学後は日本の法令に従って教育を受けることを承認します。

二、朝鮮語、朝鮮歴史、朝鮮地理等所謂民族課目は一切教育しないことを承認します。

三、学校の秩序を乱すようなことはしません。

四、学校の管理、経営に支障を来す様な場合退学を命ぜられても異存ありません。（小沢、一九七三：三七二）

（3）　大学入学資格を与えられなかった朝鮮学校などの卒業生に関しては、大学が独自におこなう「個別審査」によって資格認定ができるとされている。

（4）　参加自治体は次の一四市町である。浜松市、磐田市、湖西市、富士市、豊橋市、豊田市、大垣市、可児市、美濃加茂市、四日市市、鈴鹿市、太田市、大泉町、飯田市。

（5）　文部科学省ホームページ（http://www.mext.go.jp/b_menu/public/2003/030302.htm）。
（6）　近年では、専修学校や専門学校、自治体により運営されている職業訓練校（高等職業技術校）への進学の際にも、「高卒以上」を入学資格に定めているところが大半である。とくに、美容、栄養、商業、情報技術、医療・福祉系にそのような傾向は強くなっている。一例として、神奈川県の高等職業技術校では、「機械加工コース」「機械設計製図コース」「装飾技術コース」以外の、建築技術、社会福祉、美容、情報技術分野は高校卒業者を対象としている（かながわ人材育成支援センターホームページ http://cswww.kanagawa-cit.ac.jp/index.html）。
（7）　⑴日本人の場合に準じて同様の取扱いを行うこと、⑵市教委は、広報等を通じ就学援助制度の趣旨の徹底を図ること、また、保護者が入学を決定する前の適時に行うことにも配慮するよう求めている（文部科学省「文部科学省告示第四号」二〇〇三年一月一九日）。

（付記）　本章は1・2・3を太田、4・5・6を坪谷が執筆した。

2章——学校教育システムにおける受容と排除

教育委員会・学校の対応を通して

宮島　喬

1　「教育を受ける権利」は行使されているか

学齢期にありながら日本の学校に在籍しない外国人の子どもの割合が高いレベルにあることが、前章で確認された。筆者は一九九一年、東海地方のある市の教育委員会から、日本の学校に就学していない外国人児童・生徒の率が八%強であるという推定値を教えられ（宮島、一九九三：一四一）、この問題に初めて気付かされた。その当時に比べて、数字はあきらかに上昇しているようだ。

さらに、こと外国人の子どもの教育世界に関するかぎり、一種分断的状況がいやでも目に付く。従来これは特に在日コリアンの保護者たちを懊悩させてきたもので、彼らは自分たちの母語や母文化をわが子に伝えたいが、それをほぼ断念するかたちで日本の公立学校にわが子を送るか、または高い授業料、不十分な設備を覚悟の上で、民族学校を選ぶかしなければならなかった。一方、いまニューカマー外国人の教育世界にみられる分断的状況とは、日本の学校か、エスニック学校（ブラジル人学校、ペルー人学校など）かという分岐、またいずれにも通わない子どもたち、という三分として現れている。そして彼らのエスニック学校の選択はしばしば、アイデンティティや文化それ自体への志向よりもむしろ、帰国時の必要、日本の学校教育への参加の困難など、出稼ぎ者の具体的で選択の余地のない生活条件にももとづいている。ブラジル人多住都市では、この分断が子どもの成長の早期に始まっていることも見のがしてはならない[1]。

本章は、ニューカマー外国人が日本の学校に十分参加できていないのはなぜか、という問いにもとづき、そのような事態を生じるであろう複雑な諸メカニズムのうち、教育委員会・学校の対応のあり方にその一部が由来していると考え、これにアプローチする。

市町村教育委員会の権限には、「学齢生徒及び学齢児童の就学並びに生徒、児童及び幼児の入学、転学及び退学に関すること」（「地方教育行政の組織及び運営に関する法律」第二三条四項）が定められている。日本の小中学校に就学する者、その保護者はすべて教育委員会の指示、指導を受けることになる。学齢に達しようとする子どもの親許に送られてくる「就学通知」が、まずこれを象徴する。それは極言すれば、〝就学命令〟にほかならない。一方、権限と義務とはつねに不可分であり、教育委員会は、保護者が就学を希望しようとしまいと、子どもを就学させるよう指導しなければならない。子どもにとって通常の通学がむずかしいような場合（病気、心身の障害、家庭の解体や困窮、等々）でも、できるかぎり就学の途を講じるという義務を負う。義務教育学齢の子どもを「不就学」というカテゴリーで扱ってよいケースはきわめて限られており、肢体不自由等を理由とする就学免除者・猶予者、一年以上の居所不明者等であって、その数は六―一四歳の範囲で、二〇〇一年度では全国で約二〇〇〇人にすぎない（文部科学省、二〇〇一）。

ところが、以上すべてのことは、日本人児童・生徒について言えることである。外国人に対しては義務教育が適用されないから、右にいう「学齢生徒及び学齢児童」とは、日本人のそれにほかならない。教育委員会は外国人の子どもに就学を命じる権限をもたない。それゆえ、就学の途を講じるために努力をする義務も負わない（と解されてきた）。日本国憲法第二六条一項は、「すべての国民は、法律の定めるところにより、その能力に応じて、ひとしく教育を受ける権利を有する」とし、同二項は「すべての国民は、法律の定めるところにより、その保護する子女に普通教育を受けさせる義務を負う。義務教育は、これを無償とする」と規定する。こうした権利、義務を定めているものの、こと国民でない者が対象となると、曖昧さが立ち現れてくる。

就学の義務はたしかに外国人に課せられていない。だが、外国人の親といえども、学齢期の子どもをもっていて、学校教育を受けさせなくともよい、と考える者は皆無であろう。わが子のために日本国内になんらかの学校を探さなければならない。そして、その多くは、地理的・経済的理由から身近な範囲にある公立学校を選択の対象とする。義務ではないのだから外国人は保護者の意志しだいで自由に教育の途を講じられる、というのは実はタテマエでしかない。

他方、「教育を受ける権利」については、権利が保障されていてもその権利の行使が容易でなければ、「絵に描いた餅」に終わるおそれがある。権利の行使とは、行使のための客観的条件と行使の能力をそなえた者にとってしか可能ではない、という自明な事実を指摘しなければならない。日本語、日本の学校教育の知識が十分ではなく、移動や就労で過酷な条件にある外国人が、何らかの援助なしに就学を達成するのはむずかしい。そこに、「義務」ではないが「権利は認める」というスタンスの、矛盾、問題点があるように思われる。

2　義務教育が適用されないことの両義性

なぜ、就学の義務は日本人の保護者、子どもにしか適用されないのだろうか。日本国憲法第二六条、教育基本法第四条、学校教育法第二二条、第三六条をみてみても、もちろんこのことへの説明はない。『就学事務ハンドブック』は、これに次のように触れている。「一般に外国人には教育の義務は課せられていません。このことは、我が国でも、憲法二六条の規定から明らかであって、就学義務を負うのは日本国民であって、日本国内に住所を有する外国人はこの義務を負うものではありません」（傍点宮島、就学事務研究会、一九九三：六四）。

この文章には二つの問題があるように思う。

まず、「一般に……」と書かれているが、外国人には教育の義務は課されないというのが世界の一般的傾向だというのなら、必ずしもあたっていない。移民・外国人の多い先進国の動向にも反している。序章でも述べたように、アメリカ、カナダ、ドイツ、オランダなどが事実上、外国人の子どもについて教育の義務化を行なっている。日本も批准している「国際人権規約」A規約も、「初等教育は義務的なものとし、すべての者に対して無償のものにすること」（第一三条二）とうたっている。

第二に、「就学義務を負うのは日本国民であって……」というくだりは、字義解釈を述べたものなのか、それを超える言明なのか不明であるが、「なぜ日本国民なのか」という点で説明を要するものである。よく国民の重要義務の一つに「納税」が挙げられるが、これは在住外国人にも同じく義務として課されているものである。年金保険や医療保険についても、加入の義務は日本に住んでいるかぎり外国人も例外としないはずである。とすれば、就学義務はなぜ日本国民のみが負うとするのか、説明を要する。

このことについてのある解説は、「この義務」は、「国家と国民という特別なつながりを前提とした上で国民に課せられる性質の義務」であって、「日本国民を育成するための教育たる我が国の普通教育（義務教育）を外国人に対して強制的に受けさせるというのは実際的ではないであろう」と述べる（傍点宮島、畑野勇ほか、二〇〇〇：三五八）。とすれば、国家はこの義務が「特別」のものであると認識しているにちがいないが、では、義務教育を、日本国家と日本国民の「特別なつながり」を前提とする教育と等値してしまって果たしてよいのか。これにはこれで、日本人の立場からも疑問が提起されうる。

歴史的経緯からいえば、義務教育は外国人には課さないという規定は戦後段階の朝鮮人の扱いにおける特殊局面に由来するといえるが（11章をみられたい）、そのことは措いても、義務教育＝「日本国民のための教育」という考え方は、国の教育政策に底流しているようである。教育基本法や学校教育法にも「国民の育成」、「国家及び社会の形成者として必要な資質を養うこと」などの文言がある。もっとはっきり出ているのは、文部科学省の指導要領である。たとえば『中学校学習指導要領（平成一〇年一二月）解説――社会編』では、「世界の歴史」の学習は「あくまで我が国の歴史を理解するための学習である」と述べるなど、驚くほど日本中心の歴史像に執着を示している（この点は宮島〔二〇〇三a：一三一―一三三〕で触れたので、繰り返さない）。また、教科書では、たとえば「幕府」「鎖国」「攘夷」「維新」などの専門タームを用いるのを原則とすることによって、学習者に日本的な知的・文化的文脈に自分を置き入れるようにと求めている。

これらはそれだけでも、外国人学習者に違和感と困難をもたらし、排除の効果をもちかねない。日本の歴史の授業に触れて、神奈川県在住のベトナム系の一中学生は、「難しい言葉が出てきて、わからないというより、つまらないんですよ」と語っている（神奈川県教育文化研究所、一九九六：一二五）。努力家の彼女は、教えられることが難しくても、これは面白そうだ、と感じれば、努力をして理解につとめる生徒だといわれる。その生徒が、日本の古代史の授業を聴いて、日本人には意味のあることかもしれないが「つまらない、関心がもてない」と思ったのである。また、中国帰国者の一少年は、なぜ日本の教科書は日本の中国侵略のことをはっきり書かないのか、と強い不信感を表している。ところが今、前述のように、外国籍の子どもの大半は、通うとすれば、日本人への義務教育が行なわれている公立小・中学校を選ばざるをえないのである。

では、現行義務教育を外国人に適用するべきだろうか。不就学の問題を案じる地域の教育支援者などからは、それを望む声も聞く。だが、現状では、それは両義的であることをまぬがれない。義務化することによって教委、学校による外国人の子どもの就学を確かなものにする努力は強められるだろう。しかし、「日本国民のための教育」というその性格を変えることなく義務化することは、今以上に日本的学校文化への同調を外国人の子どもに強いる恐れがないだろうか。筆者らはこの意味で、ただちに義務教育化に進むことには留保するものである。そして、それとは別に、いま必要な対応が何かという点へと議論を進める必要があると考える[2]。

3　中途半端な働きかけ、就学「許可」に条件をつける自治体も

一九九〇年代に入り、外国人の子どもについても、学齢期に達する時に、「就学案内」が送られるようになった。ただし、それで事態が大きく前進したとはいえない。

まず、就学案内がどんな言語でつくられ、送られるかであるが、これは地元NGOの働きかけの有無などによってだいぶ異なる。多言語化が進んでいる自治体としては、神奈川県相模原市のようにタガログ、ベトナム、カンボジア、ラオス語などを含む一〇言語のバージョンが準備されている所もある。半面、東京都の二三特別区の半分近い一〇の区の教育委員会では、外国人の子どもの数、その国籍のバラエティは相当に大きいはずなのに、「就学案内」の作成は日本語のみである（多文化共生センター・東京21、二〇〇三：九）。送られてきた「就学案内」が何を言っているのか読めない、何が書いてあるかを尋ねて教えてもらえる隣人もいないという外国人もいるはずだが、そうした者の就学をも確かなものにするという方針、配慮は、確認されていないようである。

なお、いうまでもないが、「就学案内」を送ることで、外国人の子どもを選択の余地なく管内の公立学校に通わせ

るという結果になってはならない。A市教育委員会が、その就学案内の中で、市内には私立学校や朝鮮学校もあることを伝えているのは、必要な配慮といえよう。

次に、「就学案内」は送るが、その後外国人保護者が就学手続きをするかどうかの個別フォローアップはしない、というのが教育委員会のほぼ共通の態度であり、当人が就学の意思をもって申し出てくるのを待ち、申し出があって一定の要件を満たす場合にはじめて「許可」をする、というのが原則的立場である。この「希望する者にのみ、許可をする」という姿勢が、就学促進の上で問題であることはあきらかであり、二つの問題を指摘したい。

まず、教育委員会に就学を申し出る行為自体が必ずしも容易ではない。日本の学校教育制度がよく理解できない、本人にアドバイスをし手続きを教える助言者がいない、教育委員会に出向くのに日本語に自信がない、ビザに不安があるので行政との接触がためらわれる、などの問題が外国人保護者の側にある。適切なアドバイスする体制ができているか否かが重要な点である。

次に、「許可」という言葉の意味するものは何か。日本人の子どもの小中学校編入学においては、かれ・彼女らを受け入れることはそもそも学校側の義務である。ところが外国人については、「願い」→「許可」となり、教育委員会と学校は無条件に受け入れるのではなく、就学を認めるのに一定の条件をつけるという例が出てくる。たとえば、「テスト通学」と称し、子どもが勤勉に、学校の規則に従いながら通学するか、教室内の挙動はどうかを一定期間観察した上で、受け入れを許可することも行なわれる。その逆に「受け入れ不許可」の決定や、「退学」勧告もありうる。

以上、外国人の子どもの「排除」の仕組みについてその一端に触れた。それらは、共通の規則の適用の結果といえばいえるが、とはいえ、必ずしもこの仕組みは自動的、画一的に機能しているわけではない。教育委員会によっては、子どもたちの就学を促進、確保するため一定の問題意識をもち、規則を柔軟化し、対応を図っている所もある。また、そうではない、型通り、規則通りのほとんど無為の対応に終始している所もある。後者のほうが一般的かもしれない。

以下では、二〇〇二年八月から一一月前後にかけて行なった関東および東海地方の外国人人口の比較的大きな市、町の教育委員会への聞き取り調査への回答[3]にもとづきながら、外国人の子どもの就学問題への対応の諸相を明らかにし、問題の所在を示したい（なお、自治体名の代わりに用いるA、B、C、D……等のイニシアルは、本章に登場する順にまったく機械的に付したもので、自治体名と関係がない）。

4　問題の見えていない自治体

一九九〇年当時、国際教室の設置と担当教員の加配などの始まる以前には、少数のニューカマー外国人の編入学希望に対して、学校側は戸惑い、受け入れる場合でも、「お荷物」視する風があり、見て見ぬふりも手伝って、何のケアもなされずに放置される例が少なくなかった。その時期の一ブラジル人の例として、市教育委、学校が受け入れに消極的で、やっと受け入れられた後、ひどいいじめが始まり、続き、にもかかわらず学校は問題のきちんとした把握も、本人の立場に立った対応も行なわず、本人の足が学校から遠のいていったケースがある。

「G・A　一九九〇年に一〇歳で来日し、東海地方のB市へ。両親とも日系人であるが、日本語は祖父から教えられた『はい』『おはよう』の二語しか知らなかった。二月に来日し、通学は一〇月から。この半年以上の時間差は、教育委員会・学校側が、初めての外国人（在日を除く）なので受け入れをなかなか決めてくれなかったため、と本人は言う。日本語指導や通訳は全くなく、つらかった。日本人級友は最初は好奇心をもってくれたが、すぐいじめが始まる。ドッチボールではしたたかぶつけられ、しかし球は自分に回ってこない。言葉のことで笑われる。陰で暴力をふるわれる。なぜ暴力をふるわれるのか理解できなかった。『ブラジルに帰りたい』と訴えたが、母からは『そんな意気地なしでどうする』とさとされ、いじめに対しては『やり返してはだめ。トラブルを起こして送還されたら大変だから』と強く言われた。日本人の子どもの言葉：『靴はいたことがあるか』『テレビ観たことあるか』『手でご飯食べるのか』、等々。中学校では上級生から、『敬語を使わず、生意気だ』といわれ、『なぐられたくなかったらタバコを買って来い』などとすごまれた。ある時以降、学校に足が向かなくなった」（二〇〇三年一〇月インタビュー）。

今日ではさすがに、教育委員会、学校側のこのような無責任な放置はみられなくなったといえよう。しかし、ニューカマーの保護者・子どもへの地元教育委員会の対応には、評価できる要素もあれば、今なお形式的、消極的の語に尽きるものもある。管内に相当数の学齢期のニューカマーの子どもがいても、教育委員会としては、就学状況を特に知ろうという問題意識をもたない場合もある。「就学案内を出した者はほぼ全員が入学していると理解している」と楽観的に語るB市の指導主事の例もある。

筆者らが訪ねた東海地方のC市では、教育委員会の担当の指導主事は「そういう問題（不就学）があることは承知してはいるが、わが市については、不就学はないと思う」という判断であった。このC市の場合、外国人登録が八〇〇〇人弱で、その内、半数近くを南米系が占めるというかなりの規模であるが、それだけにその楽観的な見方にどういう根拠があるのか知りたいと思ったが、「市内の南米系の人々は比較的まとまりがよく、子どもにも目が行き届いている、とみている」という認識が示されるにとどまった。

個別に、たまたま直接ぶつかる事例があると、学校も教師もそれなりの対応をするようになる。関東地方のD市の指導主事は、一教師として行なったことと断りながらこう語った。「ある中学校で教師をしていた頃、学校に通っていない外国人の子どもが中学校に遊びにきたので、その子の話を聞き、児童相談所に連絡した。このように偶然出会ったときには学校に来させるように手続きをとるが、出会わないかぎり把握することはできない」。

一方、わが市ではいったいどうかという問題意識を多少とももち、就学率の算出を行なった教育委員会もある。すなわち、関東地方のE市では、二〇〇一年度の公立小・中学校新入生について、就学案内送付数と公立小・中学校入学者数の関係を調べてみたところ、小学校で六七％、中学校で五九％という予想外の数字が示された。管内には、特に外国人の子どもを受け入れていると思われる私立学校も、外国人学校もない。市の外国人人口は九〇〇〇人強に上るが、南米系が特に多いというわけではなく、国籍的には比較的バランスされた外国人人口構成となっている。ボランティアによる学習サポート活動もある程度行なわれている地域だけに、この数字はショックだったようである。担当指導主事は、「宛先不明、転居で返ってくる就学案内は多いが、それ以外の理由は分からない、これがもっと増えてくるなら、調査の必要はあろう」としていた。

（公立学校への）就学率を算出している自治体は、南米出身者が高い割合を占める東海地方に多い（「外国人集住都市会議」に参加している都市では、この調査の実施が申し合わされている）。われわれが聞き取り調査を行なった関東、東海の地方自治体の教育委員会の半数以上は、二〇〇一年度の小学校における、外国人入学者数／就学案内発送数を提示してくれた。そしてその比率はだいたい四五―六〇％であった。この率は日本の学校への就学率であり、エスニック学校への通級者数をつかみ、これを就学にカウントしている所もあるにはあるが、少ない。こうした数字の検証を行なった自治体は、深刻さを認識することになる。なかにはメディアで取り上げられ社会的に問題化されたため、議会での質問に答えるべく調査を行なった市もある。そこまでくると、教育委員会も本格的に動かざるをえなくなる。

D、E市のような場合も含め、教育関係者はよく、「不就学の子どもは見えない」と言う。いうまでもなく見えないことと存在しないこととは違う。だが、見えないのは、見ようとする努力をしないことの結果でもあるのではなかろうか。

5　就学への働きかけは形式的

一般に、教育委員会は、学齢期に達する外国人の子どもへの就学への働きかけを次のような順序で行なう。入学前年の一〇月頃に、外国人登録原票に基づき入学年齢に達する子どもをもつ保護者に就学案内を送る。案内の内容としては、就学を希望する場合、教育委員会学務課に出頭すること、一一月頃に行なわれる健康診断を受けること、を記している。そして、就学させる意思のある保護者には就学申請書を提出させる。入学予定の各学校の説明会が翌年一月頃に開かれる。

さて、ここで、就学案内を送り、それに応えて教育委員会に出頭し手続きをする者、そうでない者が分かれてくるわけであるが、後者に対して何が行なわれているか。すでに書いたように、なぜ手続きをしないのか事情を尋ね、家庭を訪問したりして就学を奨める、といったことはまず行なわれていない。これについては「義務教育でないため、強い働きかけをする権限がない」というのが担当指導主事の一般の答えであった。ないしは、もう少し本音を明らかにし、「そこまでやるのはキツイ」という言い方をした指導主事もいる。東海地方の一角にある、外国人の不就学率の数字がかなり高く出ているF市では、「就学案内を送る以上の取り組みはしていない。ただ、外国人集住都市会議のメンバーでもあるので、何らかの取り組みをしなければというプレッシャーは感じている」とのことだった。

少数であるが、注目される取り組みもあった。東海地方のG市は、大規模な外国人人口を抱える所ではないが、地元の民生委員と協力して、就学していない外国人の子どもがいないかどうかの確認に努めている。教育委員会による直接の調査が行なわれがたいなら、こうした他の機関との協力による実態の把握も必要になるだろう。ただし、その機関が、外国人や子どもの人権について十分な理解をもち、配慮できるということが、必要な条件であろう。関東地方のH市では、後にいま一度ふれることになるが、民生委員のなかで個人として積極的な役割を果たしてくれる人がいて、「民生委員の連絡を受け、いつも家で独りでいた学齢期の外国人の子どもを学校に通わせるようにしたことがある」と指導主事が語っていた。

市の施設とタイアップして対応することが可能である自治体もある。前述したA市では、教育委員会の担当者はこう語っていた。「不就学児について特に調査はしていないが、市内でだいたい一〇名前後ではないか、と推測している。ただし、たとえば『六歳くらいの子どもが昼間近所を歩いている』などという近隣住民からの情報がI館（外国人の多く住む地区にある市の交流・教育・福祉施設）などに寄せられると、連絡をとって就学させるなど、個別に対応している」。同市は外国人への体系的できめこまかな施策を積み上げていて、こういう問題では、市の公的施設とある程度連係できるようである。

6　学校ソーシャルワーカーが就学をフォローする

就学を促すための当事者との接触は、行なわれうるとしても、外国人家庭の個別ケースへの対応となるから、さまざまな問題にぶつかる。一例として、教育委員会の担当者・学校の強い熱意と、事態の難しさとをともに示すケースもあげておく。東海地方で南米人の数では一、二を争うJ市では、外国人保護者にいわば「学校ソーシャルワーカー」的に対応する教育相談員が配置されている（類似のシステムをとっている自治体は他にもある）。授業の補助もするが、就学を可能にするため、さまざまな問題の解決のため、必要によって家庭訪問も行なっている。そのなかの一職員の語った経験は、次のようなものである。

「現在（二〇〇三年一〇月）、来年度の新入児の就学時検診が悪戦苦闘のなかで続いている。私が担当しているK小学校では、名簿には七名載っているが、二名は所在も不明だった。すんなり検診を受けたのは一人だけで、あとは何度も電話したり、家庭訪問をすることになった。母が〔不和から〕家を出てしまい、父子家庭で新入児一人を含め子ども三人で暮らしているブラジル人の場合、『子どもたちを来年二月ブラジルに帰すつもりだ』、と言っている。家庭の様子からみて三人を帰国させられる経済状態とはとても思えない。教頭と私と通訳とで家庭訪問し、就学援助や片親家庭の援助もあることなどを話し、現在説得中である。就学時検診の日のたった半日間で、三件の家庭訪問と一件の親との懇談……。一人の子どもを就学させるのに、どこの学校もものすごいエネルギーを使っている」(当職員からの聞き取り)。

「一人の子どもを就学させるのに、どこの学校もものすごいエネルギーを使っている……」という最後の言葉は印象的であるが、「どこの学校も」というのは、J市の中でのことだろう。右の例でも分かるように、こうした場合就学を勧めるのは、簡単なことではなく、経済的事情や児童福祉問題についても相談に乗る必要が生じる。親身な、根気づよいコミュニケーションが必要である上、教育委員会のみでは対応できない、市の保護課や児童相談機関の助けも仰がねばならないケースがある。

ところで、右のケースは、すでに保護者が教育委員会に就学の意思を伝え、通学予定の学校も決められ、検診が行なわれるという段階で起こったことである。そうなると、教育委員会および当の学校の側も入学予定者に対して責任があると考え、教頭が家庭訪問に共に同伴している。しかし多くの自治体ではここまで行なわれない。「就学の意思を示したが、検診には欠席し、就学にいたらなかった」と書類上で記して済ませてしまうかもしれない。これに対して、直接に家庭に強く働きかけて就学の軌道に引き戻そうというもので、右のようなケースは評価すべき努力といえる。

入学を果たし、公立学校の在籍者になると、彼らには学校からの注意、ケアがいろいろと及ぶようになる。もし数日間でも無断欠席が続くと、学校側は事情を問い合わせたり、家庭を訪れ、保護者に面談したりすることになる。ただ、この点、日本人の子どもと同じかどうかということを、筆者はある指導主事に尋ねたところ、「原則はそうでなければならない。しかし、保護者と言葉が通じないなど難しさがある上に、『義務教育ではないから』という理屈もあって、フォローが徹底しえない」と、反省をまじえた答えが返ってきた。

この「義務教育ではないのだから……」については、旧文部省の側にもそれを容認する次のような見解がある。「出席状況が良好でない児童・生徒に係わる市町村教育委員会への通知（学校令第二〇条）、およびこの通知に基づく市町村教育委員会から保護者に対する出席の督促（学校令第二一条）も、義務教育を受けるべき学齢児童・生徒に関するものであって、外国人の子どもには適用されません」（就学事務研究会、一九九三：六四）。だが、いったん在籍するにいたった児童・生徒に、こうした区別を設けることは果たして妥当だろうか。

7　「子どもの権利」は守られているか——外国人登録証明書の提示をめぐって

教育委員会が外国人の就学受け入れの手続きを進める際、必要事項の確認のためとして外国人登録証明書（以下、「外登書」という）の提示を求めるのが一般的であり、手続きをそのように完全にマニュアル化している教育委員会が多い。この提示を求めること自体については、権限上、問題がないのだろうか。外国人登録法の第一三条二項は、同書の提示を求めることができる権限を、入国審査官、警備官、警察官、海保庁職員その他法務省令で定める公務員に限っていて、教育委員会職員にその正当な権限があるかどうかは疑わしく、提示を無理強いすることがあれば法令上問題だろう(4)。

外登書の提示を求めることの一つの問題は、オーバーステイなど、入管法上その滞在資格に問題のある親が、知られることを恐れ、子どもの就学を手控えてしまうという点にある。外登書の提示を受けた教育委員会職員が法務省に不正規滞在の事実を通報するのではないかと恐れ、手続きにおとずれないか、または手続きを中断するからである。この通報に関して、ある教育委員会側が含みのある態度を示すことによって外国人保護者の足を遠のかせてしまった例もある（太田、二〇〇〇b）。なお、いうまでもないが、保護者が正規の滞在資格をもたないと子どもの日本の学校への就学が拒まれるとする法的規定はない。「子どもの権利」の観点に立つなら、親の行為である不正規滞在が、子どもの教育を受ける権利に影響を及ぼすべきではないという観点から、これは当然のこととされる。ただし、「子どもの権利条約」批准以前には、旧文部省が不法滞在外国人の就学は極力「防止」するというスタンスにあったことは確かである（たとえば、一九五三年の「非合法居住外国人の就学防止について」という通達の存在）。

こうした理由から、教育委員会への聞き取りの一項目に、就学手続き時の外登書の提示の有無を加えた。多くの教育委員会では、これがどのような問題であるかということは一応意識されていた。その上で、東海地方のF市のように、「外登書の提示を求め、未登録の場合（実際はまだ発生していない）は、断ることになる」と述べる自治体もあり、同市教委は、「不法滞在」については法務省への報告義務がある、という立場をとっていた。後に述べる自治体Mも、外国人登録を就学許可の条件としているから、たぶん就学を断るということだろう。なお、南米、ことにブラジル出身者の場合は不正規滞在はごく少なく、むしろ未登録や「在留資格なし」はフィリピン出身者に多いようであり、9章で論じているように、外登書チェックが厳しい所では、フィリピン人の不就学児を生んでいるとみられる。

F市ほどはっきり態度決定はしていなくとも、ほとんどの自治体は、就学手続きに際し外登書の提示を求めることをマニュアル化している。では外登書をもたないケースがあれば（そういうケースに出会っていない所が多い）、どう対応するのか。手続きを進める上での不都合を告げ、外国人保護者に自主的に手続きを断念させるのか、それとも何か代替的な措置でよいとするのか。同じ東海地方のL市の教育委員会ではこう語られた。「外登書によることを原則としているが、それ以外でも子どもの生年月日、居住地を確認できる公的文書であればよい。たとえば民生委員による居住証明、パスポート、母子手帳など」。同市は「在留資格については、教委は関知しない」という立場であり、「内外人平等の原則」に立って就学手続きを行なう、という方針が以前から確認ずみであるという。

一方、日本人との平等を重んじ、外登書の提示を求めないとしている所もある。前述したA市の教育委員会は、「基本的には、就学申請書のみで受付け、これを受理する」としている。なお、就学申請書には、保護者の住所、氏名、児童生徒氏名、性別、生年月日、保護者との関係、住民登録をしている場所又は国籍の記載欄がある。欄外に「外国籍の人の氏名は、外国人登録書のとおり書いてください」という注記があるが、在留資格や在留期限にはなんら触れていない。同市は、日本には公的な身分証明書制度がないので、公平のため、外登書提示は求めない、という考えである。

またH市も、「外登書は提示させていない」と答えていた。オーバーステイだということだけで就学の機会が奪われてはならない、というはっきりした考え方があるようである。同市は、中南米系、アジア系がほぼ人口的に拮抗している中規模都市であるが、中南米系や中国人やフィリピン人の増えてきた今日でも、外国人の子どもの就学には、地域として優先課題として取り組んでいるという印象を受ける。

「一昨年（二〇〇〇年）、一民生委員の仲介によって、フィリピン人を両親にもつ子どもの入学手続きを行なった。このとき、母親はその子の年齢さえ記憶していず、出生届けも出されていなかった。両親はパスポートもなくしているという。たまたま母親は、子どもを出産した病院（東京都内のある病院）を覚えていたので、民生委員が出向いて、その病院のカルテを調べ、子どもの出生を確認。その後外国人登録を同市で行なって、就学させた」（H市指導主事）。

これは外登書の確認の手続きではなく、まさしく本人の身分確認すらできない者に対し、その確認を援けてやり、就学とともに、地域社会内での当面の住民資格を獲得することにも助けの手を差し伸べているのである。

8　教育委員会の可能な対応

最初の問題に立ち返りたい。世界人権宣言が「すべての人は、教育を受ける権利を有する」とし、国際人権規約A規約が「初等教育は、義務的なものにし、すべての者に対して無償のものとすること」(第一三条二(a))と規定していることからすれば、義務教育は課さないとはいえ、教育委員会は、日本人の子どもと変わりなく、強い義務感をもって外国人の子どもに対すべきだといえよう。しかし、「外国人登録していても、受け入れる自治体(市町村)側や当該学校の側で受け入れに躊躇し……」(手塚、一九九五：二六八)という状況は完全にはなくなってはいない。法に依拠しなければならず、国からの通知、通達による枠付けもはたらく教育委員会の活動はむろん自由なものではない。けれども、外国人の子どもの教育という分野では、規則にしても、明文化がなされず、まだ解釈が固まっていないものが多い。それに、地域の実情、子どもの実情は大きな判断の基準でなければならない。教育委員会にとっては、努力、工夫の可能な、必要な領域ではなかろうか。

平等についていえば、機会を等しく与えるため、日本人の子どもと同じ扱いをしなければならない場合(機会の平等)、日本人の子どもとの「差異」を施策に反映させ、それを通じて平等に近づけなければならない場合(結果の平等)、がある。そして、特に後者の差異的対応についてはすでに敷かれた確固たるレールがないことが多いという意味で、教育委員会が独自に対応してよい、否、対応しなければならない事柄が少なくない。教育委員会が試される点でもあろう。

一つだけ例をあげれば、「学齢超過」の子どもの扱いがある。問題はすでに前章で触れたとおりだが、そのような者の通常の公立中学への受け入れを断っている自治体もあり(たとえば東京都の場合)、その場合残されている道は夜間学級への通級しかない。ニューカマー外国人には、母国における就学年齢や九月入学などとの関係で、あるいは落第や移動による学業中断のため、一六歳以上の希望者が少なくない。しかも日本で生きていくためには、彼らにも中学課程修了の証明が必要となるという切実な事情がある。受け入れるか否かが市町村教育委員会の判断に委ねられる問題であるとすれば、可能なかぎり道を開くべきではなかろうか。前述したH市教育委員会では、ある南米系の子どもの就学要求に対し「その子は年齢は一六歳で、学齢超過だったが、今後も日本で暮らしていくには中学校の卒業資格が必要だろうと両親は考えていたようだったので、中学三年に入学させた」としていた。

「学びたい」という意欲、「学ばせたい」という意思よりも、法秩序維持や学校文化維持を優先させているとみざるをえない例もある。関東地方の自治体Mでは、管内の公立小・中学校への外国人の子どもの受け入れの条件を、教育委員会が明文化して定め、保護者への説明のために用いている。その条件とは、「外国人登録をしていること」、「社会保険または国民健康保険に入っていること」、「引き続き一年以上学校に就学できる方」などであり、さらに「授業時間中の学習態度については、日本の方式に従うこと」がわざわざ記され、「理由のない欠席が一カ月以上続いた場合、退学扱いとして処理する」と明記されている。

外国人登録を就学の条件にすれば、親が未登録である子どもは排除される。社保、国保の加入は大事なことではあるが、就学の条件にするのは適当であろうか。また「退学」とは、義務教育段階では日本人児童・生徒対象には認められていない措置である。この場合、仮に認めるとしても、「理由のない欠席、一カ月以上」というのは、いささか性急な措置ではないだろうか。同じ関東地方のN市の教育委員会も外国人児童・生徒の不登校者に退学手続をとらせる必要を強調し、理由として、在籍者と実通級者の間に乖離が生じると、教室編成や教員配置や、教材の準備に影響するからであるとしている。しかし、日本人児童・生徒の不登校の影響も同じであるはずであり、そこに扱いの大きな違いがあってよいのだろうか。

最後に、少数の教育委員会が、その直面する課題に正面から向き合い打ち出した独自の施策の一つに言及しておきたい。それは、一種のプレスクールの設置である。日本語のほとんど使えない、また日本の学校に抵抗感をいだく子どもを、いきなり学校に編入させ原学級で学ばせるのではなく、数カ月から一学期程度をかけて日本語指導を主としたクラスに学ばせるもので、豊田市教育委員会の「ことばの教室」が先駆例にある。これは同市内の保見団地内のある市立小学校の中に置かれていて、学校在籍を通級の要件とはしていない。また岐阜県美濃加茂市では市長部局のバックアップの下、市教委が二〇〇三年、「共生学級エスペランサ」を立ち上げている。これは、同様の子どもたちを、市内の小学校に在籍させた上で、一カ月から半年間、同教室に通級させ、もっぱら日本語の指導を受けさせるもので、その後の原学級の授業への子どもたちの参加をより容易にしている。ともにブラジル人指導者も重要な役割を果たしていて、母語、母文化への配慮もある程度みられる。

結論的な言い方をすれば、一方で、日本人の子どもとの平等な扱いを、「機会の平等」、「結果の平等」の両面から考えるとともに、他方では、学ぶ機会を最大に与えること、学ぶ意欲をもつ子どものその意欲に最大に応えること、の二つの原則に立って何がなしうるかなすべきかを工夫することが必要だろう。そこから教育委員会の工夫や思い切った施策が展開されることで、地方から始まっている共生をいっそう推進することが可能となる。

(1)　それは、ブラジル人経営の保育所から学校までの繋がりができつつあることを指す。東海や関東のブラジル人多住都市では、学校以前の段階から非日本的な教育世界は始まっている。幼児をもつ南米人家庭は、子どもを通常の保育所にではなく、ブラジル人経営の（無認可の）保育施設に預ける。理由は、夫婦そろっての出稼ぎ型の長時間労働にあり、なかには朝の五時半から夜の九時、一〇時まで子どもを預ける必要があるケースもあり、日本の保育所でこれに応じてくれる所はない。さらに、親が日本語が不自由であるため、ポルトガル語で対応してくれるこれらの施設がより求められるという事情がある。保育料はかなり高額で、半面施設は十分ではなく、「過密」状態の所が多く、子どもへのしつけ、協調性の涵養等の社会化の機能は、二義的である。それでも学齢に達するまでの五年間、六年間、子どもをそこで過ごさせるブラジル人家庭が多い。

日本の保育所、さらには幼稚園というコースをたどる子は少ない。このため日本生まれでありながら日本語がほとんど使えない子どももいる。六歳に達して日本の公立小学校に進む場合、スムーズに学校生活に参加する者は例外的なようである。他方、日本の学校に向かわない子どもも相当数いる。その受け皿となるのがブラジル人学校であり、後者では、ブラジルの小・中学校と同一の教科書を用い、同一のカリキュラムに従って授業をしているとのことである（本書4章も参照）。筆者らの訪ねたある学校では、指導する教員はブラジルからの来日者で、日本語はほとんど使えず、そこで学んでいる小学校高学年とみられる児童に日本での滞在歴等をごくやさしい日本語で尋ねたが、この質問の言葉は理解されなかった。

（2）その暫定的立場とは、教育委員会、学校による外国人保護者、子どもへの就学の働きかけを準義務的なものに強めるべきだと考えるとともに、義務的初等教育をより普遍的な「市民のための教育」に近づけるための批判と改革を進めること、がそれである。

（3）それは、大泉、太田、伊勢崎（以上群馬県）、厚木、川崎、相模原、平塚、藤沢、大和、横浜（以上神奈川県）、岡崎、小牧、豊田、豊橋（以上愛知県）、大垣、岐阜（以上岐阜県）、鈴鹿、四日市（以上三重県）の諸自治体である。回答者は、各教育委員会の担当指導主事であった。この内約半数には共通のフォーマットによる聞き取りを行なった。

（4）旧文部省は、教育委員会事務職員に登録証明書の提示を求める職務権限はないことは認めているが、「外国人の入学を許可する場合、学校当局において本人の所持する外国人登録証明書の閲覧を条件とすることは、外国人登録証明書は当該外国人の国籍、居住等を証明する最も重要な拠でありますから、何等支障のないものと思料いたします」としている（文部省調査局長通達「非合法居住外国人の就学防止について」一九五三年四月一一日）。

3章――日本的モノカルチュラリズムと学習困難

太田晴雄

はじめに

ニューカマーの外国籍児童生徒が、識字をはじめとする社会生活上の基礎となる知識や技術を身につけるための教育を受ける機関は、日本の学校だけに限られることはないが、現在のところ、日本の学校以外の教育機関（たとえば、「ブラジル人学校」や「ペルー人学校」など）が、特定の地域に偏在していることや授業料など保護者の経済的な負担が大きいことなどを考えるならば、日本の義務教育諸学校（とくに公立学校）は、かれ・彼女らや保護者にとっては、もっとも身近でアクセスしやすい教育機関と考えられる。

事実、大半の子どもたちは日本の公立の小学校・中学校に通っている。しかしながら、日本の学校におけるかれ・彼女らの教育達成はかならずしも十分であるとは言い難いのもまた事実である。高校まで進学する者の割合は五〇％程度にとどまり、「四〇年以上前の日本の教育水準しか享受していない」（樋口、二〇〇二：一四）と言われる状況におかれている。また、「退学」して「不就学」の状態になる者もめずらしくない。

このような教育達成上の困難がなにゆえもたらされるのかを検討することは、ニューカマーの子どもたちの「不就学問題」を考えるうえで重要だと思われる。本章では、とくに日本の学校教育におけるモノカルチュラルな特質に焦点をあて、ニューカマーの子どもの教育達成の実現を阻む要因について考察してみたい。あわせて、子どもたちのエンパワメントにむけての学校教育のあり方についても言及したい。

1　外国人の子どもの就学と教育——二つの原則

日本国籍を持つ子どもの義務教育諸学校への就学については、憲法をはじめとして教育関連法に明確に規定されている。すなわち、学齢期（六—一五歳）にある子どもの親または保護者には、その子どもに義務教育を受けさせる法令上の義務が課せられ、子どもは義務教育という基礎的教育を受ける権利が保障されている。

一方、日本国籍を有しない場合は、このような法的な規定が及ばないものとされ、当該の子どもの義務教育諸学校への就学や教育は、上記の法令上の規定とは異なる「原則」に基づいて成立するものと考えられている。

その原則とは、一九六五年に当時の文部省が日韓条約の締結を受けて、全国の教育委員会に出した「通達」において示されている。そこでは、在日韓国人の日本の学校への就学に関する見解が次のように述べられている。

「永住を許可された者が、当該永住を許可された者を市町村の設置する小学校または中学校に入学させることを希望する場合には、市町村の教育委員会は、その入学を認めること」（一九六五年一二月二五日文初財第四六四号、文部事務次官通達）。

その後、在日韓国人のみを対象とするのではなく、外国人一般に適用するとの修正はなされたものの、実質的な変更はなく、今日に至っている。

この原則によると、当該の子どもの就学は、親または保護者が教育委員会に就学を「希望」し、教育委員会がその申し出を「許可」することによって実現することになる。この原則は、外国人の子どもの就学を可能にはするが、同時に「不就学」をも可能にする。この点に関しては、1章で詳しく論じられているのでそちらを参照してもらいたいが、ここでは、外国人の子どもは日本の法令上、義務教育を受ける権利を保障されていないことを指摘しておきたい。

ここで注目しておきたいのは、むしろいま一つの「原則」である。というのは、それが外国人の子どもの教育の「あり方」を規定する内容になっているからである。「通達」では、それが次のように示されている。

「永住を許可された者およびそれ以外の朝鮮人教育については、日本人子弟と同様に取り扱うものとし、教育課程の編成・実施については特別の取扱いをすべきではないこと」（同「通達」）。

「日本人と同様の教育」を提供することが外国人の子どもを日本の学校に受け入れるための基本的なスタンスとして示唆されている。この原則によると、具体的には、日本の子どもたちと同じ教室で、同じ教科書を使い、同じ教師から、同じ内容の授業を受け、同じ基準に従って評価されることになるのである。

今日の日本の学校におけるニューカマーの子どもの教育もこの原則を反映したものとなっているが、それが当該の子どもの教育達成上において、何を意味し、どのような影響を及ぼしているのかを考えてみたい。

2　ニューカマーの子どもと日本の学校教育

「日本人と同様の教育」がニューカマーの子どもに提供されるとするならば、問われなければならないのは、はたして、現行の日本の教育をそのままニューカマーの子どもに適用することにより、何の問題も生じることはないのかどうかである。

(1)　日本語が唯一の授業言語として用いられる教育――母語教育を伴わない日本語教育

ニューカマーの子どもたちのほとんどは、母語が日本語ではない。日本語を唯一の授業言語として学習活動が展開される日本の学校との言語的なギャップは明白である。このギャップをどう捉えてどう対処するのかが、ニューカマーの教育をめぐる最大の課題であり、争点であると言ってもよい。

日本の学校が選択している方略は、日本語を母語としない子どもに日本語を習得させることによって、このギャップを解消することである。「日本語がわからないと授業は理解できない」という認識に基づき、「日本人と同様の教育」を実現するため、当該の子どもの教育は、「日本語習得」と「日本語教育／指導」に焦点化される。その際、子どもの母語は否定されないまでも、積極的には援用されない状態に置かれるのが一般的である。子どもたちは、母語を使用する機会がほとんどない環境の中で、日本語のみを媒介とした学校生活を送り、その中で日本語を習得することを期待される。

母語を用いない日本語のみによるこのような教育は、「日本語を母語としない」子どもにいくつかの深刻な問題をもたらすことになりかねない。

子どもたちが「日本語の学習」に精を出さなくてはならない期間は、日本語による授業＝教科の学習に十分参加できないことを意味するが、それは、「日本語がわからないから授業がわからない」ゆえに、仕方のないこととみなされてしまいがちである。授業がわかるようになるには、子どもがさらに「ガンバッテ」、日本語の習得に努めなくてはならない。「ボール」は子どもたちの「コート」にあり、かれ・彼女らがそれをしっかりと打ち返すことを期待されているのである。

では、子どもたちの日本語習得は、教科学習の「断絶」状態が重大な意味を持たずにすむほどの期間に十分達成されうるものであろうか。結論からいうならば、子どもといえども第二言語である日本語の習得は生易しいものではない。たしかに、小学生の場合などは、日本人に囲まれ日本語だけが意思疎通の言語手段という環境のなかでは、日常会話は比較的早い時期に習得することができる。日本の学校に通いはじめて半年ないし一年もすれば、日本人の級友や教師との会話による意思の疎通も相当程度はかれるようになる。しかし、日常会話の習得が必ずしも授業理解へと直結するとはかぎらない。ある中国帰国生徒は自らの経験を次のように語っている。「日本に来てすごく困ったことは言葉で、でも言葉は友達と話している〔間に〕自然に覚えられますけど、授業での言葉は全く違うものでした。ふだん友達との間でしゃべる言葉と全然違って、全く外国語に聞こえました」（太田、二〇〇二）。この生徒の体験は、授業内容を理解するには日常会話とは質的に異なる言語能力が求められることを示している。つまり、具体的な事物や事象について語られる日常会話と比べて、より抽象的な思考を可能とする言語＝学習思考言語の運用能力である。

授業理解を可能にするこのような言語能力の習得は、日本語を母語とする者にとっても容易ではなく、長期にわたる継続的で意図的な学習を必要とする（岡本、一九八五）。ましてや、第二言語としての日本語において、学習に必要となる言語能力を獲得するには、子ども自身の相当な努力と教員などまわりの長期かつ適切な支援が必要なことは言うまでもない。第二言語習得研究によると、第二言語におけるこのような言語能力を習得するには、すくなくとも五—七年あるいはそれ以上の年月を必要とするといわれている（詳しくは、太田、二〇〇〇a、を参照）。

このように、授業理解を可能にする日本語の習得がある程度長期にわたることを鑑みるならば、ニューカマーの子どもたちの教育達成が不十分なまま推移することは免れないことになるが、先述のように、日本語のみが授業理解に有効な言語であるとのモノリンガリズムに立つならば、教育達成上の「問題の所在」は、当該の子どもの日本語力の不十分さに求められるのである。

日本語を唯一の「学校言語」とするモノリンガリズムはまた、日本語を母語としない子どもから母語を奪う危険性を有している。とくに、母語の確立過程にある年少者が、母語以外の言語のみによる学習環境の下におかれると、日常生活レベルの第二言語習得の過程が往々にして母語喪失の過程を意味することになりかねないのである。

子どもの母語喪失は家庭内のコミュニケーション不全という深刻な問題をもたらすが、同時に、学習のために必要な言語を奪う危険性をも孕んでいる。つまり、母語の喪失という「代償」にもかかわらず、第二言語である日本語の習得が不十分なレベルに止まることが起こる。すでに述べたように、第二言語による学習思考言語の運用能力の獲得には長期におよぶ支援と学習が必要になるが、現行の日本語教育はこのような認識に基づいて実施されているとはいえない状況にある。日本の学校に通うニューカマーの子どもたちの多くが、こうした言語環境にあることを考えれば、かれ・彼女らが母語・日本語双方において、教科の学習に必要な言語能力を獲得できない状態に置かれる危険性はきわめて高いといわざるをえない。

母語がある程度確立した年齢の生徒の場合では、母語を喪失する危険性は低くなるものの、母語を肯定的・積極的に使用することが困難なモノリンガリズムのなかでは、たとえば、自分の親に対して、級友や教師の前では母語で話しかけないようにくぎをさすなど、意識的に母語の使用を避けることが起きる。「ことばは自分自身である」といわれるように、それはコミュニケーションの手段に止まらず、人格そのものでもあり、アイデンティティの形成において重要な役割をになっている。その意味で、自らの「ことば」や文化に「引け目」や「負い目」を感じさせる日本語モノリンガリズムに基づく教育は、意味のある学習からの排除とともに、日本語を母語としない子どもにとって、肯定的で安定的なアイデンティティ形成を困難なものにすると考えられる。

(2)　すべての子どもを同様に扱う教育——差異を認めない形式的平等教育

筆者がかつて、外国人の子どもの学校での状況について、「日本語教室」担当教員や担任への聞き取り調査をしていた際によく耳にしたのは、「外国人ではなく日本人として扱っています」という対応であった。このような対応の意図は、外国人・日本人を問わず、すべての者を同様に扱うこと（equal treatment for all）が、教育における「平等」であり、したがって「差別」をしない処遇である、ということのように思われる。

しかし、ニューカマーへのこうした対応は、かれ・彼女らの教育達成という点からすれば、二つの大きな問題を持っている。一つは、ニューカマーの子どもの固有の背景が捨象され、不利な教育環境のもとでの学校生活、なかんずく学習への参加を余儀なくされることにより、教育達成上、不利益を被る結果を招くことにある。日本語による識字力が十分ではないニューカマーの子どもは、一時期的に「日本語指導」を受けることを除けば、特別な支援を受けることなしに日本人の子どもと同じ授業を受け、日本人と同列に成績評価を受けている。たとえば、編入間もない中学生が日本の他の生徒と同様の「英語」のテストを受け、その結果によって評価を受けるとするならば、この評価が当該生徒の「英語力」を正確に反映したものではないことは明らかであるが、「日本人と同様に扱う」原則が貫かれるかぎり、その「評価」は正当性を得てしまうのである。「評価」を覆す唯一の方途は、当該生徒が「日本語力」を身につけてテストの点数をよくすることであり、その評価方法が再考されることによるのではない。

このように、差異を無視した扱いは、ニューカマーの子どもの学習参加や教育達成において、きわめて不利な状況をもたらすことになるが、この状況の「克服」は当該の子ども自身の「ガンバリ」に求められる。つまり、「問題の所在」は差異を存する個人に帰せられるのである。

異なりを顧慮せず、すべてを同一に扱う「形式的平等」が、ニューカマーの子どもの教育において持ついま一つの問題は、当該の子どもの「日本人化」をもたらすことにある。

「特別扱いはできない」というのは、「異質な存在を認めない」というメッセージでもある。ある中国帰国生徒は中学校時代を次のように回想している。「何事も目立たず人並みにというのが暗黙のルールで、そこからはみ出す者は受け入れてもらえず、無視され孤立することになる」。そして、受け入れられるためには中国人であることを隠し、「日本人」を演じざるをえなかった、と述べている（兵庫県在日外国人教育研究協議会、二〇〇二）。

この事例は、日本の学校にうまく「適応」するには、「日本人化」せざるをえないという状況を見事に物語っている。この場合の「適応」とは、日本の学校文化への順応はもちろんであるが、学習活動への参加をも含んでいる。換言するならば、日本の学校で学習活動を含む学校生活に十全に参加するには、まずもって、自らのアイデンティティの変容という難問に取り組まねばならないのである。つまり、たとえ数学でいい成績をとるにしても、『日本人のこころ』を身につけなければならない」のである（同：一〇）。そして、この「適応」は、学校への「一方的適応」を意味していることから、ここでも「問題の克服」は子どもたちの「ガンバリ」に期待されることになる。

このように、差異を顧慮せず、すべての者を同一的に扱うことは、「多数者」とは異なる背景を持ち、異なる教育的ニーズを持つと考えられる「少数者」を抑圧することを意味しており、結果的には、かれ・彼女らの学習困難をまねくことになるのである。

(3)　日本人のための教育

国民国家における公教育が自国民の育成というナショナリスティックな目標に沿って設計されてきたのは歴史的な

事実であり、現代においても国民教育的性格を依然として帯している。しかしながら、「国民教育」が拠って立つ国民国家は、その存立基盤を問われ始めているのもまた事実である。経済市場の拡大、情報・通信技術の革新、交通手段の発達などによるモノ・カネ・情報等はいうに及ばず、ヒトも国境を越えて大規模に移動するボーダレスな社会において、環境・人口・貧困・戦争などの地球規模の問題群を解決するうえで、国家を越えた普遍的意思形成の重要性と国家権力の制限が議論され、また国民経済の枠組みを越えたトランスナショナル経済が模索されるなど、従来の国家概念の再検討の必要性が高まりつつある。

なかんずく、ヒトの国際的な移動は、外国人居住者の存在を改めてクローズアップすることにより、「国民によって構成される国家」という従来の枠組みの妥当性を問う契機を与えている。端的に問えば、「日本社会を日本国籍を有する国民によってのみ構成される社会と定義することでよいのであろうか」ということである。

こうした文脈において、ニューカマーの子どもたちの日本の学校への参入を考えるならば、かれ・彼女らはまさに「国民教育」概念の再吟味をせまる存在だということができる。公教育は「国民」のみを対象にして設計されてよいのであろうか。

日本の学校教育は、目下のところ、以上のような課題意識とは無縁であるかのように、公教育＝国民教育、という従来の枠組みのなかで営まれている。たとえば、前章でもふれているが、学習指導要領には、教育課程編成の一般方針のなかで、「日本人の育成」が明記されているのをはじめ、「国語」・「社会」・「外国語」の教科における目標や教材の内容に関しても同様の表記がなされており、「日本人の育成」を目指す知の形成が示されている。日本人とは異なる背景を持つニューカマーの子どもたちも、日本人と同様にこのような教育内容＝カリキュラムのなかでの学習参加を余儀なくされるのである。

米国における多文化教育研究の第一人者であるJ・バンクス（James Banks）は、学校における知の形成は、「すべての人びとが民主的な社会に参加できるように力を与えるものでなければならない。それはすべての市民に力を与え、彼らが市民的な議論や運動に参加することを奨励するものでなければならない」（バンクス、一九九九：四九）としたうえで、もし学校知が支配的・権力的な集団のニーズのみに応えるものであるなら、「構造的に排除された集団の経験は、周辺に追いやられることになる」（同：四六）と、警告を発している。

日本の学校における学習のなかで、ニューカマーの子どもたちの「経験」は十分にいかされているとは言い難い。たとえば、かれ・彼女らのルーツと関わりのある国や地域の社会や歴史／文化などの学習の機会がほとんどない状況のなかで、日本の社会や歴史に関する学習の参加が求められる。このことは、当該の子どもたちにとって二重三重の学習上の困難をもたらす。

かれ・彼らや家族にとってなじみのない社会やその歴史／文化を、母語でない言語によって学ぶことのむずかしさは、容易に想像できるであろう。さらに、自国の社会や歴史／文化などが授業のなかで十分には取り上げられないことによる自己アイデンティティ形成の困難が加重される。自分たちのことばや文化、価値観が無視されていると感じるなかでの学習の参加は容易ではないのである。

3　放置される学力問題

冒頭で述べたように、ニューカマーの子どもの高校進学率は日本人生徒のそれと比べると格段に低い水準に止まっている。高校進学を希望しても「成績がだめだから、高校進学は無理」「君の成績だと、とってくれる高校はないから働きなさい」などという「進路指導」を受けて、高校進学を断念する、あるいは断念させられるケースもめずらしくはない。「高校教育を受けるに足る学力に欠ける」と判断されてしまうわけであるが、はたして、ニューカマー生徒の「成績」を個人の「学力」あるいは「能力」の指標として用いることに問題はないのであろうか。

たしかに、多くの当該生徒が学習上の困難を経験しているのは事実であろう。しかし、同時に、見逃してはならないのは、このような「学習困難」は、現行の教育システムにおいて構造的に、子どもたちにもたらされたものであるという点である。すでに述べてきたことから明らかなように、ニューカマーの子どもたちは第一言語ではない日本語のみによる授業を受け、「日本語によって学ぶ能力」だけが評価の対象となる教育システムのなかにおかれている。つまり、言語的に不利な状況が考慮されることなく、日本人生徒と同列に成績を評価されることによって、「低学力」と判断されてしまうのである。母国で英語の成績が群を抜いて優秀であった中学生が、日本の学校に編入した途端に低い評価を受けるメカニズムが働いているのである。

このように、子どもたちの「学習困難」や「低学力」は、「日本語を唯一の授業言語として用い」、「差異を認めない形式的平等教育」という日本的な教育システムによって作り出された、「構造化された学習困難」であり「低学力」(programmed failure) ということができるのである。

さらに、このような教育システムのなかでは、当該児童生徒の学力形成が教育目標とならない、あるいはなりにくいという点にも注目しなくてはならない。

ニューカマーの子どもへの教育においては、「日本語が理解できないかぎり、授業はわからない」という前提のもと、日本語力の形成が最優先されている。学力形成は日本語の習得に随伴するものと考えられているのである。日本語さえ習得できれば、学習上の問題はなくなるものと仮定されている。それゆえ、日本語習得過程における学力形成の問題は放置されやすい。「日本語を習得するまで、授業がわからなくても仕方がない」とみなされてしまうのである。「授業を理解するための第二言語としての日本語」を習得するには、相当な期間を要することを考えるならば、長期にわたって学力問題は不問に付されることになる。

ただし、実際には、子どもたちは第二言語としての日本語教育を、長期間受けることはない。「ある程度の日本語力」を身につけた時点で、「日本語指導が必要な者」とはみなされず、日本人の子どもと同様の授業を受けている。なぜなら、授業理解に困難をきたしても、少なくともまわりの者と同じ教室で、同じ授業を受けることはできるからであり、授業理解に困難をきたすのはかれ・彼女らだけではなく、日本人の子どもにも同様に見られるからである。「ある程度の日本語力」を越えて、「授業がわかる日本語力」を形成するには、ニューカマーの子どもも、日本人の子どもを問わず、「特別な扱い」が必要になるが、これは「日本人と同様の教育」という「原則」を逸脱することになり、その実現は容易ではない。しかして、「ある程度の日本語力」をつけた子どもは、「成績はよくないが、学校生活をするうえでとくに問題はない日本人の遅進児童生徒と同じ」と位置づけられてしまう。

学校によっては、学力形成以外の教育目標を当該児童生徒に積極的に提示する取り組みをするところもある。それは、学力以外の面において子どもたちを「活かす」ための活動となって現れる。子どもの出身国についての学習や、「国際交流」などと銘打って行なわれる集会などは、その一例である。これは、子どもたちが学力形成上、「問題のある」存在であっても、就学上そうした存在に転化させないための取り組みといってもよいだろう。

このように、日本語習得の過程のみならず、「習得」後においても、ニューカマーの子どもたちの学力形成が教育目標とならない教育構造になっているのである。

4　モノカルチュラルな教育の限界

文化的なマイノリティ集団に属する子どもの低学力や学習困難の問題は、諸外国に共通にみられる教育課題であり、とくに多文化化が進展する社会においては、公教育におけるもっとも重要な課題のひとつとなっている（太田、一九九四)。学習困難をもたらす要因を特定することは容易ではないが、子どもが家庭や地域社会で身につけた文化が学校文化と相違することが、ひとつの有力な要因にあげられる(Ogub, 1988)。宮島喬はこのような文化的な要因によって教育達成上困難な状況におかれるマイノリティの子どもを「教育マイノリティ」と呼び、「本人の本源的な能力、知能の問題ではなく、異なる文化環境の下に言語的・知的形成を遂げてきたがために、今・ここに与えられている別種の文化的要求に応えることが困難な者」(宮島、二〇〇三a：一三四—一三五)と規定している。

一般的に学校はその社会の主流文化を映し出す鏡であるということができる。授業言語、カリキュラム内容、教授スタイル、生徒の評価基準、コミュニケーション様式等はもちろん、学校生活全般にいたるまで主流文化の規範や価値観が中心基準となっている。したがって、主流文化以外の文化を自文化とする子どもたちは、学校生活の様々な局面において、文化的ギャップに遭遇することになり、この「文化的不連続」が当該生徒に不利に働き、その結果、低学力や学習困難がもたらされると考えられるのである。

日本の学校に通うニューカマーの子どもたちもまた文化的なマイノリティ集団に属する存在であり、「教育マイノリティ」と言うことができるであろう。かれ・彼女らは「日本人」の子どもとは異なる独自の言語、行動様式、価値基準、学校観などをともなって日本の学校に通ってくる。もちろん、かれ・彼女らは文化的に決して「一枚岩」ではなく、国籍をはじめとして民族的・言語的・宗教的背景は実に多様である。たとえば、かれ・彼女らの母語は六〇言語以上に及んでいる。多文化的な背景にかれ・彼女らの特徴を見出すことができるのである。

このような多文化化する子どもたちに対して、日本の学校は自らを多文化化するのではなく、モノカルチュラルな教育をかれ・彼女らに適用するという対応に終始している。「文化的不連続」に対して同化主義的なモノカルチュラルなアプローチを試みているわけであるが、このアプローチでは、すでにみてきたように、当該の子どもたちはきわめて不利な条件の下での学習参加を余儀なくされ、教育達成に多くの問題を抱え込む結果を招いている。「教育マイノリティ」が不当な不利益を被ることなく、学習に参画できる異なる処方箋が必要とされているのである。

5 エンパワメントのための教育——多文化教育

言語をはじめとする多様な文化的背景を持つニューカマーの子どもたちを、学習困難や不就学という周縁的な位置においやるのではなく、かれ・彼女らをエンパワーする教育を考える必要がある。エンパワメントとは、人が本来持っている自らの力（パワー）や資源に気づき、それを活性化・顕在化させることである（森田、一九九八）。文化的に多様な背景を持つ子どものエンパワメントのためには、かれ・彼女らの文化の否定のうえに成り立つモノカルチュラルな教育ではなく、それを積極的に承認するマルチカルチュラルな教育を構想しなくてはならない。換言すれば、「文化的不連続」への同化アプローチではなく、多文化アプローチを試みることでもある。

学校教育の文脈で考えるならば、「ひとつの支配的な文化の反映」としての学校を、「多様な諸文化の価値の重要性を認める」（テイラー、一九九六）学校へと転換することが、当該の子どもたちのエンパワメント実現にとっての重要課題となるであろう。このような転換を可能にする教育を多文化教育と呼ぶことができる。ここで言う多文化教育とは、「さまざまな異なる文化を学び、異なる文化を持つ人たちとの違いを認め合い、共に生きることを進める教育」という、子どもを対象とした「理解教育」にとどまるのではなく、「教育環境全体の改革」（中島、一九九七）という文脈において理解されるものである。端的に述べるならば、多文化教育とは、歴史的および制度的に不利益を被ってきた少数者集団の子どもに対して、学力や社会的成功をもたらすための実質的に平等な機会を提供する教育なのである。

以下では、ニューカマーの子どもの教育に関して、多文化教育を展開するうえで留意すべき諸点について考えてみることにしたい。

(1) 教育への権利

義務教育諸学校への外国人児童生徒の就学に関する原則——「就学の機会は権利としてではなく、『許可』として提供される」「就学後は日本人と同様に扱われる」——は、公教育の対象を日本人（日本国籍を有する者）のみに限定し、教育内容を日本人教育と規定したものと解される。外国人の子どもは積極的には排除されないものの、日本人と同等の就学上および教育上の正当な権利享受者とは想定されておらず、いわば例外的な存在として位置づけられている。これにより、たとえば、ニューカマーの子どもたちのなかには、就学の機会を逸するなどの不利益を被る者も少なくはない。

政府関係者はこのような位置づけの根拠を、「外国人に対して、日本国民を育成するための基礎教育である我が国の初等教育を強制的に受けさせることは実際的でないため」（就学事務研究会、一九九三：六六）と述べている。義務教育の国民教育的性格および強制的性格をもって、外国人を教育義務の主体から排除することを言明している。

しかし、このような言説は、グローバル化の進展に伴い多くの人々が国境を越えて生活を営み、それゆえ、「世界中の国家や社会が一体となり、人権、安全保障、人道問題、開発といった問題に、より強力に取り組んでいくことが必要である」（人間の安全保障委員会、二〇〇三：一〇）といわれる今日の世界において、その説得性を失いつつあるといわざるをえない。すなわち、義務教育という基礎的教育の享受は、国籍という人間の一属性に左右される限定的な概念ではなく、より普遍的な人間の基本的権利としてとらえる見方が国際社会では有力である。たとえば、「子どもの権利条約」（一九八九年に国連総会で採択、一九九四年に日本政府批准）では、「締約国は、その管轄内にある子ども一人一人に対して（中略）国民的、民族的、もしくは社会的出身（中略）にかかわらず、いかなる種類の差別もなしに、この条約に掲げる権利を尊重し、かつ、確保する」（第二条第一項）としたうえで、「子どもの教育への権利」（第二八条）を明示している。

また、最近では、国家を対象とする従来の安全保障ではなく、人々を中心とした安全保障概念である「人間の安全保障」が注目されはじめている。国家の安全から人々の安全へと視点が移りつつある。「人間の安全保障」とは、「人間の生にとってかけがえのない中枢部分を守り、すべての人の自由と可能性を実現すること」（同：一二）と定義されるが、教育への権利は、「一人ひとりの人間が可能性を実現する」うえで不可欠な要件と考えられている。

このような文脈からあらためてニューカマーの子どもの「不就学」について考えてみるならば、それは「人間の安全」を脅かす深刻な事態にほかならないと言えるのではないだろうか。この意味において、ニューカマーの子どもをめぐる「就学／不就学」問題は、「就学義務」を中心とする従来の議論から、「教育への権利の保障」へとその論点を移さねばならないと考えられるのである。このことは政府ならびに行政当局に対して、日本国籍の有無にかかわらず、すべての子どもの「教育への権利」を法制度的にどのように保障するのかを具体的に検討することを求めることになり、学校教育においては、教育の「権利主体」として、日本人と同等の存在としてニューカマーの子どもの教育に向き合うことを促すものであるといえよう。

(2)　教育における実質的平等——公正な教育

「教育への権利」を含む、「諸個人が人間として持つ基本的諸権利」を保障し、「諸権利の平等化」（テイラー、一九九六：五三）をもたらすうえでは、すべての者を同一的に扱う「形式的平等」の原則は有効であるが、一方で、「個人間の差異を無視することは」、異なる局面においては「反平等主義的」（セン、一九九九：一二）であることに目を向ける必要がある。

多様な言語的・文化的背景を持つニューカマーの子どもの教育は、そのひとつの事例にほかならない。日本語を母語としないゆえに日本語を十分には理解しない子どもが、日本語を母語とする日本人と同様の授業を受け、日本人と同列に成績の評価を受けることにより、すでに述べてきたように、「意味のない学習への参加」や「潜在能力への不当な評価」などを余儀なくされているわけであるが、これらは言語的背景を異にする者に対して、その差異を考慮せず同一的に扱うことから生じてくるものである。この場合、同一的な扱いは、「反平等主義的」であるばかりでなく、差別的であるともいえる。なぜなら、「少数派あるいは抑圧された諸文化のみが、自己疎外の形態をとることを強制されている」（テイラー、一九九六：六二）からにほかならない。

では、言語的・文化的に多様な背景を持つ子どもに対する本質的な平等、あるいは差別的でない公平な扱いとは何であろうか。それは、「諸個人が特定の文化的集団の構成員として持つ、特殊な要求の認知」（同：一一）すなわち「差異への顧慮」に基づくものである。言い換えるならば、異なるニーズを持つ者に対して異なる扱い（different treatment for the different）をすることである。

日本語を母語としない子どもにとって、授業を「意味のある学習」にするには、言語的差異を考慮した対応が必要になる。そのひとつが、当該の子どもがもっともよく理解し使用することができる言語＝母語で授業をおこなうことであろう。日本語以外の言語である場合には、並行して日本語教育もおこなわれることが必要なことは言うまでもない。このような二言語を併用した教育＝バイリンガル教育が実施されるならば、言語的差異にかかわらず学習を中断することもなく両言語の習得も可能になる。

このように、多様な背景を持つ子どもたちの教育をより公正にするためには、多様なニーズを持つ存在としてかれ・彼女らを認知したうえで、異なるニーズに対応する多様な手立てを必要とするのである。すなわち、「文化的条件の異なる者に、マジョリティの成員へのそれとは異なる特別な扱いをすることを当然とみなす」（宮島、二〇〇二b：

三五）という実質的平等（equity）のアプローチが求められるといえよう。

実質的平等にはまた、「不利な立場の人を優遇するという『不平等な扱い』」（セン、一九九九：二）も含意されている。米国で実施されてきたアファーマティヴ・アクションはその一例であるが、ニューカマー生徒の高校進学における「特別枠」の設置は、現存する不平等を補正する点において、同様の意味合いを持つものと考えることができる。

(3)　ユニバーサル・ラーニング（UL）

ニューカマーの子どもをめぐる現行の教育実践に共通するのは、「問題の所在」を当該の子どもたちに求め、「問題の解消」をかれ・彼女らの「ガンバリ」に求めることにある。「授業についていけない」のは、子どもが「日本語を理解できない」からであり、「問題の解消」は、子どもが「欠いている」日本語能力を身につけることによるのである。日本語教育は、「不足している能力」を埋め合わせることを目標におこなわれ、その際、当該の子どもが持つ言語能力＝母語能力は無視されるか、もしくは「問題の言語」として否定される。

文化的・社会的・経済的文脈に起因して、「欠いている」とみなされる能力を養成するためにおこなわれるこのような教育を一般的には「補償教育」と呼ぶが、米国では、“Blaming the victim.”――本来なら支援を受けるべき「犠牲者」に責任を転嫁する――として批判の対象となっている。「問題の所在」および「問題の解消」をどこに求めるかが議論を分かつのである。

近年、都市や建築のあり方をめぐってユニバーサル・デザインという考え方が注目されている（中西・上野、二〇〇三）。ユニバーサル・デザインとは、「全ての年齢や能力の人々に対し、可能な限り最大限に使いやすい製品や環境のデザイン」と定義されている（川内、二〇〇一）。たとえば、車椅子で移動しなくてはならない人にとっては、階段や段差は自由な移動を阻むバリア（障害）になる。もし、階段とともにエレベーターが設置され、段差のない工夫が施されているならば、この人は何ら「障害」を感じることなく、自由に移動することができるわけである。階段などのバリアがなく、すべての人にとってアクセス可能な都市や建築を設計するというユニバーサル・デザインは、ニューカマーの子どものエンパワメントを考えるうえで大きなヒントを提供してくれる。

「障害」を作り出してきた社会の変容なしにはユニバーサル・デザインが実現できないのと同様に、多様な文化的背景を持つ子どもたちが、「障害」を感じることなく学習に参加できるためには、教育システムおよび学校それ自体の変容が必要になる。日本語の授業がわからない子どもに日本語の習得を優先的に求めるのは、車椅子の人に階段を登らせるのと同じ発想といわねばならない。「日本語がわからないから問題」と考えるのではなく、「日本語がわからなくても問題にならない教育システムとは何か」という発想の転換が必要なのである。

どのような背景を持っていようとも、すべての子どもが「意味のある学習」に参画できること、これをユニバーサル・ラーニング（UL）と呼ぶならば、ULを可能にする教育システムの探究こそが、ニューカマーの子どもの今後の教育を展望するうえで重要な課題となるであろう。それは、外国人の子どものみならず、多様な異なるニーズを持つ個々の子どもたちが、教育達成を実現することを可能にするカリキュラム、教材、授業方法などを新たにデザインすることを意味しているが、少なくとも、モノカルチュラリズムに根ざす日本国民本位の民族教育的性格に特徴づけられるものではなく、マルチカルチュラリズムに基づく多様性と普遍性をあわせもつ教育システムなのである。

4章――家族は子どもの教育にどうかかわるか

出稼ぎ型ライフスタイルと親の悩み

イシカワ　エウニセ　アケミ

1　在日ブラジル人の「二世」たち

「お母さんの日本語は間違っている」、「お父さんの日本語の発音がおかしい」などと口にする日系ブラジル人の子どもが最近増えている。そのかれ・彼女らの多くは親の母国語であるポルトガル語が満足に使えない。これは、ブラジル人の集住地域でよく出会う光景で、実際にかれ・彼女らを見ていると、日本語はよどみなく出てくるが、ポルトガル語は使うとしても、基本の文法に則っては話せないようである。一九九〇年代初めに短期の滞在目的で来日したブラジル人が結果的に長期滞在者となり、家族とともに暮らしている家庭の特徴である。

しかし、これは在日ブラジル人家族の特徴というより、世界中の移民家族の第二世代の特徴であるともいえる。たとえば、ブラジルにおける日本移民の家族では、二世・三世はポルトガル語が流暢であるが、日本人である親たちは片言のポルトガル語だけを使い、家庭内では日本語とポルトガル語をとり混ぜて会話が運ばれている。それに対して、在日日系ブラジル人家庭では、その逆のことが起きているのである。

こうした言語上の障壁がある状況にあって、これらの家族では一体どのように意思疎通がなされているのか？　親子のコミュニケーションは妨げられないのだろうか？　このような疑問が浮かんでくるが、こうした家庭環境にあっても、親子の意思疎通は概して行なわれているだろう。私事におよぶが、筆者は日本生まれの父と日系二世の母の間にブラジルで生まれたのだが、父は基本的に日本語のみを使用し、筆者自身はポルトガル語のみを話すという家庭環境だったにもかかわらず、親子の意思疎通は図れることを経験的に知っている。もちろん、お互いに細かいところまでは伝えられず、微妙なニュアンスの理解に問題が生じることがある。しかし、筆者の場合、母の通訳などを通して父とのコミュニケーションはできていた。

ブラジル人の多くがいまだ一時滞在意識の下にあるとはいえ、すでに子どもが日本で誕生したりして、現状では日本での定住に向かっている。このことから、今後、以上のような家庭環境がさらに増えると予想される。本章では、以上の見通しを踏まえ、在日ブラジル人の子どもの教育とその家族がかかえる諸問題を明らかにしたい。かれ・彼女らの教育問題には、親たちが置かれている日本での現状がおおいに関係していると考えるからである。

2　日本におけるブラジル人の出稼ぎ現象の背景

二〇〇三年末現在、日本に滞在するブラジル国籍者は、約二七万人である（入管協会、二〇〇四）。たとえば一九八五年には在日ブラジル国籍者は二〇〇〇人足らずだったのが、九〇年になると五万人を超え、その後増加しつづけて、現在の人口に達している。急増の要因としては、まず、八〇年代に、日本の労働市場における人手不足により外国人労働者への需要が高まっていた。一方、同時期、ブラジルは経済危機に直面し、インフレ、失業問題などが深刻になっていたため、多くのブラジル人が職を求めて外に目を向けるようになっていた（イシカワ、二〇〇三a）。行き先として最多と推定されているのはアメリカ合衆国で、約八〇万人、次いでパラグアイが四五万人、そして日本が二七万人となっている（Itamaraty, 2000）。その大規模な来日のいま一つの要因は、一九九〇年六月の日本の出入国管理及び難民認定法の改正である。日本国籍を有しない日系二世に「日本人の配偶者等」、日系三世に「定住者」の在留資格が認められ、日系人の入国、滞在、就労が優遇された。日本は原則として専門的な知識や技術をもつ外国人以外は労働市場に受け入れない政策を採用しているが、日系人に与えられる滞在許可は日本における活動を制限しないものであり、合法的に不熟練・半熟練労働に就くことも可能になっている。したがって在日ブラジル人とは、そのほとんどが日系人である。

来日の目的——短期滞在から長期滞在へ

当初、多くのブラジル人の来日目的は短期の滞在にあり、貯蓄の目標を達するとともに帰国する傾向にあったが、一九九〇年以降の来日者においては、滞在が長くなり、すでに一〇年以上の滞日となる者も少なくない。浜松市が市在住外国人を対象に二〇〇〇年に実施した調査では、日本滞在期間が七年以上の者は四五・五％にのぼった（浜松市企画部国際室、二〇〇一）。

彼らが集中しているのは、自動車産業や製造業が盛んな地域であり、愛知県（約五万人）や静岡県（約四万人）がもっとも多い。しかし近年、弁当屋やクリーニング店・工場などで就労する者も増え、就く職種が多様化したことにより、日本各地に居住が広がっている。日常生活で直面する問題も多岐にわたるようになっている。以前は就労に関する問題がとりあげられることが多かったが、現在、ブラジル人に大きな問題として捉えられているのは、家族関係、地域社会との関係、そして子どもの教育である。

ある。

3　変化と不変のなかのライフスタイル

滞在長期化にもかかわらず、彼らの生活は決して安定したものではない。また、日本の地域社会に適応し、日本人と親しく交わりつつ暮らしているとも言いがたい。いつかはブラジルへ戻るという気持ちを抱きながら、しかし、帰国の具体的計画があるわけでもなく、日本での生活を継続しているというケースが、多数派のそれというのが現状である。

ほとんど変わらない仕事

大多数のブラジル人が就いている職種は、一九九〇年初めから現在に至るまでほとんど変化していない。その多くは非熟練労働者として自動車・機械産業関係の仕事に就いており、また労働契約もほとんどが間接雇用である。つまり、企業の直接雇用でなく、斡旋業者や請負業者を通して工場などで就労している。また大多数が時間給で、社会保険、雇用保険に加入していない。今日に至るまでこのような就労条件には大きな変化はみられない。

しかし、生活に関わる住居等の状況は多様化している。

変わる地域社会での生き方

来日当初に比べて、社員寮などよりも、個人で民間のアパートを借りて住む事例が増えている。また、愛知県や静岡県では、公営住宅（県営、市営）に入居する事例が増加している。たとえば、豊橋市では公営住宅に入居する外国人は全体戸数の一七％を占めている（二〇〇二年現在）。なかでもブラジル人が占める割合は大きい。なお、浜松市の市営住宅への外国人入居率は一〇％である（浜松市企画部国際室、二〇〇一）。このような住居スタイルの変化は、日本における生活安定化の志向と関係がある。社員寮などは、斡旋業者や請負業者との直接的関係によるものであるから、退職でもすれば、退去しなければならないし、また住居を失うことを恐れて、労働条件でも雇用主の言いなりになる恐れもある。しかし、公営住宅や民間のアパートに住めば、労働契約に関係なく、住む場所を確保でき、ある程度、自由に仕事を選ぶこともできる。

しかし、以前より改善されたとはいえ、現在でも外国人の入居を断る不動産業者が多く、民間のアパートを借りるのはそれほど容易ではない。ただ、豊橋市の場合、ブラジル国籍者の人口が一万人近くにものぼり、不動産業者としても対応せざるをえない状況になり、一〇年前と比べると受け入れる民間のアパートも増えている。このような住居の変化により、ブラジル人の地域でのライフスタイルが変化した。既述のように、労働条件が不安定であるという現実はなお変わらないものの、日本での生活に慣れ、安定した住居が確保できる場合には、精神的な余裕が生まれる。家族を呼び寄せる事例や、来日後の結婚により新たに家族を形成する事例が年々増えている。

その集住地域では、ブラジルレストラン、雑貨屋、ブラジルへの航空券を専門にする旅行業者などが数多く見られ、ポルトガル語で日常生活を送ることもあながち不可能ではない。市役所など多くの公的機関にポルトガル語通訳が配置され、行政サービスにもアクセスできるようになっている。市教育委員会からは、ブラジル人の子どもが多く通う公立学校にポルトガル語を使える指導員を巡回させ、学習指導の援助をしている。

永住ビザの取得

最近、永住資格を取得するブラジル人が増え、まだその例は少ないが、不動産を購入する者も現れ始めている。入国管理局豊橋港出張所によれば、二〇〇一年には六〇〇件、二〇〇二年は八〇〇件の永住ビザ申請があり、この申請者のほとんどを占めるのが日系人である。名古屋入国管理局は、日系二世・三世の永住申請について情報パンフレット（日本語・ポルトガル語）を配布している。申請の基本的条件は、日系二世の場合には日本滞在が一年以上、日系三世では五年以上であることである。このような情報提供により、最近では、ビザの更新の際、「定住者」（一—三年有効）および「日本人の配偶者等」（三年有効）だけでなく、「永住者」の在留資格を申請する者が増えている。とはいえ、日本に永住するという意識をもつ者が多いわけではない。現段階では、永住ビザを取得するとビザ更新をしなくてもよいことから、手続き上の手間を省き、手数料を節減するために便宜上永住ビザを選択する例が目立つ。

しかし、「永住者」になったからといって、日本での生活が保証されるわけではない。永住者となっても、日本語能力や国籍により一般企業での就労を断られる例は少なくない。

4　子どもの教育と揺れる親の意識

右で述べたように、ブラジル人の傾向として、長期滞在への変化が見られるわけだが、他方、意識の水準では、いずれブラジルへ帰国し、生活するとする者が多数である。この意識は、子どもの教育にも少なからぬ影響を与える。事実として、子どもの多くは日本の公立学校に通うが、他方、子どもを日本の学校ではなく、ブラジル人学校に通わせる家庭もある。そこでは、子どもたちは帰国後のための教育を受けるわけで、日本においてブラジルの教育を受けることになる。しかし、そこには意図せざる虚構とでもいうべきものがあり、現状では、日本に留まりつづけている子どもが多いのである。

家庭内の言語と教育環境

日本での生活が長期化するなかで、子どものいる家庭のほとんどでは二言語、つまりポルトガル語と日本語が同時に使われている。親が日本語を使う家庭もみられるが、少数派であり、親たちが互いにポルトガル語で話し、子どもにもポルトガル語で話しかけるのが一般的である。しかし、後者は保育園に通い、日本の学校に進む場合、日本語の方が流暢になり、ポルトガル語を話さないケースが増えてくる。ただ、ここで注意すべきことは、子どもたちは日本の学校に通っているからといって、日本人と同等のレベルの日本語が使えるとは限らず、ことに学習思考言語におけるハンディキャップが大きいことである。

在日ブラジル人家庭を言語と教育環境の面から三つのタイプに分類してみる。

一つは、家の中ではポルトガル語、外では日本語と分けている場合である。たとえば、L夫婦の場合、日本で生まれた娘が一人いる。彼女は日本の保育所に通い、現在小学三年生で、学校や家の外では基本的に日本語を使用しているが、両親とはポルトガル語のみで会話している。そのため、ポルトガル語は流暢に使える。しかし、その読み書きは、母親が家で教えているとはいえ、ほとんどできないのが現状である。この夫婦の場合、父親（日系人）は日本語の会話はできるが、母親（非日系人）はほとんどできない。

第二は、ブラジル人学校に子どもを通わせる家庭の場合で、家の中でも外（学校）でも、ポルトガル語を使用するケースである。このC夫婦の場合、それぞれ独身で来日し、一六年前に日本で出会い、その後結婚している。現在子どもが三人、一〇歳と八歳の娘、そして五歳の息子がいる。二人の娘は日本の保育所に通った後、ブラジル人学校へ進んだため、日本語は多少理解できる。しかし、五歳の息子は、ブラジル人経営の保育所からブラジル人学校に通っており、日本語は基本的に分からない。現在三人ともブラジル人学校に通い、家でもポルトガル語だけを使っている。さらに、家ではブラジルの衛星テレビを見ているため、日本にいても、子どもたちはポルトガル語のみでの生活をしている。

第三のタイプは、親が家でポルトガル語を使うにもかかわらず、子どもが家の中でも外でも日本語を使う場合である。S夫婦の場合、一五年前に五歳の息子と三歳の娘を連れて来日。現在息子は大学二年生、娘は高校三年生である。二人の子どもは親が話すポルトガル語は理解できるが、自分から話すことはできない。この夫婦は二人とも日系人で、日本語がかなり話せるので、子どもとも日本語で会話をすることが多くなっている。また、P夫婦の場合、日本の学校に通う一六歳の息子と一三歳の娘がいる。子どもたちは幼少時に来日し、日本語が流暢であるため、親は子どもがポルトガル語を忘れないように、家でポルトガル語を使う努力をしている。子どもたちは、ポルトガル語で話しかけられても、基本的に日本語で返答をする。父親は日系で、母親は非日系であるが、二人とも日本語会話ができ、子どもが日本語で話しても会話には問題がない。しかし、できる限り子どもにはポルトガル語で話しかけるようにしている。

もっとも多いのは三番目のタイプである。すなわち、親が家庭でポルトガル語を使用しているが、子どもたちは日本語を使う。なお、日本語ができない親のケースもあるが、その場合、もう一方の親が日本語を話し、家庭内で通訳をすることもめずらしくない。そして、親は日本語は話せないが、理解はできるというケースも多い。また、ブラジル人学校に通っていない子どもたちは、ポルトガル語ができるといっても、基本的に、会話能力のみであり、読み書きができる者は稀である。

子どもの将来はブラジル？　それとも日本？

前述の通り、滞日ブラジル人の多くは、いずれ帰国するという意識はもっている。しかし、子どものことを尋ねると、「自分たちは帰国するが、子どもたちは分からない」「彼らに任せる」と答える親が多い。たとえば、右のS夫妻は、自分たちはこのまま日本にいても高齢になれば仕事がなくなり、いずれは帰国しなければならないと覚悟をしている。しかし、日本育ちの子どもは、日本にとどまり、日本で仕事をした方がよい、と言う。

ブラジル人の子どもの多くは親に連れられて来日したか、または日本で生まれ育っている。かれ・彼女らは自分の意志で来日したわけではなく、なぜ現在日本に居るのか、今後どのように生きればよいのかについて明確な意識をもっていない。気がついてみると自分たちが置かれている場が日本であったということにすぎない。ブラジル国籍の子どもの数は年々増加しており、現在、学齢期（五―一四歳未満）にある子どもが、序章でも示したように二万七〇〇〇人余にのぼる。ちなみに、〇―四歳の子どもの数は一万六七七一人で、合計すると四万四〇〇〇人を超える。そのうち、ほとんどが日本の学校に通っているのだが、後にみるようにブラジル人学校に通う者も無視できなくなっている。

多くのブラジル人は、来日当初の認識と現状が違ってきていることを自覚している。日本では、母国と比較すると、単純労働であっても安定した収入が得られるという意識をもっている者が多いため、子どもが将来日本に留まることへの反対は少ない。また、日本の学校に通う子どもについて、多くの親は、将来単純労働者ではなく、日本の一般企業での事務の仕事、いわゆるホワイトカラーの仕事に就ける可能性が高いと信じている。しかし、現状では難しいと言わざるをえない。日本の学校に通っても、日本人と同等の学力を身につけるブラジル人の子どもはまだ少ないのである。

日本の学校に子どもを通わせる日系人家族の意識

日本の学校に子どもを通わせる日系人家族は、「日本にせっかくいるので、日本の学校で学ばせたい」などと答える場合もあって、ブラジルの教育より日本の教育の方が優れているという認識をもつ者が少なくない。たしかにブラジル国内では、特に初等教育の問題は大きく、低い識字率をはじめ、公立学校は劣悪な教育環境に起因する様々な問題を抱えている。それに対して、日本ではどの公立学校も充分な設備が整い、体育館やプールなども備えている。これが親の期待につながるといえる。

聞き取り調査への回答では、日本の学校に通わせる理由として、公立で無償であるうえ、自宅から歩いて登校できる範囲にあるから、という当然の意見が多いが、将来日本で暮らすことを考えるとわが子にも日本人と同じ教育を受けさせたい、という願いも語られる。

しかし、日本の学校では言葉の理解や習慣の違いなどの問題に直面しているため、中学校を卒業しても、日本人の子どもと同程度の学業達成に至るかというと、それは疑わしい。多くの親は、子どもは日本語を習得すれば、日本人と同じ仕事に就けるはずだと信じているが、わが子の日本語レベルを過大評価している可能性がある。実際、親の評価にもかかわらず、子どもたちの日本語能力は子ども同士の会話で使う言葉遣い（日常生活語）の範囲をあまり出ない場合が多い。その日本語能力が、「学力」に変換され、それが教科の授業についていくのが困難となる一つの理由となる。前章ではこれを、日本の学校教育のモノリンガリズムの問題点とみる視角から捉えたが、いずれにせよ、現状では子どもたちは困難に直面している。今後、日本の一般企業への就職を希望し、より高度な日本語能力を要求された場合、それに応えられる子どもはどのくらいいるだろうか。

多くのブラジル人の子どもが中学校までで学校を去っていくなか、それでも、数は少ないものの専門学校、短大、四年制大学に進学する例も見られるようになった。今後、日本での永住を前提とするブラジル人家族のなかで、高等教育を受け、ホワイトカラーの職業を求める二世が増えることが予想される。その場合、在日韓国・朝鮮人が直面してきたような国籍による就職差別に出会うだろうか。あるいは、ポルトガル語の能力や、困難を克服した努力が評価され、道が開けていくだろうか。このあたりを見通すのはまだ困難である。

日本の学校に通い、その後帰国する例もあるが、その場合、まず言葉の壁に直面する。ブラジルの公立学校では、海外で教育を受けた帰国子女のための特別教育を行なうところは稀であり、編入しても、親の責任でポルトガル語教育をすべきだとする方針を採用している他方、私立学校では補習教室などを設けているところがあり、ところがあり、ポルトガル語や教科学習の遅れを取り戻すための授業が行なわれる。また公立・私立を問わずよく見られるのは、生徒の年齢よりも学力を考慮したうえで編入学年が決定されることである。ブラジルへの帰国を考えると、日本の学校に通った子どもは問題に直面しやすく、親の協力がなければ学校への（再）適応はむずかしい。ただし、二―三年間日本の公立学校に通い、帰国後大学まで進学した者が、筆者の聞き取り調査では三名いたことも付記しておきたい。

一方、子どもをブラジル人学校に通わせる親はどのような意識を抱いているのだろうか。

日本におけるブラジル人学校

日本におけるブラジル人学校の数は年々増加しているといわれる。学校のほとんどは、そもそも、在日ブラジル人の子どものためのポルトガル語の補習学校として設けられ、徐々にブラジルで行なわれている正規の授業を行なうようになった。それらは、二種類に分けられる。

一つは、日本で設立されたブラジル人学校で、ほとんどがこれに該当する。たとえば、一九九〇年代の半ばに創設されたエスコラ・ブラジレイラ・デ・ハママツやエスコラ・アレグリア・デ・サベールなどは、ブラジルの私立学校の教科書を利用して授業を進めているが、運営は本国から独立している。もう一つは、ブラジル国内に本校を持つ私立学校の分校であり、コレージオ・ピタゴラス・ブラジルが唯一の例である。教科書の選択や教育指導は、ブラジルの本校と連携して行なわれている。

この二種類の学校の拡大に共通して見られるのは、本国政府の政策によるものではなく、独自に日本におけるブラジル人の子どものニーズに対応するものであるという点にある。なお、その集住地域を基盤にかなりの生徒を集め、教育産業としての存立も図っている点、その問題点も無視できない（次章も参照）。実際、学校の増加と、それに伴って今後起こるであろう問題への懸念は、本国政府の注目を引くこととなり、一九九九年、ブラジル教育省は日本におけるブラジル人学校が同省が定める教育基準に準じているかどうか審査し、準じていればこれを承認することとなった（イシカワ、二〇〇三ａ）。

また、日本の文部科学省の告示第四号（二〇〇四年一月一九日付）により、学校教育法施行規則が一部改正され、在日ブラジル人学校のうち、指定された一九校を卒業した者は、一定の条件を満たせば、日本の大学受験が認められるようになったが、この問題には次章でふれる。

ブラジル人学校の特殊性

現在、日本におけるブラジル人学校は、確認できるものだけでも六三校あり、生徒数が少数なものから数百に至るものまで、規模は様々である。これらの学校の表向きの目的は共通して、ブラジルへ帰国してから子どもたちが現地の教育システムに困難なく（再）適応できるようにすることにある。つまり、帰国を前提に教育を行なっている。

前述の通り、本国の教育省が定める基準に準じているが、いくつかの独自の特徴が見られる。規定の科目以外に、きわめて少ないが週一時間の日本語および日本文化の授業が設けられている。また、一年間の授業日数は、ブラジル国内の学校より大幅に多いのが特徴である。ブラジルの学校の年間日程と異なり、休暇は基本的に日本の祝日、すなわち、正月、ゴールデンウィーク、お盆休みなどに合わせている（出稼ぎ型の仕事に就いている親たちの休暇とほぼ一致させて）。ブラジルで基準となっている一日四時間の授業が終了しても、学校に夕方まで残る子どももいる。帰宅しても、親が仕事で不在であるため、学校で時間を過ごすのである。その場合、授業料が多少高くなる。ちなみに、これらの学校の授業料はバス送迎代などをすべて含み、平均して月四―五万円と高額である。

各学校の正確な児童・生徒数を把握するのは困難である。それは、これらの学校が、随時入学を認めており、また途中で退学する児童・生徒も後を絶たないからである。その理由は様々であるが、第一の理由として挙げられるのは、親の経済的な事情であり、また、一五歳以上の子どもの場合、仕事に就くため学校を辞めていく例も少なくない。

このような状況にあって、右述のように日本での大学入学資格が承認されたとはいえ、ブラジル人学校からの大学進学志望者は皆無に近い。また、今後もブラジル人学校を卒業して、一年間の準備教育を受けてから日本で大学入学試験を受ける事例が増えるかどうかは疑わしい（この点については次章も参照）。日本の大学に進学しようとする子どもは、ほとんど日本の公立学校に通っていると考えられる。しかし、高い授業料を払ってでもブラジル人学校に通わせる親は、帰国を考えてのこと、といえるかどうかは確かではない。建前はともかく、実態としては、ブラジル人学校に通い、一五歳になっても帰国しないという例が数多く見られる。

日本ブラジル人学校協会によると、ブラジル教育省承認の三三校に在籍する子どものうち、四一％が保育所・幼稚園児（〇―六歳）であり、五四％が一―八年生（七―一四歳）に在籍しており、高校（一五歳以上）は五％である。これは何を物語るか。ブラジル人学校に子どもを送るとき、親は子どもと一緒に帰国する日を脳裏に浮かべていたかもしれない。しかし、子どもが学校を修了しても、親は帰国できず、日本滞在を延長するケースが多い。子どもたちは日本語がほとんどできないまま、家に留まるか、その条件でもかろうじて受け入れてくれる底辺労働市場に入ることになる。

5　学校を選ぶ基準と親の意識

在日ブラジル人の子どもの多くは日本の学校に通っていると述べたが、しかし、確実なデータはない。ほとんどの市町村の就学状況のデータとしては、外国人登録している学齢期の子どもの数と、小・中学校に在籍している子どもの数の数字しかなく、その二つの数字の間の多少とも大きな差は、外国人学校等に通っているか、転居ゆえの不明か、あるいはどの学校にも行かず、いわゆる不就学になっていることを意味する。1章ほかで確認してきた通りである。

ここで、いくつかの疑問が浮かぶ。子どもをどの学校に通わせるか、それとも通わせないかを選択する親の意識はどうなっているのだろうか。親たちは、教育への関心が低いのだろうか。日本での学校教育は意味がないと考え、子どもの不就学は特に気にしていないのだろうか。アメリカや中南米への日本人移民の歴史では必ずといってもよいほど、彼らが現地で子どもの教育に力を入れた結果、多くの日本人の子どもは現地の子どもより勤勉になり、医者やエンジニアといった専門職に就くことができた、という話が強調されてきた。ここで本質主義的な日本人論に陥ってはならない。「日本人（日系人）とは……であるはずなのに」という本質主義的アプローチでは説明できない問題があるからである。来日日系ブラジル人の親は子どもの教育を軽視する傾向にあるといわれるが、はたしてそうだろうか。この問いの意味は、社会学的に小さくないはずである。

たしかに、現在の傾向としては、アメリカやブラジルにおける多くの日系人移民が高等教育を受けているのは事実である。統計はほとんどないが、多くの研究ではアメリカやブラジルなどにおける日系人は、全体に対する人口比率は低いにもかかわらず、大学生の数は多いことが強調されている（Miyao, 1980 ; Kitano, 1980）。また、来日する日系人にも、ブラジルで高学歴を得、子どもの教育に熱心である者は少なくない。

しかし、日系人（二世・三世）の日本入国の緩和の結果、学歴や職業を問わず、様々なバックグランドをもつ者が来日するようになり、二七万人強に膨れ上がると、医者や弁護士の資格をもつ者もいれば、小学校も修了していない者も含まれることになる。そして、かれ・彼女らが日本で就いている職種は、ブラジルで受けた教育とは関係がなく、全員が同じ「ブラジル人労働者」というカテゴリーで捉えられる傾向がある。そこで注意を要するのは、日系人といっても、さまざまに出身階層の異なる者がいて、その教育や文化的背景が日本における子どもへの教育の考え方に影響を与えているという点である。以下、子どもの教育に対する親の意識とその背景要因を考えてみよう。在日ブラジル人の子どもを、(1)ブラジル人学校に通う子ども、(2)日本の学校に通う子ども、(3)不就学の子どもの三つに分類し、それぞれの親の意識と背景、子どもの状況を考察する。

ブラジル人学校に通う子どもたち

筆者が行なった聞き取り調査で、ブラジル人学校に通う子ども二一人に面接することができた。そのうち、一四人は日本の学校から転校してきた子どもであった。また、ブラジルでの面接では、日本から帰国した二八人の子ども(日本の学校のみに通った子どもも含む)から帰国後の学校での再適応に関して尋ねることができた。

日本では、ブラジル人学校に通う生徒はバス送迎を余儀なくされている。その理由は、ほとんどの学校はブラジル人が集中する地域に設立されているが、子どもが歩いて通える距離にはなく、またほとんどの両親が共働きであることから、送迎を学校にまかせざるをえないためである。学校では、子どもたちはのびのびしているという印象が強い。かれ・彼女らと話すと、「ブラジルの学校とまったく同じ」、「すべてがポルトガル語なので、学校が楽しい」という答えが多く返ってくる。また、子どもを通わせる親のMさんは「七歳の息子を日本の学校に通わせるか、ブラジル人学校に通わせるかを迷ったが、結局は帰国のことを考え、ブラジル人学校に入学させた。しかし、日本での生活のことも考えて、以前から公文式の日本語教育を受けさせている」と語っていた。

エスニック学校に子どもを送るのは、出稼ぎ労働者として来日する家族にとって経済的に容易ではない。前述のとおり、学校の授業料は月におよそ四—五万円かかる。一方、在日日系人の収入は平均して男性が月二五万円、女性が一七万円となっている(山中・コガ、一九九六)。このデータは約一〇年前のもので、現在の日本での経済不況を考慮に入れると、減少していることも考えられる(彼らのほとんどは時間給で、また正社員のようなボーナスの支給はない)。このような状況にあって、子どもの教育費は出稼ぎ家族には大きな負担となり、そのため、退学する子どもも少なくない。

しかし、経済的負担があっても、あえてブラジル人学校に子どもを通わせる親たちもいて、「子どもの教育にはいくらお金がかかってもかまわない」と答える。子どもをブラジル人学校に通わせている家庭の多くは共働きであり、基本的に母親の収入を子どもの授業料に充てているケースが多かった。これらの事例は、ブラジルやアメリカにおける日本人移民が、子どもの教育に熱心で、自分たちは農村で貧しい生活をしていても子どもの教育には投資をしていたという報告と合致しなくはない。

帰国した子どもたちは、まず新しい環境に慣れるのに苦労する。日本でブラジル人学校に通っていた子どもは、たしかに比較的容易にブラジルの学校生活に（再）適応することができる。そのもっとも大きな理由は、ポルトガル語の運用能力を維持している点にある。しかし、日本でブラジル人学校に通っていたとはいえ、ブラジルの学校とは教科の進行状況などが異なるため、少なからず（再）適応に困難が生ずることがある。

このように、帰国した場合、日本でブラジル人学校に通ったメリットはあるといえるが、しかし帰国をする者が多数派であるとはいいがたい。今後、日本に永住する場合、日本語の読み書きができない状態にある子どもが、どのような仕事に就けるかが問題になる。かれ・彼女らは日本語が十分に使えず、日本に生きる知識、訓練も不十分なまま社会に出ることになる。おそらく、親と同じような非熟練労働者になる可能性は否定できないだろう。

学校に通わない子どもたち

聞き取り調査では、ブラジル人学校に通う子どもたちのうち、様々な理由により、来日してから学校に通うまでのしばらくの間（数カ月から一年間）、どの学校にも通わずに、家にとどまっている事例が多いことを確認できた。理由としては、来日後、親の仕事が決まらなかったため、というのがもっとも多い。また、親が勤めに出ている間弟や妹の面倒を見る者がいないため、やむをえず本人は家にいたという答えも目立つ。一方、日本の学校に通っていたが、いじめ、学習についていけない、などの理由から、一三歳から仕事に就いているという事例もあった。調査では、不就学あるいは退学の経験がある三人に聞き取りをしている。

Dさん（女性）は現在一九歳で、コンピュータ部品の組み立て工場で一三歳の時から働いている。日本の学校は、小学四年生から中学三年生まで通った。学校を辞めるきっかけになったのは、「先生にいじめられていたから」と彼女は語る。ほおづえをついて授業を聞いていたところ、先生は何も言わず、自分の腕を思いっきり引っ張り、行儀が悪いと叱ったのが始まりであった。以後、日常的に注意をされることが多くなり、日本人の同級生からはからかわれるようになったので、徐々に学校に行くのが嫌になった。親は、「学校に行きたくなければ、仕事をすればよい」といい、退学には反対しなかったという。

E君（男性）は現在一五歳で、初来日以来、三度も、日本とブラジルを往来しており、最終学歴は、ブラジルでは七年生（日本の中学一年生にあたる）である。たびたびの移動が、結局継続的な学習を不可能にしてしまったようで、これはよくあるケースである。二〇〇〇年に再来日してからは家で二人の弟の面倒を見ているため、学校には通わず、たまに工場などで短期間のアルバイトをしている。一八歳になったら、運転免許証を取得するためブラジルに一時帰国し、その後は日本で働きたいと語っていた。

Fさん（女性）は現在一七歳で、小学六年生から中学一年生まで日本の学校に通った。しかし、授業にはついていけず、彼女も同じく一三歳からDさんと同じ職場で働いている。ただ、FさんもDさんも、仕事をすることで経済的に生活状況は改善したが、一三歳で学校を辞めてしまったことを今になって後悔している、と語る。それは、仕事のほうも思ったよりストレスが多く、両親のブラジルへの帰国計画も明確でないので、なにかと将来への不安が強いからだと説明する。

日本で早く学校を離れるブラジル人の子どもにみられる一つのパターンは、就学しても授業についていけない場合、そこで頑張って踏み止まるよりも、仕事をして収入を得る方がよいと考えるというものである。あえてそれを止めない親も多い。もっとも、授業についていけない理由には、いじめ、からかい、頻繁な移動などさまざまな理由がかかわっている。

いずれにしても、「勉強よりも仕事へ」というこの考え方は、現在の出稼ぎ的な家族全体の行動様式、およびブラジル社会における構造的な経済格差に起因すると思われる。たとえば、国内で六・五％の者が、月収で最低賃金（最低賃金二五〇レアル（二〇〇四年三月現在一ドル＝二・九〇レアル））の一〇倍以上を得ている（IBGE, 1996）。また、教育格差も著しく、高校に在籍しているのは、国内の一五—一七歳人口のうち三二％であり、また大学に在籍しているのは、一八—二四歳のうち一一・三％である（*Almanaque Abril*, 2001）。このような状況にあって、低学歴（高校卒業以下、場合によっては中学卒業以下）のブラジル人の来日が年々増加しており、前述の通り、既存の移民研究でしばしば言及される「高学歴」の日系人移民のイメージとは乖離した日系人が来日者の多数を占めるようになっている。来日に際し、本人に資金がなくとも、斡旋業者が旅費などの立て替えをするシステムができているため、日系人であれば階層を問わず来日することが可能になっている（コガ、一九九七）。「学校に行きたくなければ、仕事をすればよい」という態度は、そのような階層、学歴層の現実を表現してもいよう。

ブラジル経済に改善の兆しがみられない今日、若い日系人の来日は増える一方で、未来のためにブラジル国内で学歴を得るよりも、たとえ単純労働であっても、日本で確実に稼ぐことを選ぶ者が少なくなく、子どもたちの扱いにもそれが反映しているとみられる。

6　長期滞在、永住のなかで

以上、在日ブラジル人の子どもを取り巻く状況、教育への意識、親の意識と日本での生活実態の乖離なども明らかにしてきた。不登校、不就学を促す要因の抽出にある程度貢献できたと考える。かれ・彼女らの教育問題は、親たちの生活・仕事の現状と直接的に関係している。つまり、多くの親たちは日本で不安定な仕事に就いており、日本での滞在計画がはっきりしていないことにより、子どもへの教育方針も一貫性を欠く傾向がある。結果的に、子どもの教育への配慮がおろそかになり、場合によっては無関心にさえなっている。ここで考えなければならないのは、親たちがそのなかに身を置いている出稼ぎ型の労働・生活形態を「やむをえない」として肯定してよいのか、である。親が長期滞在を予定していないからといって、滞在実態がそうならないとはいえない。実際、統計などからも、ブラジル人の長期滞在・定住傾向を確認できる。ならば、将来的に日本の労働市場で働く可能性が高くなるであろうわが子のため、長期的展望にたって日本での生活を見直すことが必要である。親が子どもの未来に対して責任を持つなら、教育に優先的に力を入れなければならない。

日本の公立学校か、ブラジル人学校かという選択も重要なものとなるが、来日当初の計画に従い短期の滞在でブラジルへ帰国する者もいるだろうから、ブラジルの教育を受けるという選択肢が日本国内でも開かれていることは必要である。

ブラジルと日本の両政府は、日本におけるブラジル人を、短期滞在者で、いずれは帰国する人々であろうと想定する傾向があるが、これは実態から乖離した認識であり、なかでも、自分の意志で来日したわけではない子どもの教育機会が犠牲にされる恐れがある。日本の学校、ブラジル人学校の充実を図ることが急務となっている。ブラジル人学校の本来の目的は帰国を予定している子どもの教育にあろうが、日本の学校とともに、今後、日本の社会、労働市場に参加できる個人をも育成する教育方針を採用することが望まれる。

一方、本章では日本の学校のあり方にほとんど言及していないが、子どもたちがさしあたり学校で学び、今後も日本社会で生活するうえで欠くことのできない日本語能力の獲得をはじめ、数々の指導の課題がある。それを、ブラジル人としてのアイデンティティや自尊心の否定につながる形ではなく進めることが重要である。

5章——日本の学校とエスニック学校
はざまにおかれた子どもたち

山脇千賀子

1 日本におけるエスニック学校の地殻変動

つい最近まで、日本におけるエスニック学校といえば、在日コリアンによる民族学校および中国系住民による中華学校が思い浮かべられるのが普通だった。ところが、二〇〇四年現在、在日コリアンによる民族学校に匹敵するほど大規模なエスニック学校が、ブラジル人の運営する学校であることは、意外に知られていない。在日ブラジル人学校協会によると、二〇〇三年二月現在、ブラジル教育省認定校二三校に在籍する児童・生徒数は二三六二名、非認定校二八校のそれは約二四〇〇名に及ぶ（在日ブラジル人に係る諸問題に関するシンポジウム事務局、二〇〇三：二七）[1]。学齢期にある在日ブラジル人数（入管協会、二〇〇三：九二—九三）[2]から推計すると、約二四％の子どもがブラジル人学校に在籍していることになる。

一九九〇年代に急激に増加した在日ブラジル人の間では、必要にせまられる形で非公式の「寺子屋」式学校が創設され、九〇年代後半にはブラジルに経営母体のある私立学校が本格的に日本に進出した。そして、一九九九年以降、日本のブラジル人学校が本国の教育省によって認定を受ける制度が確立された。(3) さらに、年一回ブラジル教育省による高校卒業資格試験が日本でも行なわれるようになったのが一九九九年からである。

しかも、二〇〇四年一月には、日本におけるブラジル人学校一九校が、ブラジル教育省の許認可を受けていることを根拠に、大学入学に関して高等学校卒業者と同等以上の学力がある者として認められる教育施設である外国人学校となった（ただし、日本の大学入学前の教育期間一二年には一年足りないため、一年間の準備教育課程を修了するという条件付き）。

文部科学省は二〇〇三年九月一九日付けで学校教育法施行規則及び告示の一部改正についての通知を行ない、日本における外国人学校の取り扱いについて、本国における位置付けを尊重するという方向性を打ち出した。これは一九八一年の告示以来の改正で、ブラジル人学校は、破格に短期間での公的認知を受けたといえる。同校卒業者に日本での大学進学の可能性が開かれたことは、子どもたちの選択肢を拡大したことのように評価されている。

しかし、ブラジル人学校の現状を多少とも知れば、この「破格の扱い」を単純に喜ぶことはできないだろう。なぜなら、日常生活で日本語を不自由なく使用できる在日コリアンや華人とは異なり、ブラジル人学校に通う生徒で日本語を書き言葉も含めてマスターしている者はほとんどおらず、かれ・彼女らは実質的に日本語で行なわれる大学入試をパスできる条件にない。しかも、ポルトガル語の能力が日本の大学入試で有利な条件になることは、特殊な学科を除いては、ない。

文部科学省の右の改正では「大学／専修学校による個人の多様な学習歴等の個別審査」がうたわれている。実質的な意味で日本の大学において適切な教育を受ける準備が整った人たちであるかどうかは個別に審査してよいという。

しかし、2章ですでに触れたように、初等・中等教育機関が「日本国民の形成」を前提とした教育方針を変えていない矛盾が、結局は外国人の子どもたちにふりかかっている。基礎教育の考え方とは本来、世界中のどのような人間にとっても必要不可欠な基本的知識や技術があり、その習得がどの社会に生きる人にも基本的権利として認められなければならないという前提に立つ。しかし、南米出身の子どもや保護者への聞き取りから浮かび上がってくるのは、日本の小・中学校教育が目指すのは、日本社会における規範を身に付けた「日本国民」形成ではないかという点である（山脇、二〇〇〇b：九八）。換言すれば、日本では「日本人」に対しての基礎教育しか行なわれていないのではないか、ということである。

そのため、「日本人」になるのを諦めた／諦めざるをえなかった人々は、日本社会が提供する基礎教育から身を退いていく。つまり、そうした人々の基礎教育を受ける権利は侵害されていることになる。さりとて、ブラジル人学校のような「日本の中の母国」をつくり、子どもの教育をすることが、本当に望ましい解決策といえるのだろうか。

前章ではブラジル人およびブラジル人学校が中心的に取り上げられたので、以下では、ペルー人に主に焦点化するかたちで考察を進める。

2　エスニック学校を成立させているもの

エスニック学校が意味するもの――ペルーの場合

ラテンアメリカ諸国では、一九世紀前半の独立以降も、支配者層は西欧文化圏への強い帰属意識をもち、学校教育としては当然のごとく西欧型近代教育システムが導入された。ペルーの先住民系言語であるケチュア語やアイマラ語はもともと書き言葉をもたない。そのうえ、母語ではないスペイン語でしか教育が行なわれないため、当然先住民系の識字率は低かった。非識字者に選挙権が認められたのは一九七九年になってからで、異なる文化背景をもつ国民が平等な権利を享受することのできなかった長い歴史がある。ペルーでバイリンガル教育の必要性が国政レベルで問題にされるようになるのは、一九七〇年代以降といえる。先住民系言語を母語とする「マイノリティ」への配慮として、スペイン語での教育を補完する意味合いで、母語が使われるタイプのバイリンガル教育である。つまり、あくまでもスペイン語による教育を国民が等しく享受することを目指したのである（ケチュア語が形式的には公用語として認められているにもかかわらず）[4]。

それ以前から実践面でバイリンガル教育が行なわれていた場が、ヨーロッパ系住民によるエスニック学校である。特にイギリス、フランス、ドイツ、イタリア移民などスペイン語を母語としない人々の間では、教育・福祉を自らのエスニック・コミュニティで支えていて（山脇、二〇〇〇a：九四―九七）、それらはペルーでは小国家を形成していたといえる。とはいえ、これらのコミュニティがペルー支配者層とまったく別個に社会生活を営んでいたわけではなく、むしろ同じ西欧文化圏のメンバーとしてゆるやかな連合体を築きながらペルー富裕層をなしてきた。つまり、数の上ではマイノリティであるが、大きな権力をもつ支配者層のエリート教育として、エスニック学校におけるバイリンガル教育が行なわれてきた。

こうした歴史的経緯から、現在も、首都リマでは、教育レベルおよび授業料の高さからトップクラスに位置している学校は、アメリカンスクール、イギリス系・フランス系・ドイツ系学校であり、本国のカリキュラムに基づいてスペイン語以外の言語での教育が行なわれるか（この場合スペイン語での授業が限られた時間数確保されている）、ペルーのカリキュラムとのダブルスタンダードでのバイリンガル教育が行なわれている。これらの学校の卒業生にとっては、学力という問題を含めたすべての側面からして、進学先を欧米諸国の大学にするのかペルー国内の大学にするのかは、本人や家族の選択の問題にすぎない。

ところが、同様にエスニック学校でありながら、アジア系エスニック集団が運営している中国系および日系学校の場合、教育上のダブルスタンダードを維持することはむずかしい。これらの学校では、エスニック集団の美質を生かした良きペルー市民をつくる教育を行なうことが目標として掲げられている。モットーとしては申し分のない多文化教育ということになる。しかし、これらの複数言語・文化間において互いが排除しあうような価値を含みこんでいないかどうかという問題がある。欧米系エスニック学校の場合、既述のように複数言語を使用していても、根底にある共通の西欧文化によって、教育上の一定の方向性が与えられ、エスニック学校の矛盾が噴出することはほとんどない。

これに対して、特に第二次世界大戦後のアジア系エスニック学校がたどったのは、エスニックな性質を脱色していく方向だったといえる。カリキュラムのダブルスタンダードは放棄され、ペルーのカリキュラムの中で中国語・日本語が「外国語」科目として教えられるにすぎなくなっている。大学進学のために中国語や日本語の能力が優位な条件とはならないからである。このように、ペルー社会への同化が達成されたときにエスニック学校は存立基盤を失う。学校という社会組織を通じて人間形成を目指すのではなく、学校を社会上昇・参加のための資格授与機関として位置付けるような認識枠組みが支配的になったとき、エスニック学校の価値は「特殊技能」としての外国語運用能力を身につけさせるという点を除いて、他の学校となんら変わりないことになる。

また、中国語や日本語を将来の就職に備えた特殊技能として位置付ける親たちにとって、子どもの教育で達成されるべき目標の準拠枠組みはエスニック集団を越えた「国際社会」に広がっている。こうした社会変化が、ペルーのアジア系学校の性質に影響を及ぼしてきたといえる。

グローバル時代のエスニック学校?

以上のペルーにおけるアジア系学校をめぐる状況とは対照的に、日本ではペルー人学校設立の要望について一九九〇年代初めから在日ペルー人の間で議論されていた。実際に小規模ながらもペルー人学校が機能している日本の状況は、世界に散在しているペルー人コミュニティ（一〇〇万人以上と推計される）のなかでも特異な事例である。では、なぜ日本ではエスニック学校が設立されて機能しているのだろうか。同様の状況は世界のブラジル人コミュニティでもみられ、共通の「時代的要因」およびデカセギ現象の特徴が作用していると考えることができる。

ペルーやブラジルに限らず、国外に居住する国民に本国と同様の教育を提供するためには、国家による財政および人的援助が不可欠である。しかし、多くの国家では国外に居住する国民のために財政援助を行なう余裕はない。国家の援助がなければ、学校を必要とする人々が金銭的にも人材確保の面でも自律的に経営・運営していくより他にない。第二次世界大戦以前のペルーにおける日本人学校の場合、日本人移民の相互扶助の精神に支えられて設立・運営されたものである。その成果に基づいて、徐々に日本政府の援助を引き出すことになるのだが、あくまでも学校運営を支えたのはエスニック・コミュニティであった。

同様に、九〇年代以降の日本において、ペルーと同様の教育サービスを提供することを始めたのは、日系ペルー人の相互扶助組織「キョウダイ」であった。しかし、ペルー人が国内に分散居住している状況では学校設立・運営が困難なので、ペルー教育省の認可を受けた通信教育制度を一九九四年に導入することになった。さらに、二〇〇二年には日系ペルー人による同様の通信教育システムが導入され、二〇〇四年現在二つの通信教育システムが並存している(5)。こうした国境をこえた教育サービスシステムは、通信手段の発達と通信コストの格安化によってもたらされた。そして、これらの通信教育システムと呼応するかたちで、ペルー人集住地域に「寺子屋」的学校ができるようになった。

ブラジル人学校に関しては事情がちがう。日系人の相互扶助組織とは関係なく、教育産業としての可能性が模索された。日本における人口規模が大きいブラジル人の場合、学校経営が成り立つ条件がそろっているため、ブラジルに本拠地をもつ学校が本格的に日本市場に参入した。つまり、ビジネスとして成立するだけの規模の移民が日本に流入し、しかもその多くが限られた日本語能力しかもたないために成立したのが、ブラジル人らを対象にした新たなエスニック学校ということになる。

　また、地理的に限られた地域に、大量のブラジル人労働力を相対的に安定した賃金で雇用するデカセギ・システムは、日本以外の先進国などには見られない。この日本に特異なデカセギ現象によって、民間のビジネス主導型エスニック学校が成立しているという側面もある。こうしたビジネスの顧客となっているのは、日本における文化障壁を乗り越えることをあきらめた／あきらめざるをえなかったラテンアメリカの人々である。日本において、異質な言葉・文化を身につける労をはぶいてくれる「都合のよい選択肢」を提供するのが、出身国の教育産業である。ただし、相対的にかなり高い授業料を負担しなければならないわけだが、それを補うだけのメリットがあると親は判断しているのかどうか判断がむずかしいところである。

　ヨーロッパ言語とは全く異なる日本語をマスターすることは、成人にとっては相対的に困難で、そのため情報を充分に獲得できないまま日本社会で生活する不安は大きい。特に教育に関する情報は、日本人でさえも事情に通じていなければ獲得しにくいものである。こうした親の不安に応えるものとして、エスニック学校が成立しているという側面を見逃すべきではない。エスニック学校を選択した理由として親が挙げるのが、近い将来の帰国に備えて、母国の教育システムに則った方が効率的だからという答えが少なくないとしても、である。

　つまり、こうしたエスニック学校を成立させている要因としては、(1)国境を越えて展開される教育ビジネス活動の広がり、(2)日本社会への統合を期待しない／できない成人である親の思惑、(3)日本の教育システムが、異なる言語・文化をもつ子どもたちに充分な基礎教育を提供できていない現状、が大きなものとして挙げられる。

　次に、ペルー人の子どもたちを取り巻く日本での教育事情を具体的にみてみよう。

3　日本におけるペルー人の子どもをめぐる教育状況

二〇〇三年現在、日本で外国人登録しているペルー国籍者数は五万一七七二名にのぼる（法務省大臣官房司法法制部、二〇〇三：一七三）。うち、義務教育を受ける対象となる学齢期にある子どもたちは四八〇〇名強に達するものと推定できる（入管協会、二〇〇三：四四―四五）[6]。文部科学省による公立小・中学校などにおける「日本語指導が必要な外国人児童生徒の受け入れ状況等に関する調査（平成一四年度）の結果」では、スペイン語を母語とする者は二五六〇名である。うちペルー国籍者が八割程度を占めるものと考えられるため（外国人登録者数の割合からの推定）、約二〇〇〇名がペルー人児童・生徒と推定できる。

こうした児童・生徒の保護者のほとんどが、「日系人」として滞日していて、就労に制限はないが、多くは高度な日本語能力を必要としない製造業ラインなどで働いている点は前章でみたブラジル人の場合と同様である。来日当初は一―三年間を目処として日本でのデカセギ生活を始める。しかし、実際には目標としていた貯蓄額に達しない、帰国後の仕事の目処がつかない等の理由で、当初の思惑よりも長期間にわたる滞在となることが多く、家族単位で生活の基盤を日本におくことになるペルー人が年々増加している。

五つの類型

こうしたペルー人児童・生徒の日本における教育状況は、類別するなら大きく五つに分けることができよう。もっとも多いのは、日本の公立小・中学校にのみ通学しているというパターンである。この場合、日本語での教育しか受けていないということになる。多くの家族にとって、費用負担が最も少なくてすむ現実的選択肢である。ペルーに限らず第三世界の人々にとって、日本は人材育成によって先進国の仲間入りを果たした「教育大国」というイメージが定着している。基本的に無償で「先進国」日本の教育を受けることができるのであれば、それは子どもにとっても親にとっても望ましい選択と考えられて不思議でない。ただし、家庭内では親がスペイン語を使用し、生活に密着した習慣については親にとっての母文化であるペルー文化が支配的な影響力をもつ。子どもの立場からすると、学校という公的場では日本の教育システムの下で、家庭という私的場では「ペルー的環境」の下で社会化されるというように、ダブルスタンダードの世界におかれることになる。

二番目としては、日本の小・中学校に通うほかに、ペルー教育省から正式に認定されている通信教育で勉強するパターンが挙げられる。この場合、子どもは日本語とスペイン語の二カ国語で、両国によりそれぞれ正式に認められたカリキュラムに則った異なる性格の教育を受ける。ただし、子どもにとり教師が身近にいない状態で通信教育を続けるよう動機づけをするのは、多くの場合は親の「命令」または「指導」である。通信教育で進級できるためには、親が毎晩の勉強時間を決めて「指導」するか、週末に親がかかりきりで勉強させるような生活スタイルが求められる。このパターンの下位分類として、週末に通信教育の指導を行なう学習クラブのような組織をつくり、バイリンガル教育を目指すケースもある。ただ、日本で生活する限り、子どもにスペイン語で勉強する動機づけを保持させるのは容易ではない。さらに、母語を使うことが、「皆とは違うこと」だと感じて拒否反応が働く場合、子どもはスペイン語を使おうとしない。「母語」を学ぶことは当然という親の意識と、日本の学校で「社会化」されてくる子どもの「母語」に対する意識のギャップは大きい。

三番目としては、日本の学校には通わずスペイン語通信教育の教材・システムだけによりながら勉強しているパターンである。これを初めから選択している親のなかには、日本での教育現場で外国人が「いじめ」にあうことが多いという噂を耳にして、最初から日本の学校に子どもを通わせてつらい思いをさせないように配慮しているのだというケースもある。事実、日本の学校で「いじめ」にあったり「適応」できずに、不登校になってしまった子どもにとって、学習する機会を提供してくれる最終的な手段が通信教育となっている。一見、通信教育を選択する親は、帰国時のペルー社会への適応にしか関心をもっていないと判断されがちである。しかし後述するように、多くの場合、親たちに日本の教育システムに対する不信感があることを見逃すべきではないだろう。通信教育の問題点は、親が勤めに出ている間、子どもが家に残り、自習しなければならないという点にある。小学校低学年の子どもたちに自習を期待することは非現実的であるから、多くの場合、小学校高学年以上で来日している子どもが選択するパターンといってよい。

四番目は、三番目のパターンの下位分類ともいえるだろうが、日本の学校に通わずに、毎日スペイン語学校に通うパターンである。二〇〇三年現在、全国にスペイン語で教育している学校は一三校とされている(7)。こうした学校は、母国の教材・システムに則って運営されているが、日本の学校と同様午前から午後にかけて終日授業を行なっている。ただし、「学校」とはいえ規模はあまり大きくない。大規模なブラジル人学校に比較すれば、ほとんどのスペイン語学校は「寺子屋」というべきかもしれない。また、ペルー教育省の認可もない。二〇〇三年二月に開校した浜松市内のムンド・デ・アレグリア校は最大規模だが、ペルー人生徒数は三八名、うち一八名が就学前学習クラスで、残り二〇名が初等・中等教育レベルである（*International Press* 二〇〇三年一〇月四日）。このパターンを選択している理由は、三番目のそれとほぼ重なる。異なるのは、授業料負担である。ムンド・デ・アレグリア校の月謝は、給食費やスクールバス費用などにより多少異なるが四万一〇〇〇―四万八〇〇〇円となっている（同）。この月謝額は、ペルーでかなり質の高い教育サービスを提供するといわれている私立校の月謝（一〇〇―二〇〇米ドル相当）に比べても割高感がある。特に、複数の子どもを抱える家庭にとって、こうした学校に子どもを通わせることを選択するのには、相当の覚悟が必要になる。それでもスペイン語学校を選択する親には、母国と同じように教育を受けさせたいという強い希望があり、日本の学校がそうした条件を提供していないと考えられているということになる。

五番目は、既述のいずれの教育システムからもドロップアウトしているパターンである。なかには、就学せずに年齢を偽り、アルバイト就労している子どもたちも含まれる。しかし、働く子どもの多くは、初めから学校に行くつもりがなかったわけではなく、日本の小・中学校に「適応」できずに不登校となり、親の留守番をしているよりは「生産的」活動をしたほうがよいと判断した結果として働き始めるという道筋をたどっている。また、共働きの両親が、手のかかる乳幼児を保育所などに預ける費用を「節約」するために、学齢期の年長の子どもを世話役および留守番として使っている場合もある。

日本の学校に通わない子どもたち

学齢期にあるにもかかわらず、日本の学校にも通わず、ペルーの教育システムにも関わっていない子どもたちは決して少数ではないと推定できる。既述のように、学齢期にある子どもの推定人数は四八〇〇名強であり、日本の学校が把握している日本語の学習支援が必要なペルー国籍の児童・生徒は約二〇〇〇名である。では、残りの二八〇〇名強はどうなっているのだろうか。

スペイン語通信教育を受けている児童・生徒数は、六〇〇―七〇〇名程度である。関係者の証言から、この約半数は日本の学校にも通っているものと考えられる。

その他、日本生まれか幼少時から日本に住んでいて日本語能力が十分に高く、日本の学校で日本語の学習支援が必要ではないペルー人児童・生徒もいる。こうした子どもたちの数は増加傾向にある。しかし、全国レベルで正確な数を把握することはむずかしい。例えば、ペルー人集住地域にある神奈川県のある中学校では一七名のペルー国籍生徒のうち、日本語指導を受けているのが二名、教科補習的指導を受けているのが四名であり、一一名が学習支援を必要としない生徒となる（二〇〇三年一〇月現在）。ただし、地域の特性などにより差が著しいようである。仮に、六〇

％が日本語による学習支援が必要な子どもだとすると、日本の学校に通っている日本語能力が学習に十分な程度の児童・生徒数は一三〇〇名程度になる。とすれば、日本の学校に通っているペルー国籍児童・生徒総数は三三〇〇名となり、残りの一五〇〇名の学齢期にある子どものうち、スペイン語通信教育だけを受けている子ども（推定三五〇名、うち通信教育システムを利用しているスペイン語学校生徒の推定数一〇〇名）を除いた一一五〇名が日本／ペルーいずれの教育システムからもドロップアウトしていることになる。これは、日本に住む学齢期にあるペルー国籍の子どもたちの二三・九％にあたる。[8]

では、日本に住むペルー人の子どもたちがなぜ学校に通わなくなるのか。その原因を、筆者が行なった保護者や子ども本人などとの面接から、三つに類型化してみたい。

(a) 学校での諸問題（言語能力に基づく学習困難、人間関係〔教師／友人〕など）
(b) 家庭／家族の諸問題（親が抱える就労や生活上の諸問題など）
(c) デカセギ・ライフスタイルの諸問題（価値観の準拠枠のゆらぎなど）

ただし、実際にはこれらの原因が複数からみあっている場合が少なくない。

筆者が面接した八ケースのうち、四ケースは学校での諸問題を直接的なきっかけにして長期欠席するようになっている。いずれの場合も、同級生によるいじめが大きな問題だった。教師による介入がほとんどみられずに、親も言葉の壁のために積極的に学校に働きかけができず、結局いやがる子どもを無理に学校に送り出すわけにもいかないという理由で、親も長期欠席を黙認せざるをえない。いじめは、日本語ができない子どものみを標的にするわけではない。筆者の面接したVさんのケースは、いじめの理由がよくわからない。小学四年次に編入して最初の数カ月は日本語の習得に苦労したものの、ペルーで成績優秀者だったVさんは、すぐに言葉に不自由しなくなるほど日本の学校に「適応」した。親しい友だちもでき、成績も良かった。ところが、中学進学をきっかけに「シカト」が始まる。親はしばらくの間、Vさんが学校に行くふりだけして親が出勤後に家に戻っていたことに気づかなかった。教師から親へ電話連絡があったのも一度だけで、学校に面談に行ったところ「いじめにあうのはあなたのお子さんに原因があるのではないか」といった趣旨の発言をされ、学校への信頼感を失った。半年ほど長期欠席したところで、親子間の相談の結果、Vさんは単身でペルーに帰国して、親戚宅の世話になりながら学校に通うことに決めた。

その四ケース中三ケースが、解決策としては帰国という選択をしているが、親が一緒に帰国するケースはなかった（残りの一ケースでは、小学五年で来日したが中学に進学するのをあきらめた子が、年齢を偽ってアルバイトを始め、二年後、家族と共に帰国して中学校に入り直した）。デカセギの親は一定の貯蓄を達成しないかぎり帰るわけにはいかない。そのため、子どもが基礎教育を受けるには、親子が離れ離れにならざるをえない状況に陥る。

デカセギ現象が始まって四―五年経つと、日本にデカセギに行った両親に代わってペルーで祖父母などの親戚宅で育てられている子どもたちの精神的危機が、日系人コミュニティのなかで囁かれるようになった。「親に見捨てられた」という感情を抱く子どもたちは、自己尊厳意識（self-esteem）が低くなり、精神的にも不安定になる。同時に、学校の勉強のみならず生活全般にも意欲をなくしてしまうという。そこで、親子は一緒に生活することが望ましいという考え方がデカセギ経験者談として日系人の間に広まり、通信教育制度も整備された。ところが、日本の学校教育現場の不適切な対応により、多くのペルー人が親子共々の生活をあきらめざるをえなくなるのは悲劇というしかない。

デカセギ世代の中心を占めるのは、幼少の子どもを抱える壮年期の親たちである。親たちは当初一―三年間のデカセギのつもりでも、そのうちにいつ帰国するか明確な期限が設定できない状態になり、日本での生活にある程度の余裕がうまれると、子どもを呼び寄せる。子どもにとっては日本であろうがペルーであろうが親と一緒に生活できることが望ましい。しかし、教育を受ける権利が満たされない状況は将来に関わる重大な事態である。

例えば、現在小学五年のW君は、日本生まれの日本育ちであるが、非日系人である母親が病気治療のために二年に一度くらいのペースで里帰りをするのに連れて行かれる。日本を離れる期間は一―四カ月で、その間ペルーで学校に通うことはない。日本に戻ってきても遅れた勉強を取り戻すために特別なことをするわけでもなく、学校も休みがちで成績もよくない。それでも、「日本の義務教育には落第制度がないから」ということで、親は特にW君の教育問題に気を配る様子はない。「いずれはペルーに帰国するのだから問題ない」と考えているという。つまり、こうした親たちは日本における教育をつうじた社会統合に全くといってよいほど関心をもたない。同時に、子どもの将来についても、教育がどの程度の影響をもつかについて情報をもたないか、関心さえもっていないということになるだろう。

また、両親の別居および離婚が、子どもたちに及ぼす影響も大きい。ペルーでのライフスタイルとは全く異なる仕事中心の生活のなかで、夫婦間の関係が破綻するケースは少なくない。両親の別居をきっかけに長期欠席になった小学三年男子は、引き取られた父親の再婚相手の連れ子である同年代の「きょうだい」ができて、一緒に登校するようになり、立ち直ってきた。このケースには、当初学校カウンセラーも積極的に介入したのであるが、ほとんど効果はなく、なによりも家庭事情が安定したことが問題解決に決定的に作用した。つまり、家庭環境が子どもの教育に大きな影響を及ぼすことを示している。

大人たちが、デカセギ生活をしながら日本語を学ぶ時間を確保するには相当の動機と学習を持続する意志が必要で、日本語をマスターする条件は子どもたちよりも厳しい。そのため、親よりも子どもの日本語能力がすぐに高くなり、子どもが「通訳」的役割を果たすことが期待される。市役所などの公的機関での手続きのため子どもに「通訳」してもらうからという理由で、頻繁に学校を早退させたり欠席させたりする親は少なくない。親の日本における生活能力に欠ける部分を子どもが補うことになるのである。また、子ども自身が学校と家庭という異なる原理に則った場をつなぐ異文化間「通訳」とならざるをえない。子どもたちは学校で教師のメッセージを親に伝えるように託されることが多いが、これは子どもにとって、個人差はあるものの、相当な精神的負担といってよいだろう。デカセギの子どもたちは、ダブルスタンダードな生活世界を受け止めるだけの精神的強靭さを要求されているともいえる。このような大人同士の異文化間コミュニケーション的課題までも子どもにふりかかってしまうのが、日本におけるデカセギ生活の実態である。

さらに、いつ親の意思によって帰国することになるのか分からないという「不安定な」状況に自分がおかれていることを、多くの子どもたちは分かっている。自分は日本人の同級生たちと異なる条件下にあるということを、絶えず意識せざるをえない。そのため、日本社会への統合意識は弱くなり、日本の学校に通っていて意味があるのか確信がもてない子もでてくる。こうして学校をやめ、スペイン語での通信教育を選択する者も生まれる。

以上みてきたようにデカセギの子どもたちに背負わされる課題は、大人にさえ手に余るほど複雑である。こうした子どもたちの重荷を軽くするような機能を日本の学校が果たしえないからこそ、学校に通わなくなる子どもが後を絶たないといえるのではないだろうか。

階層再生産はエスニック・ラインを越えて

神奈川県内のペルー人生徒の比較的多いある中学校を訪ねた時、一クラスに一人以上は「不登校」の生徒がいるという話をきいた。ほとんどが日本人だという。外国籍の子どもには日本で教育を受ける「義務」はないとされているので、自由意思によって退学届を学校に提出すると「不登校」というカテゴリーには入らない。ところが、日本の学校を退学したからといって、帰国して学校に通っているわけでもなく、エスニック学校に通うわけでもなく、通信教育を受けるわけでもない学齢期の外国籍の子どもたちが少なくないことが、教育現場で知られている。「不登校」と呼ばれるかどうかに関係なく、学齢期の子どもが学校に行かない／行けないという状況に変わりはない。

このような事態は、今後の日本社会においてどのような意味をもつことになるのか。

端的にいうなら、社会階層下位グループへ外国籍住民を閉じ込めることを意味するだろう。外国籍の子どもたちが、自らの意思によるか否かを問わず、「日本人」としての社会化ができない場合、公的教育場面から排除されるさまざまなメカニズムが作動している。そして、教育面での不平等は、就業の機会の幅を狭めることや所得格差を拡大するという社会的公正を損なうような帰結を招くだろう。近年、日本の階層化社会としての新しい局面に注目が集まり、教育における階層分化の問題が実証的に議論されるようになってきた（苅谷、二〇〇一）。教育レベルのちがいが社会階層の再生産につながる状況が進行するなかで、特定階層の若者たちの間に「豊かな社会」における学校的業績主義の価値からの離脱傾向がみられるが、外国籍の若者もこのニッチに編入されようとしているということだろう（同：二二二）。

日本の学校で学ぶことの意味をみつけにくい子どもたちは、異なる社会的空間での自己有能感（self-efficacy）を高めるため、例えばアルバイトとして働き始める場合もあれば、ペルー人学校やブラジル人学校へ移ってしまうこともある。学校に行かずに過ごす街角での出会いから、いわゆる不良グループ・暴力団などとの接触が生まれ、アウトローの世界に入ってしまう若者の問題は徐々に深刻化している。そして、そもそも日本の学校で外国籍の子どもに対して、「日本語ができない＝無能」という図式を押し付けている現状がこうした事態を後押ししていることを、日本社会の側が十分に認識しているとはいえない。

4　教育と労働のグローバル戦略は有効か――国家と企業と個人の思惑の交錯

国境を越えたデカセギの子どもにとっての教育環境は、異なる社会・文化の準拠枠組みが並存した場である。さらに、この枠組みを越えて教育産業が展開している。日本におけるペルー人学校に通う子どもたちをめぐる現実は、ナショナルな枠組みでは捉えきれない。母国と日本を結ぶ航空運賃が格安になり、国際電話料金も大幅に値下がりした現在、デカセギにとって両国の心理的距離は縮まっている。

教育についても、日本とペルーのどちらのシステムを選んでも、その後の子どもの人生に大きな違いがあるとは思えないとコメントするペルー人も増えている。実際、身近なペルー人の若者が帰国して大学を卒業しても適当な就職先を見つけられず、工場労働者になるために日本に舞い戻ってきたという例などを、日本に生活する子どもたちはみている。そして、結局のところ教育は人生に大きな影響をもたないという確信を強めることにもなる。現在のペルーと日本の経済格差が存続する限り、同程度の収入をめざす場合、日本で働くほうが圧倒的に有利になるからである。日本でのデカセギで得られる家電製品や自家用車に囲まれた消費生活は、ペルーでは限られた富裕層でなければ実現しがたい。ペルーでの学歴と収入レベルはほぼ相関関係にあり、ブルーカラー層とホワイトカラー層の賃金相場には圧倒的な格差があるが、日本では両層の賃金格差はそれほど顕著ではなく、むしろブルーカラー層のほうが高賃金を得ることさえある。懸命に勉強して日本で高校や大学に進学しなくても、将来の生活にそれほど変わりがないのではないか、と学校で学ぶ意味を切り捨てる親や子どもがでてくるのも、その限りでは当然かもしれない。

デカセギを経験した人々は、このように世界の経済格差によって複数の生活世界が並存していて、そうした「異なる世界」を比較的簡単に移動することができることを身をもって実感している。このような状況のなかで、自分にとって最も有利になる立場を確保できる社会を選択して居住地にするというのが、デカセギ・ライフスタイルである。

注意しなければならないのは、自らの労働力としての価値がほぼ確定している大人に関しては利益を最大化するのに合理的にみえるこうした行動原理が、成長の方向性や程度が未知数な子どもに関しては必ずしも合理的とはいえなくなる、ということだろう。子どもの可能性を、あらかじめ親をとりまく環境のなかに閉じ込めてしまうからである。そうした構造から子どもたちの可能性を解き放つ役割を果たすのが、教育なのではないだろうか。

しかし、こうした教育の本質論に立ち戻る機会をもつことを、生活時間のほとんどを労働に費やすデカセギの親たちに期待することはむずかしい。そうした状況に乗じて、異なる教育サービスを提供する企業的主体が、二つの世界の間に出現しているのが現状だといえよう。

とすれば、教育の本質論に立ちかえり、子どもたちの可能性をひらくための場を提供するのが日本の学校の役割ではないだろうか。それは外国籍の子どもを特別扱いすることではない。すべての子どもが自らの可能性を伸ばすために必要な知識や方法を身につけることができる場として日本の学校が機能していないなら、それは日本人の子どもにとっても大きな問題といえるだろう。日本の学校が今後どう変わっていくべきなのかを検討する時機に、私たちは立ち会っている。

同様に、エスニック学校にとっての今後の課題も大きい。ブラジルやペルーのカリキュラムに則って日本で「教育」する矛盾は、すでに教育現場でも指摘されている。望ましいエスニック学校のあり方について、本国だけではなく日本の教育関係者も巻き込んで議論を続ける必要があるだろう。

（1）　ブラジル人学校の数は増加を続けている。二〇〇四年三月現在ブラジル教育省認定校は三三校になっている（在日ブラジル大使館ホームページ）。

（2）　外国人登録で記録が公開されている年齢区分が学齢に正確に対応していないため、正確な数字にはならない。なお他の章でも述べられているが、ブラジル人学校在籍者に関して、正確な把握は難しい。その理由は複合的であるが、何よりも学年途中の学籍移動が頻繁にあることが挙げられる。

（3）　ブラジル教育省の認定を受けるためには、本国での教育基準に則った学校運営を行なうほか、日本で行なわれている教育であるという事情に対応して、カリキュラムの上で規定時間（週一時間）の日本語および日本文化に関する授業をもうけることが条件づけられている。

（4）　近代国民国家形成を進めるために、先住民をいかに統合するべきなのかという議論は一九世紀後半から二〇世紀前半にかけて、ペルー知識人にとっての主要なテーマの一つであり続けた。そして、先住民を文明化＝西欧化することと「スペイン語化」することが国家的課題と捉えられてきた。したがって、先住民文化を西欧文化と対等なものとして位置付けた多文化教育ではなく、あくまでもスペイン語を効率的に学ばせるために母語を活用するという同化主義的バイリンガル教育の必要性が叫ばれてきたことになる（Ames, 2002 : 16）。

（5）　日本においてペルー教育省に正式に認可された通信教育を行なっている二つの組織のうち、ひとつは、一九九四年にキョウダイにより創設されたPEAD（Programa de Educación a Distancia）Unidos de Kyodai（Convenio de Cooperación Kyodai）で、もうひとつが二〇〇二年に創設されたPEAD La Uniónである。これらの通信教育が抱える可能性と限界については、Yamawaki（2003）を参照されたい。

二〇〇二年に創設されたPEAD La Unión は、教育サービスの中身に関してはリマにある日系校ラ・ウニオン（La Unión）が担当している。ラ・ウニオン校は初等・中等教育一貫校で、合計約七二〇名の在籍者を抱えている。日本語がカリキュラムに組み込まれており、日本人スタッフも専従しているため、日本で教育を受けた子どもたちを多数受け入れている。二〇〇四年八月現在、なんらかのかたちで日本に滞在した経験のある生徒は約一〇〇人に達するという（ラ・ウニオン校校長への二〇〇四年八月一六日聞き取り）。こうした状況をうけて、同校ではペルーと日本の間を移動する子どもたちに対する適切な教育のあり方を模索する研究が進められている。

（6）　注（1）と同様に外国人登録からの推計であり、正確な数字ではない。

（7）　これらの学校は群馬、神奈川、静岡、愛知に集中している。規模が小さく、経営・運営上の困難を抱えている学校が少なくないため、学校数は変動している。

（8）　この数字はあくまでも日本語による学習支援が必要な子どもの割合を仮に六〇％とした場合の試算であって、この仮定が現実を正確に反映したものということはできない。

II　外国人の子どもの生活世界と学校

6章——「不登校」「不就学」をめぐる意味世界

学校世界は子どもたちにどう経験されているか

竹ノ下弘久

1 子どもたちの意味世界

本章では、外国にルーツをもつ子どもたちの不登校、不就学を中心とした現状について、[1]主として、子どもたちやその親を対象としたインタビュー調査に依拠しながら、子どもたちの生活世界によりそった考察を試みる。[2]外国人の子どもたちの教育達成については、構造的アプローチと主観的アプローチの二つが考えられる。前者は、外国人の子どもたちの教育達成を阻むさまざまな構造的要因の析出（日本の教育制度、外国人の子どもたちに対する学校側の処遇のあり方など）を試みるものであるのに対し、後者は、外国人の子どもたちの学校教育についての主観的な意味世界に注目するものである。

教育社会学や階層研究では、教育アスピレーションがこれまで重要な研究対象とされてきた。[3]教育アスピレーションを考える重要な分析の視座に、加熱と冷却の議論がある。そこでは、子どもたちのアスピレーションを加熱させたり、冷却させたりする制度的装置に焦点があてられてきた（竹内、一九九五）。外国人の子どもたちを対象としたこれまでの研究をみると、かれ・彼女らの教育アスピレーションは、多くの場合、日本の学校教育を通じて冷却を促されていると考えられる(4)。学校教育におけるかれ・彼女らをとりまく幾重もの障壁が、学業達成への意欲をはばみ、結果として、小中学校段階での不登校、高校進学の断念、高校中退をもたらす確率を、「日本人」以上に高くしていると予想される。

本章では、こうした外国にルーツをもつ子どもたちの生活世界のありようを準拠点とし、かれ・彼女らの学校、学業に関する意味世界に注目する。そして、そうした意味世界の形成に、さまざまな構造要因がどのように関係しているか、子どもたち、その親たち、子どもたちが通う学校の教職員、外国人の子どもたちを対象とした補習教室を行うNPOの関係者の「語り」にもとづいて考察を行う。

かれ・彼女らの学校経験についての「語り」は、次の調査によって得られた。第一に、「外国人児童生徒の不就学研究会」が、神奈川県、愛知県を中心に、外国人児童生徒の多い地域の教育委員会、学校の教職員、外国人児童生徒の学習支援を行うボランティアの学習室の関係者を対象に二〇〇一年から二〇〇二年にかけておよそ三〇名を対象に行ったインタビュー調査の記録である。第二に、同研究会が外国出身の子どもたちを対象に二〇〇三年に関東諸県と愛知県で二五名の子どもたちを対象に行ったインタビュー調査の記録を用いる(5)。第三に、筆者も調査や報告書の作成に従事した『神奈川県外国籍住民生活実態調査報告書』のなかで紹介されているインタビュー記録である。同調査では、神奈川県内に居住する外国籍住民一〇七名を対象に、インタビューを行った。以下、これらの調査によって得られたインタビュー記録や資料にもとづき、考察を進めていく(6)。

2　日本の学校への編入の構図

外国出身の子どもたちは、国境を越える移動を経ることで様々な困難に直面する。とりわけ、出身国と移住国との間の言語の相違は、子どもの学習に対しても大きな負荷をかける。すなわち、多くの子どもたちは、学校教育で使用される言語を理解しないために、学習上の困難を経験するのである(7)。

たとえば、インタビュー時点で一五歳の男性である愛知県に住む日系ブラジル人のAさんは、八歳のときに日本の小学校に入学する。そのとき彼は、学齢相当である小学校三年次に編入した。Aさんは、ブラジルでは保育園に通ったことはあるが、ブラジルの小学校に通った経験はない。ブラジルで就学経験がないまま、来日する。来日後は、一年間ほど日本の学校に通わず、家の中ですごす。そして、来日から一年後に、小学校三年次に編入した。しかし、ブラジルでの就学経験も、日本での小学校一、二年次の学習経験もないまま、小学校三年次に編入したため、学校での教科学習には大きな困難をきたした。

「最初、日本の学校には三年生から入って、勉強はとても難しかった。〔ひらがなの学習については〕最初は難しかった。でもひらがなを覚えるようになって、他のやつが簡単になった。で、漢字が出てきて、四年生の漢字が出てきたときは、とても難しくなった。もう覚えれんと思って、そのときに勉強をあきらめた。〔その小学校では〕取りだし授業もあって、一対一で教えてもらった。校長先生やいろんな先生から教えてもらった。おれが行っていた小学校は、良い小学校だったよ」（愛知調査）。

Aさんの語りでは、Aさんが通っていた小学校は必ずしも否定的に位置づけられていない。Aさんの居住していた地域には、外国人はほとんどおらず、この小学校に通う外国人の子どもも、Aさん以外はいないという状況であった。学校では、取りだし授業などを行うことで、Aさんの学習を積極的にサポートする様子がうかがえる。しかし、そんななかでも、Aさんを年齢相当の学年に編入させたことは、Aさんの学業成績を大きく左右する要素となる。Aさんの場合、先にみたように、ブラジルで学校教育を受けずに来日し、来日後も一年間は自宅にとどまっていた。そのため彼は、日本の小学校に入学する時点で九歳の年齢であったが、それまで何らの学校教育も受けていない。かりに日本語を母語とする子どもであっても、同様の状況におかれれば、授業内容の理解が非常に困難であることは想像に難くない。Aさんの場合、日本の学校への編入学年が、彼の学業達成を大きく方向づけ、学習への意欲、動機づけを喪失してしまうのである。

その後彼は、次節で詳しく述べるように、学習困難と、転校先の教室内での友人関係の悪化が原因で、不登校へと至る。このようにAさんのケースでは、最初の学校での編入学年が、彼の学習困難を形成し、不登校へと至る基盤を構成していると思われる。

外国出身の子どもたちが日本の学校に編入する場合、年齢に相応する学年に入る場合と一―二年学年を下げる場合があるが、学年を下げて編入したケースに注目したい。

ペルー出身のBさんは、年齢より下の学年に編入したことを肯定的に位置づけている。

「ぼくの場合は、年齢的には二つ下げてますから。ずいぶんと余裕があった。自分の中では、正しいことと悪いことがずいぶんと他の人より判断力があったと思います。自分がむこうでは小五で、〔飛び級のため〕一つ学年が上がっていたんですけれど、小三に下がって入ってきたわけですから、〔周囲の子どもたちとは〕全然考え方が違いました。結局ぼくも子どもだったので、あまりつらいっていうのはなかったですね。遊ぶときは遊んで友達もたくさんいたし。身体能力的なところでは、ぼくは今、あまり背高くないんですけれど、あの頃は、ほかの人よりは上の方でしたね。成績も結局上の方だったのはそのせいかもしれませんし」（神奈川調査：二四一―二四二）。

Bさんの場合は、日本の学校に年齢よりも下の学年に編入したことで、教授言語の相違にもかかわらず、余裕をもって学習にのぞめ、教科学習を円滑に行うことができた。そのため、低位な学業成績を経験することなく、クラス内で上位の成績を達成することができた。このように、日本の学校への年齢を下げた編入は、外国人の子どもたちの日本の学校への適応を考えると重要な方策といえる。しかし、以下の事例のように、年齢よりも下の学年に編入したことで、かえって「問題」を経験した子どももいる。パラグアイ出身の四〇代の男性は、自分の息子（Cさん）の日本の学校への編入について次のように語っている。

「〔息子は〕一学年を落として入学したんですが、日本語を特別に教える学級がなかったし、普通のクラスに入って勉強しなければいけなかった。他に外国人生徒がいなかったし、他の子より体が大きく、目立つ上に日本語ができなかったため、最初は仲間外れにされたり、いじめられて大変だった」（神奈川調査：二四一）。

Cさんのケースからは、年齢よりも下の学年に編入したこと自体が問題なのではなく、年齢と学年が一致しない子どもに対する学校側の受け入れ体制が、多くの不備を抱えているように思われる。クラス内の友人間で仲間外れにされたり、いじめられたりという経験は、教室空間において年齢にもとづく同質性が前提とされるなかで生じる。異質な年齢の子どもを排除する構図が、学校では顕著である様子がうかがえる。また、外国人の子どもを対象とした取り出し授業がなく、Cさんはすべての教科内容を、日本語を母語とする子どもたちと同じペースで学習しなければならなかった。そのため、年齢よりも一年下の学年に編入したにもかかわらず、学習内容の習得に大きな困難を感じていたと思われる。年齢より下の学年に編入しても、学校側の受け入れにさまざまな不備があるようでは、外国人の子どもたちの学校適応を促す要素としては不十分であろう。

Aさんと Cさんの事例からは、日本の学校教育における年齢規範の強さがうかがえる。年齢を基準にした進級、編入制度は、義務教育の就学年齢を超えて来日する子どもたちから、就学の機会を奪うことがある。すでに1章、2章でふれたが、一五歳前後に来日した子どもたちのなかには、中学校に編入できない場合がある。自治体によっては一五歳をすぎると受け入れない中学校があり、あきらめて働き始める子どももいる(8)。

こうした日本の学校における年齢にもとづく一律の受け入れは、外国人の子どもたちの置かれている特有な状況を無視するものである。そして、このような受け入れのあり方は、外国人の子どもたちの学習困難を形成し、子どもたちが不就学、不登校へと至る基盤をなすものといえる。

3　教室内での人間関係

今回、筆者が行ったインタビューでは、直接的な不登校の原因として、教室内での人間関係やいじめについて言及されたものがあった。たとえば、前節で取り上げたAさんは、学校の勉強についていけなくなってからの経験を次のように語る。

「四年生までは日本語を勉強していたけど、五年生になってからは難しくなって勉強をあきらめた。学校がとてもつまらなくなったけど、ただ学校には友達ができたから、友達と遊ぶためだけに行っていただけ。そのままその地域の小学校から中学校にあがった。中学二年生の二学期に引っ越して、K中学校に入った。でもK中には卒業まではいなかった。前の中学校は、ブラジル人が全くおらんかったけど、友達はたくさんいた。でも、転校した中学校には、ブラジル人は多かったけど、友達ができんかった。それでもうダメだと思って、K中学校をやめることにした」(愛知調査)。

学校での勉強をあきらめてしまったAさんにとって、友人の存在は、かれを学校につなぎとめる重要な要素であった。しかし、転校を契機に、これまでに形成してきた友人関係を絶たれ、新たな友人関係を形成することが求められる。転校先の学校は、ブラジル人が多い学校であったが、同じ境遇の子どもたちが多いからといって、すぐさま友人をつくることができなかった。学習意欲を喪失したかれにとって、学校、教室に友人がいないということは学校を辞める決定的な理由となった。その後、転校先の日本の公立学校を辞め、ブラジル人学校へと移った。ブラジル人学校に転校してから、良好な友人関係を形成できたが、教師との折り合いがうまくいかず、この学校も退学することになり、不登校の状態に陥った。

さらに、愛知調査の事例のなかには、学校でいじめにあい、それが原因で一年間不登校になり、家に引きこもりがちになってしまった日系ブラジル人のDさんのようなケースも見られた。Dさんはインタビュー時点で、一七歳であり、ポルトガル語を教わるために、週に一回ブラジル人学校に通うが、その時も家に引きこもりがちな様子であった。Dさんのケースは、学校でのいじめの経験が、その後の不登校を形成したものである。かれ自身からは直接、学校で受けたいじめの経験については語られなかったが、他のケースから、子どもたちの視点から見た学校でのいじめ経験の様相について考察したい。

「神奈川調査」では、インタビューに応じてくれた外国籍の若者たちの大半が、「外国人」だからという理由で、いじめられたり、からかわれたりした経験があると答えていた。特に、「日本語」を話せない、自分たちと「肌の色」が違う「異質な存在」として、かれ・彼女らはいじめのターゲットになりやすく、「日本人じゃないよ」という態度をとられたり、「ガイジン」だという変な目でみられたり、休み時間に「シカト」されたりといったことが報告されている。

たとえばEさんは、次のように語る。

「私ってみんなよりも三歳年上だから、考えていることも多少大人びているわけだし、だから、私のいいたかった意見というのも難しかったか、それとも本当に私の日本語が通じなかったのかっていうのはよくわからないけれど」（神奈川調査：二九四）。

彼女は、日本の小学校に編入するとき、年齢相当であれば小学校三年次に編入する予定だったが、くりさげて一年次からはじめた。クラスメートからは、「あなたの言っていることがわからない」と何度となく指摘され、日本語が話せないことへの劣等感を形成したという。

また、次のようないじめを受けたとFさんは報告している。

「給食ありますよね、給食で、机を並べるじゃないですか。〔そのときに〕『ガイジンきたない、近寄るな』ガーって、みんな一斉〔に机を自分から引き離すんですよ〕。先生は、〔それを見ていても〕知らんぷり」（神奈川調査：二九五）。

Fさんのケースでは、給食時に周囲の子どもたちが、外国にルーツをもつ子どもに対して「ガイジン」という言葉を投げつけ、教師の側でも何も対応できない状況が述べられている。また、いじめを苦に別の地域の学校に転校したGさんのようなケースもある。

「俺がそう言うのも〔いじめに〕あったから、親も、じゃあもう少し外国人の多い、外国人に理解のあるところに行こうって。それで今のZ市を紹介されて。こっち来た時、正直うれしかったよね。だって、同じ学年にも同じ外国人の子がいっぱいいてさ、みんなすぐに友達になってくれるしね」（神奈川調査：二九五）。

神奈川調査で報告されているケースは、いずれも、学校で何らかのいじめを経験しても、不登校に陥らずに、学習を継続することができた人たちである。とはいえ、外国にルーツをもつ子どもたちが、学校で何らかのいじめの被害にあうとき、すべての子どもたちが、いじめに堪え、学校での就学を継続できるとも限らない。Dさんのように、それが原因で、不登校に陥る子どもたちも、現に存在するのである。

その意味で、日本の学校文化は、異なる文化、言語、肌の色、生活習慣を有する子どもたちを学校から排除する要素をもっている。異質性に寛容でない日本の学校文化と、そのもとでの子どもたち同士の相互行為のありようは、子どもたちを、日本の学校からはじき出す力をもっている。

4 学校と保護者との連係

外国人の子どもが、中学校段階で不登校に陥る背景の一つに、学校と保護者との情報交換、連係の欠如が考えられる。教科学習の困難から、長期欠席を引き起こし、それが不登校や不就学状態へと至るケースは、2節でも述べた通りである。しかし、2章ほかでふれたように、小中学校への就学が外国人の子どもにとって義務ではないために、学校や教育委員会は、長期欠席をしている外国人の子どもの保護者に対して積極的に登校を求めることをしていない。そして、退学届や除籍といった手続きが、日本人学生の不登校ほどには考慮を経ずに比較的安易に進められてしまう傾向にある。

こうした議論からは、外国人の子どもには就学義務がないために、その不登校をめぐって、学校側が保護者に対して積極的に働きかけ、子どもの教育権の保障のため学校と保護者が多様な教育機会を模索し、慎重な対応をしようという配慮が欠けていることがわかる。学校と保護者との情報交換、連係の欠落は、外国人の子どもの不登校につながる場合もあり、子どもの不登校に結びつかなくても、親が子どもの教育に関与する機会を大きく制約する。たとえば、学校から保護者に対して、お知らせや手紙が日本語で届くが、日本語を母語としない者にとっては難解なため、それらを解読できないことがある。たとえば、タイ人のある女性は、次のように語る。

「日本にいてわからないことが多くて。とくに学校からの連絡とか手紙とか。娘が小学校一年で、日本語のお知らせなんですけど、ルビもないし。読みやすいとか、調べられるとか、〔そう思ったことは〕いままでほとんどなかった。もちろん母語が一番いいけど。連絡や手紙が理解できれば、学校に協力できることはあると思います」（神奈川調査：一七三―一七四）。

この女性は、学校からのお知らせをほとんど理解することができず、子どもの通う学校行事やＰＴＡなどに協力することがほとんどできなかったという。また次のケースのペルー人の保護者が述べるように、学校から配布される文章の内容が理解できないために、子どもの学校行事への参加や登校などに支障をきたす場合もある。

「持ち物がよくわからなくて、息子が忘れ物をして、その日、結局学校で何もできなかったなんてこともあった。小学校からくるプリントでも、大事なところが読めなかったり、見落としていたりして、子どもに迷惑をかけてしまっている」（神奈川調査：二四七）。

このように、たとえ子どもが学校への就学を継続していても、学校から保護者に提供される情報を保護者が理解できない場合、保護者は、子どもの教育に積極的に関与することができず、学校とのつながりも希薄なものになってしまう。

保護者に日本の学校教育に関する情報が行きわたらないことで、子どもに最も大きな負担となるのが、高校進学に関連する受験校の選択や意思決定についてである。外国人の子どもの保護者は、日本の高校受験制度について理解しておらず、子どもの進路選択に関して適切なアドバイスを行うことができない。そのため、高校受験に関われず、子ども自身が必要な判断や手続きを行うことになる。親の経済状況から判断して子ども自身が高校進学を断念する場合、親の側がその決断を押しとどめ、さまざまな情報を取捨選択して、子どもの進路に一定の水路づけを行っていくことは非常に困難である。カンボジア人の女性は、子どもの高校受験に関して次のように述べる。

「来年長男が高校受験だけど、受験の仕組みとか、子どもまかせで私は全然わからない。子どもも遊んでばっかりだし」（神奈川調査：一七四）。

また、カンボジア国籍のHさんのケースでは、彼は、中学二年生の夏の終わり頃からダンスを習い始めて夢中になり、練習で忙しくて学校に行かなくなったという(9)。三年生になると、学校には月五回くらいのペースで通っていたが、勉強に全く取り組まなくなった。中学は卒業したが、高校受験はしなかったという。Hさんとのインタビューでは、不登校の理由について、ダンスの練習以外明示的には語られなかったが、親が中学校での学習や、高校進学について不干渉であったことも一定程度関係していると思われる。たとえば、Hさんの家族のなかでは、親子間で学校や進路のことについて話し合いがなされることがほとんどなく、親もどちらかというと、子ども自身が進路を決めることを期待していた。そして、高校に進学しないことについて、親も特に反対しなかったという(10)。

このように、親による子どもの教育達成に対する水路づけが困難なぶん、子どもは、情報収集から決断まで自分自身で行わなくてはならない。親と学校との連係がうまくいかない、親に教育に関する情報が届かないことが、外国人の子どもたちの不登校、高校進学の断念、高校中退の可能性を高めているのではないだろうか。

5　家族の状況と子どもたちの学校への関わり

これまでの節では、不登校に関わる要因として、主に学校側の受け入れ体制のあり方という観点から、外国人の子どもたちの学校経験のありようについて考察してきた。以下では、外国人の子どもたちの家族の状況から、子どもたちの不登校、不就学と関連する要因について考察を行う。

(1)　家事・育児をになう

外国にルーツをもつ子どもたちのなかには、仕事で忙しい親の代わりに、家事やきょうだいの面倒をみるために、学校に行くことができず、不就学に陥っているケースが見られた。たとえば、先に紹介したAさんのケースでは、弟と一緒に入学手続きをするために、弟が就学年齢に達するまで自分も小学校への入学を一年間見合わせていたという。しかし実際には、三人きょうだいであるAさんは、弟が就学年齢に達していなかったこともあり、日中の弟たちの世話を任されていたようだ。一年間日本の学校に就学しなかった背景には、こうした年長の子どもが年下のきょうだいを世話するという育児役割も大きく関係していると思われる。

子どもたちは、こうした弟や妹の世話だけでなく、以下のIさんやJさんのように親に代わって近隣関係にも対応している。

「〔回覧板などは〕あたしたちが〔手伝う〕。お母さんあんまりわかんない……そういうの、難しい。団地とか〔から来る日本語のお知らせ〕」（神奈川調査：三〇六）。

「回覧板にしろ、自治会にしろ、私全部自分でやっているわけよ。ちょうど今自治会で班長をやっているんだけど、全部子どもが行くのね。高校のときもやったことあるんだけど」（神奈川調査：三〇六）。

また、不就学に至っているケースではないが、筆者がこれまでに行ったインタビューでも、日本語に不自由な親や親戚が病院に行くときに、学校を欠席して通訳として病院に付き添う事例や、親の代わりに行政手続きをするために学校を欠席している事例などがみられた。

子どもたちが担う家事・育児、親の病院への付き添い、行政手続きなどは、かれ・彼女らの学校への関わりを弱めるものとして機能しうると思われる。こうしたことが昂じて、不登校、不就学に至るケースも見られる。

(2)　経済的役割をになう

日本の学校にいったん入学していても、きょうだいや家族のために学校での勉強をあきらめ、不登校に至るケースが見られた。ペルー出身の四〇代の女性は、自分の子どもが働き始めて不登校になった経緯を次のように語る。

「来日して一番下の子どもは一カ月保育園に入った。でも私が働いて彼がいつも一人ぼっちなのを見たとき、長男が『ぼくが働くから、お母さんは家にいて』と。だから長男は〔中学校を〕卒業していない。日本の学校はほとんど行かずに、一五歳になってすぐ働き始めた。次男と長女は中学校卒業と同時に働き始め、三男は今中学一年です」（神奈川調査：一四二）。

一五歳前後に来日し、いったん日本の中学校に入るが、日本で中学を卒業せずに働き始めたKさんは、次のようにその事情を話してくれた。

「最初ブラジルから日本に来るとき、お父さんとお母さんを手伝うために仕事を探そうと思っていました。すぐ仕事を探そうと思ってきたけど、日本では一五歳じゃ無理でしょう。それでちょっと中学に行ってから仕事を探して、結局仕事は見つかりました。仕事が見つかったから、中学校はすぐやめました。自分はブラジルの中学校を終えているから、本当は日本の中学校には行かなくてもいいんだけど、でも、おれは、日本で高校に行きたかったから日本の中学に行った。〔日本の中学を卒業しないで、高校の試験を受けたけど〕、でもまだ三カ月くらいしか日本にいなかったから、結局高校の試験に落ちてしまった。高校に行きたいという気持ちはあった」（愛知調査）。

Kさんも、父親と母親を手伝うため家計の足しにと、来日後いったん編入した中学を卒業せずに、働き始めた。高校に行きたいという希望は持っていたが、高校の試験に落ちてしまったため、結果的に高校に進学せずに、現在も働いている。

外国出身の若者たちは、たとえ高校に進学しても、親の雇用、経済状態が不安定なため、高校進学のための費用を自分のアルバイトなどでまかなう者も多い。親から進学に必要な援助を受けても、後からアルバイトで返済したり、場合によっては生活のために進学を断念する者もいる。高校への進学を実現させても、かれ・彼女らにはかなりの経済的負担がかかっている。

「仕事やりながら高校行ってたから……〔高校を卒業して〕進学は考えたんだけど、やっぱりそのときのおれはだいたいアルバイトで精一杯だったから。結局大学はもう考えないで、今の仕事にはいった」（神奈川調査：三〇四）。

先述のLさんの事例では、高校進学に必要な費用を自分のアルバイトで工面していた。大学進学も考えていたLさんであったが、親の経済的援助を全くあてにできない状況では、大学進学は困難であると判断し、高校を卒業後、就業を選択した。また、Mさんのように、来日後に父親をなくし、母親も仕事を得られていないなかで、兄と姉が生計を支えていた事例も報告されている。

「お兄ちゃんとお姉ちゃんが仕事して。私は学校行くだけで。お兄ちゃんなんかは仕事してから学校行ってたからね。学校行った後も仕事してたからね。お姉ちゃんは、〔仕事のために〕学校に行ってないよ。だから未だに日本語しゃべれない」（神奈川調査：三〇五）。

このように、Mさんの姉は、仕事や経済的役割を優先するために、就学の機会を逸してしまった。子どもたちが経済的役割を引き受けることで、教育を受ける機会が狭められ、それは結果的にかれ・彼女らの日本社会での自立を阻むものになると思われる。親の経済状態から、日本で十分な教育を受けることができず、日本語を使いこなせない子どもたち、そして高校に進学していない、ないしは中卒の資格すらない子どもたちは、賃労働に従事するのに必要な人的資本の水準を低く評価されがちである。

たとえば、前述のDさんは、中学校でいじめにあって二年生のときの一年間、不登校の状態を経験する。その後中学三年生になって、再び学校に通うようになってからも、一年間の学習期間の空白のため、学校の勉強についていくことができず、高校進学を断念することになった。中学卒業後、彼は、中学校が紹介してくれた土木関係の仕事につくが、仕事内容がとてもきつく、一日でやめてしまった。その後も、機械関係の仕事に従事するが、職場のにおいとほこりで体調を崩し退職した。その後も仕事を何度となく探したが、いずれも体を酷使する労働が多く、なかなか長続きのする仕事が見つからなかったという（愛知調査）。

神奈川県で外国にルーツをもつ子どもたちの支援活動を行うボランティア学習室のスタッフからも、同様のことが聞かれた。高校受験に失敗して、あるいは家庭の経済状況から自発的に高校に進学しなかった子どもたちは、多くが自分で仕事を見つけてくるが、長続きせず、やめているケースが多い。中卒の資格だと、仕事はあってもみんな親と同じような時給制のパートタイムの就労形態で、製造業の工場で働くことが多い。ただ、一六歳から一七歳の子どもたちにとって、労働条件、業務内容が厳しい仕事が多く、なかなか特定の会社に定着して仕事を続けることが難しい。そのため、短期間のうちに仕事を変えることを繰り返してしまうという（学校調査）。

このように、早い段階から、家族のなかで経済的役割を引き受けることで、子どもたちのなかには、不登校を選択したり、高校進学を断念する者が見られる。早い段階から仕事に従事することは、かえって就業の機会を著しく制約し、自分の望む仕事を見つけ、それを継続することを困難にしている。インタビューの範囲では、早くから働き始めた人たちの職種は、製造業か建築、土木関係の職種、あるいは販売などのサービス業に限定されている。従事する職業の多くが、特別な熟練を必要とせず、その仕事に従事することでキャリアの発達を見込むことが難しい。重労働で労働条件がよくないことから、その仕事を継続するインセンティブに乏しく、結果的に転職を繰り返してしまう。

学校から職場への移行は、資本主義社会に生きる若者にとって重要なライフコース上の課題であるが、義務教育を修了しなかった子どもたち、高校に進学しなかった子どもたちにとっては、特にむずかしい課題である。外国出身の子どもたちは、日本語を母語としないために、より多くの教育投資が必要な存在であるが、家計の状態がそれを許さず、人生の早い段階から賃労働に従事することが期待されてしまうのである。子どもたちにかかる経済的役割は、教育機会の制約をもたらし、それは学校から職業への移行にも引き続き影響を及ぼし、かれ・彼女らのその後の就業機会に大きな制約をもたらすと考えられる。

(3) 定住と帰国のはざまで

日本で一定の教育投資を行ったとしても、日本で身につけたさまざまな資格、技能は、日本語を媒介に伝達されている。そのため、これらの資格、技能が通用する範囲は日本に限定されることが多く、出身国では日本で身につけた資格、技能が直接的に通用するとは考えにくい。外国出身の親たちが、日本に定住することを前提に生活を送っている場合、帰国して生活を再構築する可能性は少なく、親の側も子どもに対して教育投資を行う動機づけを得やすい。しかし、日本にはあくまで出稼ぎのため滞在し、いずれは帰国を念頭におく場合はどうであろうか。子どもに日本で教育投資を行っても、出身国で帰国後の効用が低いと認識されれば、積極的な投資へと向かいにくいのではないだろうか。

たとえば、これまでに何度か取り上げたAさんの事例では、来日してから一年間日本の学校に通わず、弟たちの世話をしていたという。その背景には、親自身も日本には短期間の滞在を予定しており、貯蓄が目標額に達した段階での帰国を前提にしていたことが関係していると思われる。そのため、親も子どもの日本での教育をあまり重視しておらず、一年間Aさんにきょうだいの面倒をまかせたと考えられる。

また、一〇年前から外国籍生徒を積極的に受け入れている公立高校の教員は、かれ・彼女らの高校中退の背景について次のように述べる(11)。

「学校から足が遠のいていく子が多いが、日本人の子どもと異なる原因として考えられるのは、子ども自身のなかに、今後日本と出身国のどちらに住むのかがよくわからない『不透明感』があるのではないだろうか。かれ・彼女らの中に、高校を卒業していったいどうなるんだというのがあるのだろう。外国籍の子どもたちにとっては、もしかすると国に帰るかもしれないのに、日本の高校で勉強してもどうなるのかわからないという気持ちがあるだろう。また、学校に引き止められる要素は、日本人に比べると明らかに弱い。日本人であれば、高卒の資格は就職等で重要な要素となるが、出身国に帰るかもしれないと考えている子どもたちにとっては、日本の高校の卒業資格は、ブラジルで通用するとは考えにくく、そのため、日本の高校での学習、卒業への意欲、モチベーションは低くなるのではないだろうか」（学校調査）。

志水らは、このような日系人家族の日本滞在に関する主観的な位置づけを「一時的回帰の物語」として特徴づけ、これが日本での子どもの教育戦略を大きく規定しているのではないかと述べる（志水・清水、二〇〇一：二〇一―二〇七）。日本への定住と出身国への帰国とのはざまのなかで、子どもたち、親たちともに、日本での教育投資に対して十分な意味を見出せないでいるようだ。

6　子どもたちの教育達成ときめの細かいサポートの必要性

本章では、外国にルーツをもつ子どもたちの不就学、不登校問題を中心に、子どもたち、親たちの生活世界に準拠しながら、インタビュー調査の事例にもとづき考察を行ってきた。本章では、不就学、不登校、高校進学の断念、高校中退にいたる要因として、学校における子どもたちに対する対応の仕方、処遇のあり方、学校と家族との関係、子どもたちの家族的背景に注目して、議論を行ってきた。

考察の結果、これらの要因はいずれも外国人の子どもたちの学校経験に関わる生活領域に大きく介在し、子どもたちや親たちの教育達成や教育をめぐる動機づけを大きく左右していることが明らかになった。これらを要約的に示せば、国境を越える移動に伴う異なる言語習得の必要性、「日本人」を前提とした教育システム、日本社会で組みこまれる階層的位置、日本滞在に関する主観的意味づけなどが、子どもたちの教育達成、教育アスピレーションを下方に抑圧する方向で機能しているといえる。

不就学、不登校の子どもたちを軸とした教育をめぐる生活世界をみるかぎり、かれ・彼女らにとって、これらの日本の教育システムを媒介にして、親の日本社会での階層的位置が子どもへと再生産される可能性が高いと考えられる。こうした悪循環の環を断ち切るには、外国にルーツをもつ子どもたちとその親に対するきめの細かいサポートが必要とされるだろう。

たとえば、家族の経済的役割を担うことで、就学や高校進学を断念する子どもたちに対しては、奨学金制度の充実が必要であろう。また、高校に進学している外国籍生徒のなかにも、放課後のアルバイトなどで、生活費や学費を稼いでいる者もいる。外国人の生徒や、それに限らず低所得者を対象とした奨学金制度を充実することで、教育達成をめぐる機会の不平等を一定程度緩和することが可能になると思われる。

また、親に学校教育や進学に関する情報が十分に行き渡らないことで、親が子どもに対して進路選択に必要なアドバイスができない、学校のことについて親子間でコミュニケーションがとれないなども、不登校の原因として考えられる。その意味で、保護者に対しても、学校のお知らせを保護者の母語に翻訳するだけでなく、教師と保護者とのあいだの通訳を交えた面接や学校のことに関する情報提供を、きめ細かく実行していくことが求められる。

そして、学校のなかには、異質な者を受け入れない、排除するという雰囲気があるところもあり、いじめなどのケースも報告されていた。外国人の子どもを受け入れる学校全体で、子どもたちの違いを積極的に受けとめる取り組みが今後とも必要とされよう。

(1) 以下では、不就学とは、学校に在籍していない状態をさし、不登校とは、学校には在籍しているものの、学校に長期間通っていない状態をさす。本章でとりあげる事例の多くは、以前は学校に通っていたが、何らかの理由で学校に通わなくなった（通えなくなった）ものであり、不登校の過程を含む。とはいえ、この区分はあくまで便宜的なものにすぎず、状況によってはどちらにも属する事例が存在することも断っておきたい。

（2）本章において提示される子どもたちの生活世界は、あくまでも筆者が解釈し、再構成した「現実」であることは言うまでもない。

（3）代表的な階層研究の論考としては、中山慶子ほか（中山・小島、一九七九）を参照。

（4）外国人の子どもたちの教育アスピレーションの冷却にかかわる要因を考察するものとして、宮島喬や志水宏吉らの研究がある（宮島、一九九九、志水・清水、二〇〇一）。

（5）本章では、主として愛知県の調査結果を用いて考察を行う。

（6）これらのインタビュー調査を引用するにあたっては、以下の表記で区別を行う。学校関係者、地域学習室等のＮＰＯ関係者の調査結果の引用には、「学校調査」と表記する。外国出身の子どもたちを対象に行った調査結果は、「愛知調査」と表記する。「神奈川県外国籍住民生活実態調査報告書」からのインタビュー記録の引用部分には、「神奈川調査」と記し、あわせて報告書の引用ページ数も表記する。

（7）外国籍の子どもたちの言語と教育との関係については、太田晴雄の研究を参照（太田、二〇〇〇ａ：一六五―一八九、および本書3章）。

（8）学齢超過の子どもに対する教育委員会の対応については、本書1章、2章を参照。

（9）Ｈさんのケースの記述は、「外国人児童生徒の不就学研究会」が行った調査結果にもとづく。

（10）またＨさんは、中学生のときに母親をなくし、その後父親は再婚している。そうした家族の変化は、Ｈさんにとって親子関係を疎遠なものにし、親子間での相談の機会をさらに少ないものにしたようである。

（11）この学校には、中南米出身の生徒が多く通っている。

7章――「中国帰国者」の子どもの生きる世界

文化変容過程と教育

小林宏美

1 移住経験と子どもの生活世界

「中国帰国者」が抱える諸問題は、一九八〇年代以降来日するようになったニューカマー外国人と共通するところが少なくない。しかし、中国残留邦人がもつ歴史的・政治的背景とその後の彼らの扱いは、他のニューカマーとの差異も当然ながら浮き彫りにさせる。一九七二年の日中国交回復後、中国東北地区（旧満州）からの引き揚げが再開され、八一年には旧厚生省によって「訪日」という形で中国残留邦人の肉親探しが本格的に始まった。それに伴い帰国後の援護施策、受け入れ態勢も整備されてきた。しかし、援護施策の対象となる「中国帰国者」家族の定義や就職問題など、定住後の厳しい生活環境のなかで彼らは今なおさまざまな面で困難を抱えている。

文化的同質性が自明とされてきた日本社会に生きる「中国帰国者」の子どもたちにとって、日本の文化・言語の一方向的な吸収が、自分は何者であるのかというアイデンティティの揺れや、中国人として育てられてきた父あるいは母との間の葛藤・緊張関係をもたらす一因となる。「中国帰国者」家族の適応においては、「帰属意識の抑圧、移住に

伴う社会化の断層とその結果としての子どもの内的意味世界の混乱・葛藤を生じさせている」との指摘もある。(1)

本章では、「中国帰国者」の子どもに焦点をあて、かれ・彼女らが日本社会のなかでどのような文化変容を経験しているのか、就学および教育機会の面でいかなる状況におかれているのかを描き出すことで、その生活世界の一端をうかがってみる。(2)

2　「中国帰国者」受け入れの背景と現状

終戦時と戦後の混乱のなかで中国東北地区（旧満州）に取り残され、一九七二年の日中国交正常化の後に中国から日本に帰国した「残留孤児」と「残留婦人」およびその家族、親族は「中国帰国者」と称される。二〇〇四年四月末現在、永住帰国者は二万〇〇〇四人で、そのうち「残留孤児」は九〇四二人、「残留婦人」は一万〇九六二人である。(3)しかし、近年では呼び寄せ家族も増えており、私費帰国を含めると「中国帰国者」は約一〇万人とも見積もられている。

一口に「帰国」といっても、その実態は非常に多様である。初期の帰国では、「残留孤児」や「残留婦人」自身の望郷ゆえの「帰国」が中心だったが、八〇年代以降はその子どもたちが中心であり、その動機は経済的理由、教育、家族が一緒に住むこと、など多様化し、複合的である（蘭、二〇〇〇：三〇）。そのため、近年は「帰国」というよりもむしろ「移住」と捉える方が自然のようである。

「中国帰国者」は国の援護施策の対象となっており、国費で帰国した者に対して、日本社会への適応促進を目的として受け入れ体制が整備されている。それは「定着促進センター」と「自立研修センター」を中心とする二段階の研修システムから成り、前者は帰国直後四カ月間（二〇〇四年度から六カ月間に延長）入所による日本語と生活習慣について集中研修を行う場である。後者は、定着促進センターでの研修終了後、定着地での学習継続の場として設置さ

表7－1　世代間の文化変容のパターン

子どもの英語とアメリカの慣習の習得	親の英語とアメリカの慣習の習得	子どものエスニックコミュニティへの関わり	親のエスニックコミュニティへの関わり	文化変容の型	想定される結果
＋	＋	−	−	協和的文化変容（Consonant acculturation）	アメリカ主流への統合の共同追求，子どもの英語モノリンガリズムへの急速な移行
−	−	＋	＋	文化変容への協和的抵抗（Consonant resistance to acculturation）	エスニックコミュニティへの隔離，祖国への帰国可能性
＋	−	−	＋	不協和的文化変容Ⅰ（Dissonant acculturation Ⅰ）	家族紐帯の解体及び子どものエスニックコミュニティの放棄，子どもの限定的バイリンガリズムもしくは英語モノリンガリズム
＋	−	−	−	不協和的文化変容Ⅱ（Dissonant acculturation Ⅱ）	親の権威・言語の喪失，役割逆転と世代間葛藤
＋	＋	＋	＋	選択的文化変容（Selective acculturation）	親の権威の堅持，世代間葛藤の不在，子どもの完全なバイリンガリズム

出所：Portes and Rumbaut（2001：52）.

れ、通所により八カ月間日本語や生活、就職指導を受ける。

「中国帰国者」は、数の上では東京、大阪などの大都市圏に多く居住している。厚生労働省社会・援護局の調査によれば、二〇〇二年一月一日現在、「中国帰国者」の一六・六％が東京都に、次いで八・三％が大阪府、七・四％が長野県、五・六％が神奈川県、四・二％が愛知県と埼玉県それぞれに居住しており、この六都府県で半数近くを占める。(4)

3　適応と内なる葛藤
——子どもたちの文化変容過程

A・ポルテスらは、「文化変容」（acculturation）の概念について、表7－1のように整理している（Portes and Rumbaut, 2001）。すなわち、同化に向けての第一歩とされる文化変容過程を「協和的文化変容」、「不協和的文化変容」、「選択的文化変容」の三つに分類した。「協和的文化変容」とは、新しい文化および言語の習得過程と祖国の言語および文化の緩やかな喪失が、世代間でほぼ同じ速さで進むことである。もろもろの困難に対して親の導きと世代間相互の協力で乗り切ろうとする。「不協和的文化変容」は、子どものホスト社会の慣習および言語の獲得と並行して進む移民文化の喪失のペースが、親のそれを上回る時に起きる。子どものなかには、「役割逆転」あるいは親の権威の失墜をまねく場合がある。「選択的文化変容」は、親世代・子世代双方の言語および文化の習得プロセスが、「十分な規模をもち、制度的に多様な」同族コミュニティのなかにしっかり組み込まれた形で、しかも移民の言語と規範が部分的に保持される状態で起こる。世代間の葛藤は緩和され、第二世代は完全なバイリンガルを達成することが見こまれる。

以下では、「中国帰国者」の子どもの文化変容に関して、「日本語および日本の慣習の獲得」、「エスニック・コミュニティ」という指標を子ども世代と親世代それぞれに当てはめて考えたい。

(1)　進む日本語および日本の慣習の獲得のなかで

学齢期の「中国帰国者」の子どもは、学校に国際教室がある場合、そこで日本語指導や適応指導を受けることになる。かれ・彼女らは日本への定住を目的として来日しており、その意味ではこのような特別な配慮は心強い。しかし、日本の学校教育については、異なる文化的背景をもつ子どもを視野に入れていないことで生み出されるさまざまな弊害も指摘されている。

通常、所持品や服装などは、階級差、民族差などのミクロ文化集団を知る手がかりとなるが、日本の学校は入学時におそろいのものや指定される所持品をもたされることが多く、上履きや運動着など持ち物に名前を書くなど、規格化、共有化を志向する傾向がある。給食、掃除などの協調的、集団的な活動場面でも一定の手順が「正しい」方法として指定され、それが繰り返される。このような「一斉共同体主義」が、見かけ上、ミクロ文化集団の存在を潜在化させているという（恒吉、一九九六：二二五―二四〇）。

太田は日本の学校教育の同化主義は、「国民教育」の枠組みのなかで行われることに起因すると論じる（太田、二〇〇〇a：二一三―二三二）。「国民教育」とは「日本人化教育」と解され、外国人児童生徒に対して取り組まれる「日本語教育」や「適応教育」は、子どもたちの固有の言語・文化・習慣を無視するか、時には抑圧する結果を招くという。また、宮島によれば国民教育という前提で形成されるカリキュラムでは、教科の言語は日本固有の歴史文化的な言語を中心に成り立っている。異なる文化的背景を持つ者にとって、それは自文化に向けられた拒絶として体験され、自分がその中で生まれ育ってきた文化が、まったく意味のないもの、無価値なものと感じられる（宮島、一九九九：一三四―一五七）。

「中国帰国者」の親子への面接インタビューでは、家では中国語、外では日本語を使い分けているパターンが浮き彫りになった。学校だけでなく帰宅後の遊び仲間が日本人であるという言語環境のため、中国語を使うのは、自ずと親やたまに会う親戚との会話に限られてくる。中国語と日本語ではどちらが得意かという質問に対して、「日本語の方が話しやすい」「日本語の方が好きで、得意である」といった答えが多かった。また、滞日歴が増すにつれて日本語が上達し、逆に中国語を喪失していく傾向がある。A君（男子・一八歳）は、九年前に九歳で来日したが、「考えるときは日本語である。中国語はあいさつや日常会話程度で、『読み』『書き』はほとんど忘れている」と述べていた。どちらかというと中国語の方が得意というBさん（女子・一二歳）の母親によれば、「娘は、中国語の簡単な会話ならいいが、社会や歴史といった難しい話は理解できないようだ」と語っており、中国語の発達があるレベル以上進んでいないことを示唆している。中国語に対する関心は、「勉強したいと思うが、勉強できる所を探してまでしたいとは思わない」（C君、男子・一二歳）と述べる子もおり、中国語を学習する動機づけが低いようである。また、Dさん（女性・三五歳）は子どもの食の嗜好について、「中国料理が嫌いなので、日本食をつくることがある。カレーをつくると喜んで食べる」と述べていた。

筆者はかつて、「中国帰国者」の子どもを含む外国籍の生徒が多く在籍する神奈川県内の中学校で、外国籍生徒の「母国」や「ルーツ」を教えることを主眼とした「国際」という授業に、スタッフとして参加したことがある。この学校では外国籍生徒の不登校やいじめの問題が深刻化し、そのような状況改善を図ることを目的として当授業が二〇〇〇年度から始められた。授業後の教員・スタッフ全員による反省会では、通常の授業では「大人しく」、「目立たない」生徒たちが、「国際」の授業では「生き生きとしている」、「生徒たちが積極的に前に出るようになった」などの意見がしばしば聞かれ、原学級と「国際」の授業での子どもたちの態度の変化が肯定的なものとして評価された（坪谷・小林・五十嵐、二〇〇四：五四―六一）。生徒たちのなかには、日本で生まれ育った者から来日二年目までと滞日歴、生育歴が様々で日本語能力にも差があったが、来日後間もないごく少数の生徒を除けば、少なくとも日常会話に関しては問題のない者がほとんどであった。

しかし、日本社会にうまく溶け込んでいるように見えても、内面では悩みや葛藤を抱えている場合が少なくない。同校では、「国際」の授業の取り組みが始まって三年目に、中国出身のE君（男子・三年生）がペルー出身のF君（男子・二年生）とふざけあっていて、後者に怪我を負わせてしまうという出来事が起こった。学校側は問題を深刻に受けとめ、「国際」の授業でもこの出来事が取り上げられることになった。Eは小学校高学年で来日し、日本語を流暢に話し中国語の読み書きもでき、皆を笑わせたりする明るい生徒であった。しかし、作文、討議の場では、「来日して小学校で日本語が話せず友だちがいなかったこと」、「いじめられていた」ことで、小学校の頃からずっと「孤独感」をもち続けていた真情を初めて吐露した。E君の場合、たまたま在籍していた学校が、外国籍の子どもの問題に向き合い、支援していく態勢がある程度整っていたことが幸いであった。

長年、中国帰国者の子どもの問題に携わってきた弁護士の石井小夜子は、「反社会的」行動を起こした子どもたちはいずれも、いじめ・差別を受けた体験をもっていたと述べている（石井、二〇〇三：二七―三八）。小学校一年生に来日後、ずっといじめにあってきた中国帰国者の一五歳のある少年は、やがて力に頼って自分を守るしかなくなり、自己防衛のために力（暴力）で対処するようになり、傷害事件をおこした。かれは自分では変えようのない「中国性」を理由にいじめられ、差別され、やがて「中国性」をもつ自分を嫌悪し否定していく。「問題行動」をおこしたかれの気持ちは学校では理解されず、「問題生徒」としてのみ対処され、子どもを弁護する親に対しては、「物わかりの悪い親」、「権利主張ばかりする親」と評され、少年は不登校になっていったという。これらのことは、子どもだけが一方的に日本社会へ適応するだけでは解決されない、受け入れ社会全体に根差す問題点を示しているといえよう。

(2) 日本語および日本の慣習の獲得における親子のギャップ

国費帰国者に対しては、前述のように、二段階の研修システムが設定されているが、このような公的サービスは呼び寄せ家族には適用されないなど、「中国帰国者」に対する行政の対応に格差があることも指摘されている（飯田、一九九六：二六四）。先ほど引用した厚生労働省社会・援護局の調査では、国費による同伴帰国の割合は二五・六％にすぎず、大半は自費による同伴帰国（六・六％）と呼び寄せ家族（六二・六％）である。つまり、上記のような公的機関の支援を受けることができるのは、「中国帰国者」の四分の一にすぎない。

自立研修センターでは、呼び寄せ家族に日本語教室の受講が認められる場合がある。実際、呼び寄せ家族である親への聞き取りで、自立研修センターで日本語を勉強している者がいた。前述のDさんは来日当初、呼び寄せ家族がセンターに通所できるとは知らず、一年間独学で勉強していたが、翌年センターが呼び寄せ家族を受け入れていることを知り、通いはじめた。Dさんには三人の兄弟がいるが、他の親族全員が同センターの日本語教室に通っている。ただし現実には仕事が忙しく、定期的に通うことが困難なため、思うように日本語が上達しないようである。Gさん（女性・三九歳）は来日一五年目で、三年間企業で正社員として働いていたこともある。しかし、日本語については自信がないようで、「日本語は夜間中学で勉強した。クラスの生徒はみんな中国人だったので日本語があまり上達しなかった。日本語は多少できるくらい」と述懐している。

一般に帰国者は日々の労働に追われ、日本語を学習する時間を見出すのが容易ではない。家族の日本語の勉強方法をみると、「日常生活の中で」が五〇・三％と最多で、次いで「家庭で」が四一・一％、「特に何もしていない」が一六・五％となっている（厚生労働省社会・援護局、二〇〇二：一一）。

その結果、日本の学校に通う子どもと親の間に、日本語と日本の慣習の習得に関して大きな隔たりが生じる。その端的な例が、日本語の不自由な親に言葉の面で頼られている子どもの姿である。Hさん（女子・中三）は一九九八年に両親と一緒に来日し、小学校四年生に編入した。読書が好きというだけあって日本語能力が高い。両親は日本語があまり話せないため、Hさんが普段から役所などさまざまな場面で大人の間に入って通訳をしたり、母親の妊娠中に病院に付き添って通訳をしたりしたという。また、先に触れたBさんの母親も、娘に通訳を頼むことがあるが、娘は嫌がると話していた。

(3)　エスニック・コミュニティ形成と親族ネットワークの間

エスニック・コミュニティは移民がホスト社会に適応していく際の緩衝機能を果たすであろうが、なかでも重要なのが住宅と仕事の斡旋である。前述のように、国費で帰国した者は国の援護施策の対象となるため、公営住宅に優先的に入居できる。「中国帰国者」に対する行政の住宅施策の基本方針は、全国の県庁所在地を中心に「適度な集中と分散」に基づいて行われてきた。一方、呼び寄せ家族となる二世、三世は原則として国の援護対象とはならない。聞き取りをした者のほとんどが公営住宅に住んでいたが、公営住宅入居の情報は先に来日していた親、兄弟から入手していた。私費帰国者の住居確保には、血縁・親類のネットワークが機能しているようである。

就労状況については、筑波大学の調査(5)によると無職が三一・三%と最も高く、その次が技能工・生産工程作業員二六・五%、サービス職業従事者一〇・二%で、帰国者の就労が決して容易なものではないことがうかがえる。就職経路については、友人・知人の紹介が二五・二%、公共職業安定所一三・六%、新聞・雑誌九・五%で、身近な人たちあるいは公的機関を通して仕事を得ている。聞き取りからも同様の傾向が浮かび上がった。自立研修センターでは日本語指導のほか、就職指導も行っており、呼び寄せ家族にとってセンターへの通所の理由の一つが、仕事の斡旋をしてくれるセンターとのつながりの重視であることが推測される。Bさんの母親は、本人のみならず親族全員が、センターの職員に職業安定所や会社の面接に同行、通訳をしてもらったと述べていた。Dさんも同様に、親族が職業安定所へ通う際に、センターの職員が通訳として同行してくれたという。以上のように求職活動においては、身近な人間関係、もしくは公的支援機関を拠点とした結びつきに基づいて仕事を得ていることが理解できた。

親戚との付き合いについて、前述の調査では、中国人親戚との付き合いがある者は七六・九%であるのに対し、日本人親戚との付き合いがある人は二九・三%にとどまっていた。このことから、帰国者の親族ネットワークが中国人の親戚を中心にしたものであることがわかる。

相談事の相手として、Dさんは「みんな忙しいので、できるだけ自分で解決するようにしているが、時々悩みを義理の兄に話すことはある」という。先に引用した社会・援護局の調査では、帰国者本人が相談する相手(複数回答)として、子が六一・七%と最も多く、次いで配偶者が三六・九%、自立指導員三三・三%で、家族・親族という限られた関係のなかで、問題解決が図られていることがわかる。これらのことから、インフォーマルなサポートについては、広範で多様な同族集団を基盤とするネットワークからではなく、身近な親族、知人によるものが多いことがうかがえる。

ポルテスはエスニック・コミュニティの条件として、「十分な規模をもち、広範で多様であること」を挙げている。(Portes and Rumbaut, 2001) これに照らしてみると、「中国帰国者」は東京、大阪などの大都市に集中する傾向があるものの、十分な規模をもつ多様なコミュニティを形成しているようには思われない。その代替として、家族・親族の強いつながりに基づくネットワークが見受けられるが、それはごく身近な家族・親族内で完結していることが示唆された。

以上、(1)子どもの日本語および日本の慣習の獲得、(2)親の日本語および日本の慣習の獲得、(3)「中国帰国者」のエスニック・コミュニティのあり方、の三つを指標として、「中国帰国者」の文化変容パターンを考察してきた。(1)については、日本の学校教育の同化圧力の下で、中国帰国生徒を含む外国籍生徒は、それに抗するような対策を意図的に講じなければ、出身国の文化と言語を喪失する可能性が高いことが示唆された。しかし、日本語、日本の習慣を獲得したとしても、受け入れ社会である日本で、その異質性ゆえにいじめにあい排除された結果、「問題行動」に走ってしまう子どもたちの存在も忘れてはならない。(2)については、子どもは「日本人化」していく一方で、親の多くは不熟練の長時間労働に従事しているため、日本語を学習する機会をなかなかつくれず、日本語が思うように上達しない。その結果、滞日年数が長くなればなるほど親子間のディスコミュニケーションはしだいに深まっていく。(3)については、「広範で多様」な「中国帰国者」のエスニック・コミュニティが形成されているとは言いがたい。エスニック・コミュニティを代替する親族ネットワークは発達しているが、その範囲はごく身近な関係に限定されたものである。

4 子どもの就学と教育機会における格差と壁

「中国帰国者」の子どもたちは、漢字文化圏に属していることと、親たちが教育に価値をおき、子どもに高等教育を受けさせたいと願う傾向にあることから、不登校、不就学問題で注目されることの多い南米出身の子どもに比して、困難が少ないとの見方がある。実際、インタビューした子どものなかには塾に通っている者もおり、親たちは子どもの学校での成功に期待を寄せていた。先述したDさんは、子どもが週一回英語塾に通っており、今年から週三回学習塾にも通い始めたと話していた。それ以外にも、毎週土曜日の午前と午後に別の学習補習教室に通わせていた。子どもの進路については、大学に進学してエンジニアになってほしいとの希望を持っており、中国語、英語、日本語などの言語を勉強してほしいという。

とはいえ、「中国帰国者」の子どもたちに十分な教育機会が与えられているかといえば、疑問があるといわざるをえない。以下では、子どもの教育機会の保障という観点から、「中国帰国者」の高校進学と進学後に焦点をあわせ、その現状と課題を考えてみたい。

日本の学校に在籍する外国人児童生徒の増加にともない、近年は中学校在籍者が増える傾向にあり、中学卒業後、高校進学を希望する生徒も増えている。しかし、実際には学力不足のため、希望する高校ではなく、いわゆる底辺校や定時制に集中したり、進学そのものをあきらめてしまう場合も少なくない。ニューカマー多住県である神奈川県の場合、高校に進学する外国籍生徒は外国籍生徒数の約半数にとどまっている(6)。高校進学率の低さの要因として、家庭の経済的な事情が大きいが、その他に神奈川県のある高校の教諭は次のように語っていた。「日本人でもそうだが、高校を出てどうなるんだということがあるだろう。あの子たちにとってはさらに、もしかすると国に帰るかもしれないのに、こんな勉強してもどうなるかわからないという気持ちはあるだろう」。しかし、外国籍生徒の高校進学を阻むより大きな問題は「入試の壁」であろう。来日して日が浅い生徒の場合、日本語の読み書きで大きくつまずいてしまう。外国人特別枠を設けている学校もあるが、受け入れ人数は決して多くはない。

多くの自治体で高校入試の外国籍生徒への特別措置は、中国帰国生徒とそれ以外の外国籍生徒に分けており、前者への特別措置を実施している方が多い。東京都では中国帰国生徒に限って特別枠制度があり、一一校（二〇〇四年時点で九校）が一校当たり一〇名を受け入れていた（佐久間、二〇〇三：六八）。高校入学時点で帰国して六年以内の者であれば、都立高校で国語と数学の受験と、その成績だけで受け入れてもらえる。筆者が聞き取りを行った中国帰国生徒を多く受け入れている大阪府のY高校教諭によれば、受入枠で受験する母数は中国帰国生徒が多いので、ほとんど中国帰国生徒しか入らないとのことであった。

このように中国帰国生徒は特別措置の面で優遇されており、高校進学をする者も少なくないが、それでもいまだに五割程度の進学率である（石井、二〇〇三：三〇）。さらに問題なのは、特別枠はあっても入学後のケアが不十分なため、中途退学者が多いことである。一九九五年度の東京都教育委員会の調査では、都立高校の平均退学率は三・三％であるのに対し、中国帰国者特別枠をもつ都立高校のそれは四・一％であった。高校に入ると授業内容が難しくなりついていけなくなる者が「義務教育ではない」「適格者主義」の名の下に、背後にある事情は考慮されず退学にいたる状況があるという。さらに、都内全域で受入校が少なすぎるため、せっかく入学しても遠距離通学を余儀なくされ、ラッシュアワーの厳しい通学を強いられるなど、さまざまな理由で続かなくなり退学してしまう者もいる（佐久間、二〇〇三：六九）。佐久間が指摘するように、高校の特別枠については、生徒が減っているからといって機械的に受入校を縮小するのではなく、一校あたりの定員を少なくし、代わりに受入校を増やしていくなどの対処をすることで、通学の負担を軽減することが可能となろう。

授業が理解できず退学してしまう者を増やさないために、入学後のケアが大事であるが、それは学力や日本語力にとどまらず母語の保障についてもいえるだろう。[7] 先述したY高校では、生徒の母語の保持をはかる取り組みとして、教育課程に中国語の他にスペイン語、タガログ語、ポルトガル語の授業を取り入れている。筆者は二〇〇四年、同校が同じく外国籍生徒の多い他の数校と合同で開催した外国籍生徒交流会に参加したが、ゲームを楽しんでいる生徒たちがごく自然に中国語で会話しているのを見、その母語保持能力の高さが印象に残った。一般に、外国人学校では民族の言語・文化の伝承を主な目標とするところが多く、独自の言語や日本語、英語などの言語教育がカリキュラムの中心に据えられている。一方、日本の公立学校ではY高校のように生徒の母語の重要性を認識し、母語の保障に力を入れているところは、まだ非常に少ない。

5 子どものための社会的ネットワーク形成にむけて

(1) 社会的ネットワークの機能

表7-2は、東京都、大阪府、神奈川県で中国帰国者を支援しているボランティア団体、地方自治体の外郭団体、学校などを目的別に整理したものである。[8]

表に示すように、「中国帰国者」に対して、日本語指導や日本社会への適応を目的として数多くの団体、機関が様々な支援活動を展開してきた。各ボランティア団体あるいは機関の特徴は、成人クラスを併設しているか、対象が子どもだけに限定されているかで、目的に明瞭なちがいが見られる。成人クラスを併設している団体には、もともと「残留婦人」や「残留孤児」の帰国支援から始まったところが多く、帰国者の「早期帰国」、「自立支援」、「日中友好交流」などに重点が置かれている。対照的に、子どもだけを対象とした場合は、「居場所づくり」、「他の同じような境遇の人との交流」、「アイデンティティの形成」、「母語、母文化の保障」などが目的として掲げられている。

表7－2　中国帰国者を対象としたボランティア団体・諸機関の事例

団　体	対象者	基本方針
ボランティア団体A	成人・子ども	中国帰国者の早期帰国，日中友好
社団法人B	成人・子ども	日本語教育，中国帰国者の自立支援
ボランティア団体C	成人・子ども	日中交流，家族の学習支援
ボランティア団体D	成人・子ども	生活支援，相互交流
E小学校・親子中国語教室	子ども	親子のコミュニケーションを図る，中国語・中国文化に触れる
F中学校『国際』	子ども	アイデンティティ形成，自尊感情の回復
㈶国際交流協会主催事業G	子ども	アイデンティティの保持・形成
㈶国際交流協会主催事業グループH	子ども	居場所づくり，人材育成
同人雑誌I	子ども	同じような境遇の人との交流の場，アイデンティティの再創造
特定非営利活動法人J	子ども	日本語の学習支援，居場所づくり
子どもサポートグループK	子ども	子どものエンパワーメント，日本の子どもの国際理解
L高校	子ども	母語保障，居場所づくり

注：上記団体等は，筆者が実地調査を行った団体に加えて，種々の資料から抜粋したものである．

ポルテスは移民家族がホスト社会においてさまざまな困難に直面する際のエスニック・コミュニティの役割を重要視するが（Portes and Rumbaut, 2001）、なかでも大切なのが、「親の権威」を直接に補強する機能である。「中国帰国者」家族に限らず、外国人家族の抱える問題のなかで、頻繁に言及され家族関係に深刻な影響を及ぼしうると考えられるのが、親の権威の喪失である。

この事態を防ぐには、親の規範的価値がコミュニティの成員によって強化されることが大事である。親密な関係性が内包されるエスニック・コミュニティをボランティア団体などに当てはめて考えてみれば、支援者・非支援者間の双方向的、水平的な関係が含意される。

そこで、将来の課題として、ポルテスらの定義するところのエスニック・コミュニティの機能を代替しうる社会的ネットワークのあり方にはどのようなものが考えられるかを最後に検討してみたい。

(2)　理想的な社会的ネットワークに向けて

表7－2に挙げた支援組織のなかに、母語を保障する取

り組みとして二〇〇三年一一月から中国語教室を開催しているE小学校がある。この中国語教室は、子どもたちが中国語を話さなくなったため実現してほしいという保護者の要望に応えるかたちで、PTA役員が学校を会場に放課後開いている。授業は週一回で、一年生から六年生までの約三〇人が参加しており、中国系以外に日本やベトナム、カンボジアなどの子どもたちもいる。母語学習の他、イベントとしてタピオカ作りなど各国の文化の伝承という側面も意識されている(9)。

この活動で注目されるのは、「中国帰国者」である保護者らが主体となっていることである。教室を使って子どもたちの親が実際に指導しているので、子どもたちにとって身近な存在である出身国の大人から直に中国語と中国文化を学ぶ貴重な機会が与えられる。

学校の役割も大きい。正規のカリキュラムではないが、学校の施設を提供することで、公教育制度の枠組みのなかでの取り組みと見ることもでき、子どもにとっては母語が大切にされていることで、母国の文化に自信をもつことにつながると考えられる。この教室の意義は、親子間のディスコミュニケーションの解消を目指す実際的な面と、異文化適応過程で「中国帰国者」家族に生じる葛藤や緊張を軽減するのに寄与することにあると考える。その意味でこの中国語教室は、ポルテスらの指摘する親密な関係を特色とするエスニック・コミュニティに代替しうる機能を果たす可能性を秘めている。しかし、一般に活動主体やメンバーが外国人で構成される団体は、日本語の問題や社会制度へのアクセスの点で不利になりやすく、運営基盤が脆弱であることも少なくない。このような活動が安定的に運営されるために、各方面からの支援が求められる。

(1)「中国帰国者」家族の抱える問題については、鄭暎惠（一九八八）を参照されたい。家族の緊張や葛藤は、「中国帰国者」に限らず移民家族が抱える共通の問題といえる。

（2）本章は、筆者が二〇〇一年から二〇〇四年にかけて行った神奈川県の小・中学校における外国籍児童・生徒を対象とする授業の参与観察、「中国帰国者」二世と配偶者（四名）、その子ども（九名）への聞き取り調査、ならびに東京都、神奈川県、大阪府の教育関係者、補習教室・ボランティア団体を対象とした聞き取り調査をもとに執筆した。調査に協力していただいた方々に心より感謝いたします。

（3）中国帰国者支援・交流センターホームページ、「中国帰国者の年度別帰国状況」(http://www.sien-center.or.jp/about/ministry/reference_02.html)（二〇〇四年六月七日）。

（4）永住帰国した二〇六八人（回収率八三・四％）を対象に実施した調査。

（5）東京都に居住する一五歳以上の二世、三世が対象で、回収数一四七ケース（駒井、一九九八）。

（6）『日本語を母語としない人たちのための高校進学ガイダンス二〇〇〇』（多文化共生教育ネットワークかながわ、当日配布資料）。

（7）カミンズの相互依存論によれば、第二言語の習得は第一言語がどの程度発達しているかに影響を受ける（Cummins, 1981）。

（8）ここでは、必ずしも「中国帰国者」だけを対象としているのではなく、他の外国人を含む団体も取り上げた。

（9）『多文化共生教育フォーラムinE小学校』（二〇〇四年、E小学校主催の当日配布資料）。

8章——子どもたちの教育におけるモデルの不在
ベトナム出身者を中心に

田房由起子

1 忘れられがちな存在？

「ずっと日本にいたい。一八歳になったら国籍を取りたい。将来の夢は二つある。一つは飛行機のパーサー。ベトナム語、カンボジア語、日本語ができる。もう一つはモデルになりたい。美容師にもなりたい。将来、何になりたいかはまだわからない」(1)。

こう語ったA君（中学三年生・男子）は、ベトナムから来日して四年が経過していた。「父は教育について厳しい」と語り、補習をみてくれるボランティアの地域学習室に通う。美容師の学校は経費がかかるため、公立の学校を希望しており、進路目標への到達経路や可能性について、自分なりにある程度は把握しているようである。では、インドシナ出身の子どもたちは、皆このように明確な将来の目標を設定しているのだろうか。

表8－1　外国人統計におけるインドシナ三国出身者数（単位：人）

	全　体（外国人登録者数合計に占める割合）		5－19歳（外国人登録者数合計に占める割合）	
	男	女	男	女
ベトナム	23,853	11,744	1,674	1,736
ラオス	2,270	1,191	209	229
カンボジア	2,149	1,153	211	191
インドシナ三国	28,272 (3.2%)	14,088 (1.4%)	2,094 (2.1%)	2,156 (2.1%)
外国人登録者数合計	884,024	1,031,006	100,613	102,993

出所：入管協会（2004）．

まず、日本に居住するインドシナ出身者の状況を確認したい。表**8－1**は、二〇〇三年一二月現在のインドシナ出身の外国人登録者数全体と、就学年齢該当者数[2]をまとめたものである。

難民受け入れ数に目を転じると、二〇〇四年八月末現在で、ベトナム八五八七人、ラオス一三〇六人、カンボジア一三三八人で合計一万一二三一人となっている。それぞれの国の外国人登録者数と難民受け入れ人数との間にズレがあるのは、外国人統計が就学、留学など、多様な在留資格を包含しているからである（したがって、日本定住を予定しない者も多数含まれている）。それでも、これらの統計は日本に住むインドシナ出身者の概数を知る上で参考になる。

ベトナム戦争をはじめとするインドシナ半島での紛争により、一九七五年以降、膨大な数の人々がインドシナ半島を脱出し、難民となった。日本は「難民の地位に関する条約（難民条約）」と「難民議定書」を批准し、かれらの受け入れ国の一つとなった。しかし、三〇年近くが経過し、その間、留学生、就学生らがアジア諸国から、そして一九九〇年の出入国管理及び難民認定法改正に伴い、多数の日系人が来日した。二〇〇三年一二月現在の統計に着目すると、インドシナ出身者は、外国人登録者総数一九一万五〇三〇人の一・五％弱を占めるにすぎない。人数の少なさ、年月の経過によるインドシナ難民に関する記憶の忘却、さらに、外見が日本人と似ていて可視性が低いため、忘れられがちな存在になっているのではないか。

以下では、この忘れられがちな存在であるインドシナ出身者、なかでもベトナム出身の子どもたちのおかれている状況、学校との関わり、かれらの将来設計についてみてみたい。

2　子どもたちを取りまく世界

(1)　言語状況から

インドシナ出身定住者の多くは難民とその呼び寄せ家族という背景をもっているため、原則として帰国を予定していないと想定される。かれらが多数来日し始めた一九七九年から二五年以上が経過しているが、現在でも言語がネックとなって教育環境の中で困難な状況にある子どもたちがいる（**表8－2**）。

表8－2　日本語指導が必要な外国人児童生徒数　（単位：人）

	小学校	中学校	高等学校	中等教育学校	盲･聾･養護学校	合計
ベトナム語	449（3.6）	147（2.8）	50（4.4）	0（0.0）	2（4.1）	648（3.4）
児童生徒数合計	12,523	5,317	1,143	10	49	19,042

注：（　）内は日本語指導が必要な児童生徒数全体のうち，ベトナム語児童生徒数の割合（単位：％）．
出所：文部科学省（2004）．

文部科学省によると、二〇〇三年九月一日現在、日本語指導が必要な外国人児童生徒は一万九〇四二人おり、母語別でベトナム語は三・四％と少ない。ラオス語、クメール語になると、該当者数が少なく、単独で集計が出されていない。そこで、ここではベトナム語に着目し、先に提示した五―一九歳の外国人登録者数と、日本語指導が必要な児童生徒数を比較したい。[3]日本語指導が必要な児童生徒数は六四八人で、五―一九歳のベトナム出身者数三四一〇人に対し、二割弱が日本語運用能力に困難を感じていることになる。インドシナ難民問題が終了したといわれて久しいが、家族呼び寄せなどで来日して間もない者がまだいるからである。

インドシナ出身者の場合、入国後に国際救援センター[4]に入所する者がおり、また、帰国を前提にしていない者が多い。そのためであろうか、来日時に小中学生であった者は比較的スムーる。

ズに就学を始めているようである。来日後当初から就学していないケースは、インドシナ出身者では少ないようである。

(2)　多文化教育の萌芽――一中学校での事例

ここで筆者が二〇〇〇年度にかかわった、神奈川県下の一中学校での教育実践について紹介しよう（前章で紹介されている実践と同じ）。

この中学校は、多数の外国人が居住する団地が近くにあり、また、かつて近くに難民定住促進センターがあったため、インドシナ出身の生徒が多く在籍している。当時、この中学校では「国際」という選択科目があり、子どもたちが自らのルーツについての知識を深めるため、インドシナの歴史や地理を学ぶ授業が隔週一回行われていた。筆者はベトナム指導の担当となったが、常時出席している生徒四人のうち三人は日本生まれであり、ベトナムにルーツをもつことに総じてネガティブなイメージをもっているようだった。親が日本にいる理由や来日までの経緯についてもあまり理解しておらず、関心もなかった。地理の勉強をする時も、身近に感じてもらうために親や親戚の出身地を聞いたが、よくわかっていないようで、調べることも嫌がっていた。そして、「ベトナムなんか行かなくていいよ、汚いし、臭いし」という答が返ってきた。「親はベトナム人だけど、私は日本で生まれたんだから日本人」と言い、「選択」とはいいながらかれ・彼女らにとってこの科目は実質的には「必修」だったため、仕方なく授業に参加しているといった様子だった(5)。

一方、同じ時間に開設されていたラオス、カンボジアのクラスでは、多くの子どもが親の母国での状況についてある程度把握していた。ベトナム出身の子どもたちと違い、難民キャンプの経験をしている者もおり、親との経験の共有が、ベトナムとラオス・カンボジア間に自らのルーツに関する理解に差異が生まれた原因の一つと思われる。

それでもなお、この授業にはある一定の成果が見られた。授業での実践からもたらされたメリットは、二つ挙げられる。第一に、子どもたちのもつルーツに対するイメージが、それまでのネガティブなものからポジティブなものへ、もしくは、そこまでは到達できなくても、少なくともニュートラルなものへと移行させることが可能となった。ベトナム嫌い、もしくは無関心であった子どもたちだが、年度末が近づく頃、「ベトナムなんか嫌い」と明言していた生徒のBさん（中学三年生・女性）が授業担当責任者のO教諭に、「クラスの友だちがベトナム語を習いたいって言ってきた」と嬉しそうに語った。また、通常の授業内では、かれらがルーツをもつ国について触れられることは少ない。触れられないこと自体が、それらの国を軽視しているかの印象を子どもたちにもたせる可能性がある。しかし、これらの国が同授業では中心的な位置に置かれるのである。これは、バンクスが指摘する、周辺化された集団のメンバーが自尊の感情をもつことを目標とする集団間教育アプローチの一つを達成する契機となったことを示唆する（バンクス、一九九九：一八）。

第二に、こうした授業は子どもたちに居場所を提供する可能性を秘めている。それまで不登校気味だった生徒がクラスに顔を出したことがあった。結局、授業に参加するにはいたらなかったが、先のO教諭は「この授業をするまでは学校に来なかった子も、この授業がある日は学校の周辺に現れるようになった。それだけでも意味がある」と言う。学校から関係を絶とうとする子どもをつなぎとめる「場」として機能する可能性を示唆しているといえよう。

一方、多文化教育の観点からは、問題もあった。二〇〇一年度以降の授業では日本人生徒の参加も許可されたというが、坪谷らが指摘するとおり、この授業は基本的にマイノリティの子どもたちを「囲い込む」ことになっていた（坪谷・小林・五十嵐、二〇〇四：六〇）。かれ・彼女らのルーツを学ぶ場が、マジョリティの子どもたちにとってアクセスしにくいものになっており、バンクスが多文化教育において重視する「すべての生徒のための戦略として一般化」（バンクス、一九九九：三七）するところまではいたっていない。

ここで参考となるのは、アメリカ・カリフォルニア州ロングビーチのある公立中学校で実施されているバイリンガル教育である。そこでは、スペイン語使用のバイリンガル教育プログラムによる授業が実施されており、アメリカ生まれで英語を第一言語とする親が率先して子どもを参加させていた。その理由として、子どもたちのスペイン語習得を挙げている。日本にもこうした例がないわけではない。横浜山手中華学校では中国語による教育を実施しているが、この学校に子どもを入学させている日本人の保護者がいる。(6) 各種学校ということで条件が異なるが、ともあれ日本において先の中学校で実践しているような授業や横浜山手中華学校のような教育機関が全国レベルではまだ少ないことを考えると、多文化教育の萌芽をもつこのような授業の存在は貴重であることを強調したい。

(3)　もう一つの世界

10章で詳しく触れるように、神奈川県には外国人の子どもを対象とした地域学習室が比較的多い。これらの教室は、子どもたちの言語的・文化的背景にも配慮している。しかし、実際に教室に通う子どもたちは限定されている。多くの場合、進学を目標にし、勉強することに意味を見出す子どもが通っているのではないか。したがって、進学を希望しない者、学校で授業を受ける意味を見出せない者は、さらに地域の学習室に通うということはしないだろう。それでも、単に勉強のみでなく、同輩の仲間や仲良くなったボランティア指導者に会える場所として機能する教室がいくつか存在することも忘れてはならない。

ところが、地域学習室に通っていたとしても、抱えている学習上の問題が即座に解決されるわけではない。国立大学への入学を果たしたC君（二〇歳・男性）は勉強熱心で、高校時代、こうした教室やボランティアの家庭教師から学習援助を受けていた。かれは日常的な相互行為の過程においては日本語運用能力が高いように見受けられたが、ある日、ひとりで国語の試験問題に取り組んでいるかれの様子を見ると、全ての漢字を辞書で調べていた。小説の一部を題材にした問題を解いていたのだが、「この漢字は主人公の名前だから、辞書には出ていない」と教えると、「漢字が出るとわからないから、出てくる漢字は全部調べてしまう」と答えていた。幼少で来日し、居住期間も長く、日常使用する日本語には問題がなさそうに見受けられたが、それでも学習思考言語では問題を抱えている。

太田晴雄が指摘するように、短期間の日本語学習を経て日本語のみの授業を受ける外国人の子どもは、日本人と比べても特に問題がないとみなされがちだが、実際には困難な学習状況にある者が多い（太田、二〇〇〇a：一七二―一七三）。幼少時の来日により、第一言語における抽象的思考法ができていないうちに第二言語学習が始まったことが、学習における困難性を示す一因になる場合もある。

また、筆者がボランティアとしてインドシナ出身の子どもの学習援助をしていたとき、美術のテストの準備を手伝ってほしいと言ってきた中学生がいた。彼女が手にしていたのは一枚のプリントで、その中には有名な西洋絵画の写真があり、その横にいくつかの文章が並んでいて、その絵画が何を意味しているか、画家は何を訴えたくて描いたか、いくつかの短文から「正答」を選択するというものだった。確かに、絵を描くにあたって作者が訴えたいメッセージはあるだろう。しかし、数学の解答や地名、歴史上の人物などのように特定の「正答」を選ばせるということを、感性を豊かにすることを目的の一つとする教科でも求めているのである。このように画一性を求める日本の教育にあっては、「異質」である者、「異質な」感性をもつ者は排除される可能性があるのではないか。仮に排除されることがなくても、自分が異質であることを意識した者に疎外感を感じさせるような回路が教育のなかに組み込まれているのではないか。

では、学習面以外ではかれ・彼女らはどのような状況にあるのだろうか。カンボジア出身のDさん（高校一年生・女子）が「ファストフード店でアルバイトをしていたのに、アルバイト料を払ってもらえず、クビになった」と悩んでいたことがある。アルバイトを探すとき、電話でカンボジア名の名前を名乗ると、「うちはガイジンは雇わない」

と言って断られることがしばしばあるという。実際、日本名でないために生徒たちがアルバイトを断られることはたびたびあり、学校の外の社会でかれらは差別にあっている。Dさんは意気阻喪し、未払いアルバイト料について店側にクレームを出す勇気がないと言っていた。

また、「ベトナムなんか嫌い」と言っていた先のBさんは、あるとき「中学を出たら名前を変えようと思う」と言い出した。社会に出たら名前で苦労するから日本名に変えたほうがよい、というアドバイスを受けたからだという。そのアドバイスをした者は、Bさんが将来、外国名によって苦労することを心配してのことだっただろう。O教諭とともに彼女に名前を変えることの意味について説明し、熟慮が必要であることを告げたが、日本に定住する以上日本名に変えるほうが合理的だと彼女は考え、最初のアドバイスに納得しているようだった。

さらに深刻なケースもある。中学校の教師としてインドシナ出身の子どもたちと直接かかわっている柿本隆夫は、薬物依存症に苦しみ、非行の道へと進んでしまったベトナム出身の青年や、シンナーを吸い、不登校状態にあったラオスの少年について紹介している（柿本、二〇〇一：二三―二六）。実際に、親の再婚により新しい家庭の中で居場所をなくした子どものケースや、日本で居場所を失い、親戚を頼ってベトナムに帰国したものの、ベトナム社会に再適応できなかった子どものケース、親が犯罪に手を染め、それに巻き込まれた子どものケース、などを筆者自身も耳にしている。

以上のような事例から浮かび上がってくるのは、日本社会に生きにくさを感じているインドシナ出身の子どもたちの姿である。そして、おそらくこのような問題はかれ・彼女らに特化したものではなく、多くの外国人の子どもが共有しているものではないだろうか。

3　モデルの存在、不在

(1)　アメリカの場合

若い世代は自分の進路を考える上で、手本や雛型となる人物を「モデル」とするものである。この点につき、日本での状態を理解するため、日米両国のベトナム出身者のおかれている状況に着目したい。サイゴン陥落直後、アメリカには一二万人以上のベトナム難民が入国し、その後も多数の人々が流入し続けている。二〇〇〇年の時点で一一二万人以上の者が居住しており、かれらは、他のアジア系とともに「モデル・マイノリティ」と呼称される傾向がある。とはいっても、この呼称は同じインドシナ出身者の中ではベトナム系のみに使われているようである。「モデル・マイノリティ」とは、マイノリティであるにもかかわらず主流社会の福祉政策に頼ることなく、自分たちの力で就労と学業達成において「成功」している者というニュアンスをもつ「模範となるマイノリティ」という意味のステレオタイプである。

いうまでもなく、このステレオタイプに適合しない個人も非常に多く、またこのステレオタイプが他のマイノリティ集団との間の緊張を高めている。さらに、「優秀な」アジア系生徒に強いプレッシャーを与える。この呼称は一見肯定的だが、その背後にある問題を覆い隠しているのである（グラントほか、二〇〇二：一三〇―一三三ほか）。実際には、社会適応に苦しむ者、世代間葛藤、一〇代の若者による窃盗や麻薬、恐喝といった反社会的行為、経済能力および計画性のないなかでの婚外妊娠などの逸脱行為が指摘され、問題視されている。

しかしながら、自らベトナム系集団を「モデル・マイノリティ」と考える者もいる。七歳で来米した高校のバイリンガル・カウンセラーのEさん（二五歳・女性）は次のように語っている。「私たちは『モデル・マイノリティ』だと思う。成功するために頑張ってきたから。成功したいと思っているし、トップでありたいと思っているから」。彼女自身は親からの圧力を感じなかったというが、ベトナム系では親が子どもに教育達成への圧力をかけることが多いという。調査の中でも、親のプレッシャーについて語る者が非常に多かった。

ベトナム出身者がもっとも多く居住しているのはカリフォルニア州であり、その中でも南ロサンゼルスに位置する「リトル・サイゴン」はアメリカで最大のコミュニティであり、Eさんの職場である高校はこのリトル・サイゴンに隣接する。コミュニティ内にはショッピングセンターやモール、ベトナム語の看板を掲げた食料品や衣料、CD、宝石をあつかう小売店が立ち並ぶなか、弁護士、医師、歯科医、会計士の事務所の看板を目にすることが多い。また、大学教授やカウンセラー、ソーシャルワーカー、コミュニティ新聞の編集者やラジオ局のアナウンサー、公立学校の教員の多くもこのコミュニティ内およびその周辺地域に居住する。これらの職種を並べてみると、このコミュニティが多様な社会的背景をもつ人々によって成り立っていることがわかる。それは、子どもたちにとって「モデル」として参照できる多様な人々がコミュニティ内に存在することを意味する。

(2)　日本の場合

では、日本ではインドシナ出身の子どもたちが、将来の進路決定、職業選択をする際に模範を示してくれる人々はどの程度いるのだろうか。それは必ずしも大学進学者や社会的地位の高い人が多ければよいということを意味しない。むしろ社会を反映してあらゆる職種にインドシナ出身者が見出されれば、それは子どもたちが自分の将来を考える上での指針となるだろう。これまで筆者が実施してきた調査では、飲食店経営や企業で正規雇用される者がいる一方で、食品や精密機器の工場やサービス業で長時間、非正規雇用形態で就労している者も多かった。ある一定の職種、雇用形態に偏在する傾向がある。

ここで、子どもたちの準拠集団であろう家族との会話状況をみてみたい。「一緒に夕食をとるが、家族と学校のことを話すことはない」と語るベトナム出身のF君（中学二年生・男子）は、勉強がしたいからと高校へ進むことを希望している。高校に進学しなかった姉が高校に行くことを勧めているが、両親は何も言わないという。しかし、筆者と出会う二年前に来日したかれは、ベトナムでは父親に勉強するようにと言われていた。また、カンボジア出身のGさん（中学二年生・女子）は、母親とはよく話すが、仕事で忙しい父親とはほとんど話すことがない。彼女は姉が通っている高校に進むことを希望している。

また、一一歳のときに来日し、調査当時一六歳のラオス出身のH君（中学二年生・男子）は、高校に進学する予定とのことだった。「大事な書類を書くときなどは話すが、それ以外のときは両親とはあまり話さない。夕食は家族で一緒に食べる。父母に日本語を教えてもらうことがある。両親とも忙しいので、帰宅すると食事、入浴の後すぐに寝てしまうことが多い」という。両親は、中学卒業後就職することを希望していたが、H君が説得して進学することになったという。かれ自身、「高卒の資格は取っておきたかった」と言い、将来は画家になることを夢見ている。かれの場合、先に述べたF君やGさんのように家族からのアドバイスを受けて将来の計画を立ててはいない。一方、「両親とよく話す」と答えた者もいる。カンボジア出身の男子中学生I君は、「両親とも教育熱心で、勉強のことをいろいろ聞いてくるので、話す」という。かれも高校進学を希望しているが、地元の学区の高校は皆が行くので別の学区の高校に行きたがっている。スポーツが強いことも高校を決定する理由となっている。将来、サッカーの選手になりたいものの、両親は反対しており、I君が医師か弁護士になることを望んでいるという。

以上の事例では、子どもたちは将来の進路を考えるとき、家族との会話量に差があるものの、親や兄弟姉妹の助言や進学状況をある程度参考にしている。中学生では高校進学を希望している者が比較的多いようで、実際に高校進学を果たす者がいる。その一方で、受験に失敗する者、進学後授業についていけず中途退学する者もいる。Jさん（中学二年生・女子）の兄は高校受験失敗の後に家からも遠ざかるようになった。父親は息子には厳しい態度であたり、勉強するようにとのプレッシャーも強かったという。そのため、かれは父親と顔を合わせないように、父親が不在のときに家に立ち寄る、と母親は語る。

また、三人の子どもを持つベトナム出身女性は、上の息子二人が高校進学に失敗し、以後、親の命令やしつけに従わなくなったとし、「ベトナムでは成績が良かったのに、日本では勉強がわからず、それが悔しかったのでしょう」と語った。ベトナム出身家族の場合、特に父親が息子に厳格に対応することが多いため、父と息子の関係が硬直化することがあるようである。先のC君もかつては父親からのプレッシャーに苦しんでいたという。このように、進学の失敗が契機となり、学業から離れたり、家族との関係性が変容する傾向があるようである。インドシナ出身の親世代は、難民経験の有無にかかわらず、また好むと好まざるとにかかわらず、自ら選択、決断し出国しているといえようが、子どもの場合、多くは自らの意志によらず移動している。したがって、日本での新生活に納得していない者もいる。そのような子どもが出身国で順調な学校生活を送っていて、来日後に挫折感を味わったとき、それを乗り越えるのが困難なのは想像に難くない。

(3)　日米におけるベトナム出身者の違いとは

若い世代が進路を考える際、親からの助言や圧力が少なからず影響をおよぼす。自分の選択可能性、将来性を考える上でもっとも身近な存在から影響を受けるのは当然であろう。

では、なぜ出身国が同じである人々において移住先によって社会的・経済的状況に差異が生じるのか。先にも述べたとおり、両国におけるベトナム出身者人口には大きな差がある。そのため、両者を比較することは難しいのかもしれない。しかし、ここで気をつけなければならないのは、数の問題にのみ着目するのではなく、クンズが指摘するように、出国時期により難民には階層や社会的・文化的背景に差異があるということである（Kunz, 1973）。一九七五

―七九年に出国した者は、「南ベトナム」政府関係者や軍関係者、米国系企業関係者が多く、社会階層が相対的に高い。かれらの多くはアメリカに渡り、かれらのもつ文化資本や社会関係資本が受け入れ国での教育達成や高い社会的地位の獲得へと導いた。そして、かれらがつくり出した「優秀なベトナム系」、「モデル・マイノリティ」という認識が七九年頃以降に渡米したベトナム系全体をも包含し、一般化されたと考えられる。

一方、日本に居住しているベトナム出身者は、七九年以降に国際移動した者がほとんどである。かれらは、それ以前に出国した者に比べると都市生活および教育の経験が少なく、アメリカで「モデル・マイノリティ」視の対象となったような層の人々が概して少ないのである。ここから、若い世代が自分の進路を考える上での「モデル」の多様性が、両国間で大きく異なると考えられる。

4　モデルは生まれつつあるのか

両国へ移動したベトナム出身者の社会階層の多様性に差異があると述べたが、二国間の相違点として、日本では進路決定における選択可能性を高めるための情報量が少ないことも挙げられるだろう。

筆者らがインドシナ三国への調査旅行に赴いた際、それぞれの国出身の子どもたち数名も同行したが、この調査旅行がかれらにもたらした印象、影響は非常に大きかった。家族とともに里帰りをするときには出会うことのない教育関係者や、政府が用意してくれた通訳を見ることにより、少なからず刺激を受けたようだ。目を輝かせながら、「通訳はかっこいい」「二つの国の架け橋となるような仕事に就きたい」という言葉を発していた。実際に二言語を使用して仕事をする人の姿を見ることにより、自分たちが有効に利用できる資源をもつ、可能性を秘めた存在であることに初めて気づかされたのである。旅行に同行したC君は、ベトナム語能力を高めようと努力し始めた。この例が示唆するのは、子どもたちが進路を考える上で、モデルとなる存在が身近にいることの重要性である。日本定住を予定する者にとり、出身国の言語を保持する努力に意味を見出せないのもわからなくはない。しかし、そこで言語という資源を職業に結びつけることが可能だという情報を与えられることにより、出身国言語の保持／学習への意欲が高まると思われる。

また、かつて神奈川県大和市でインドシナ出身者を対象にした保護者会を開催した際、神奈川県職員が参加し、公務員の収入の安定性や到達までに必要な方法等の説明をしたが、そのときの子どもたちの顔は真剣そのものだった。「公務員」という職種の存在を初めて知り、到達可能性を導き出す端緒として高校進学があることを理解したようである。日本では、エスニック・マイノリティ集団中でこのような成人の存在がまだ少なく、情報不足から、かれらにとって、将来の人生設計の選択可能性の幅を広げることは困難である。それゆえ、自らが帰属するエスニック集団における「モデル」の不在を代替してくれるのは、現時点では個人的に関わりをもつ日本人かもしれない。しかし、両者間には保持する資源に差異があることが多く、どれだけ子どもたちにとって身近な存在になりうるかは確かではない。

そのようななか、先に紹介した中学校の授業では、当時高校生だったC君やカンボジア出身の女子高生がときどき呼ばれた。これにより、中学生たちにとっては、高校進学を身近に感じることのできる「モデル」が呈示されたことになる。このような実践からも、同中学校での試みは子どもたちにとって大変意味のあることだろう。

先に、外国名を名乗ることによりアルバイトを断られるといった事例を挙げ、日本社会の閉鎖性に触れたが、C君は、大学に進学したことによりアルバイトがスムーズに決まるようになったという。これは、メリトクラシーの価値規範が作用し、業績主義が属性主義に優先するということだろうか。しかし、C君の事例がどの範囲まで適用できるかという点については、現在の日本社会を見るかぎり懐疑的にならざるをえない。問題を抱えた者もなお多い。それでも、時間の経過とともに、徐々にではあるが、インドシナ出身者集団に層の厚みを加えるより若い世代の「モデル」予備軍が増えてきているのも事実である。その存在を参照できるような回路づくりが、各国出身者集団において必要とされている。

（1）本章で使用したデータは、神奈川県教育文化研究所のもの以外に、筆者がメンバーとして参加したニューカマー研究会（研究代表者・志水宏吉）による調査の中で実際に筆者がインタビューしたもの、筆者が個人研究を進める中で実施したインタビューや観察したものを使用している。データの使用を許諾してくださった神奈川県教育文化研究所、ニューカマー研究会、X中学校、そしてインタビューに応じてくださった方々に御礼申し上げる。

（2）在留外国人統計は、データの分類方法が就学年に合っていないため、就学該当者数との間に齟齬が生じる。また、一六歳以上の者は就労している場合もあるので、その点についても正確なデータとはいえない。しかしながら、その点を考慮に入れてデータを見ても、インドシナ出身者の数が非常に少ないことがわかる。

（3）在留外国人統計は、データの分類方法が就学年に合っていないため、児童生徒数と齟齬が生じる。

（4）国際救援センターでは、入所の要件に合致するインドシナ難民と条約難民等を受け入れており、入所期間の六カ月（一八〇日）の間に日本語教育、社会生活適応指導、就職斡旋を行っている。二〇〇四年九月現在の入所者状況は、ベトナム一二二人、ラオス〇人、カンボジア一四人、その他一人となっている（難民事業本部、二〇〇四）。

（5）これは、日本人アイデンティティを持つ子どもたちに対し、ベトナム人であることを所与のものとして授業を進めていることを意味する。また、「必修」科目だということは、この授業がかれ・彼女らを「日本人」として承認していないことを含意している。したがって、日本人アイデンティティをもつ子ども対象の場合、この授業は自尊感情をもたせる上で問題を抱えているのも事実である。

（6）この学校については、*Newsweek*（日本版、二〇〇四年一一月二四日号）でも取り上げられている。

9章——揺らぐ母子関係のなかで

フィリピン人の子どもの生きる環境と就学問題

西口里紗

今後の問題を見据えて

親の不正規滞在、母子世帯であるなど不安定な生活、そのなかで就学の機会を逸しがちな子どもたち……そうした事例が、全体としては少数ながら今報告されている。

ここまでさまざまな社会的・文化的背景をもつニューカマーの子どもたちにライトが当てられてきたが、そのなかにあって、この章では、日比国際結婚家族を背景とする子どもに注目する。フィリピン人の子ども、またはフィリピン人の親をもつ日本国籍の子どもの教育問題は、現在、結婚生活における夫婦間のそれに比べ、さほど顕在化していない段階にある。だが家族の実態をみるとさまざまな問題があり、将来、子どもの成長とともに教育の問題が無視できないものとなることが予想される。そのような家族が、まさに第二世代の子どもにとり、成長の場、人格形成の環境となっていくからである。子どもは成長過程において家族から大きな影響を受ける。また、日本の社会、さらには国際関係からも影響を受ける。そのため、教育現場に現れる問題を理解するためには、子どもをめぐる環境とその背景への理解が不可欠である。

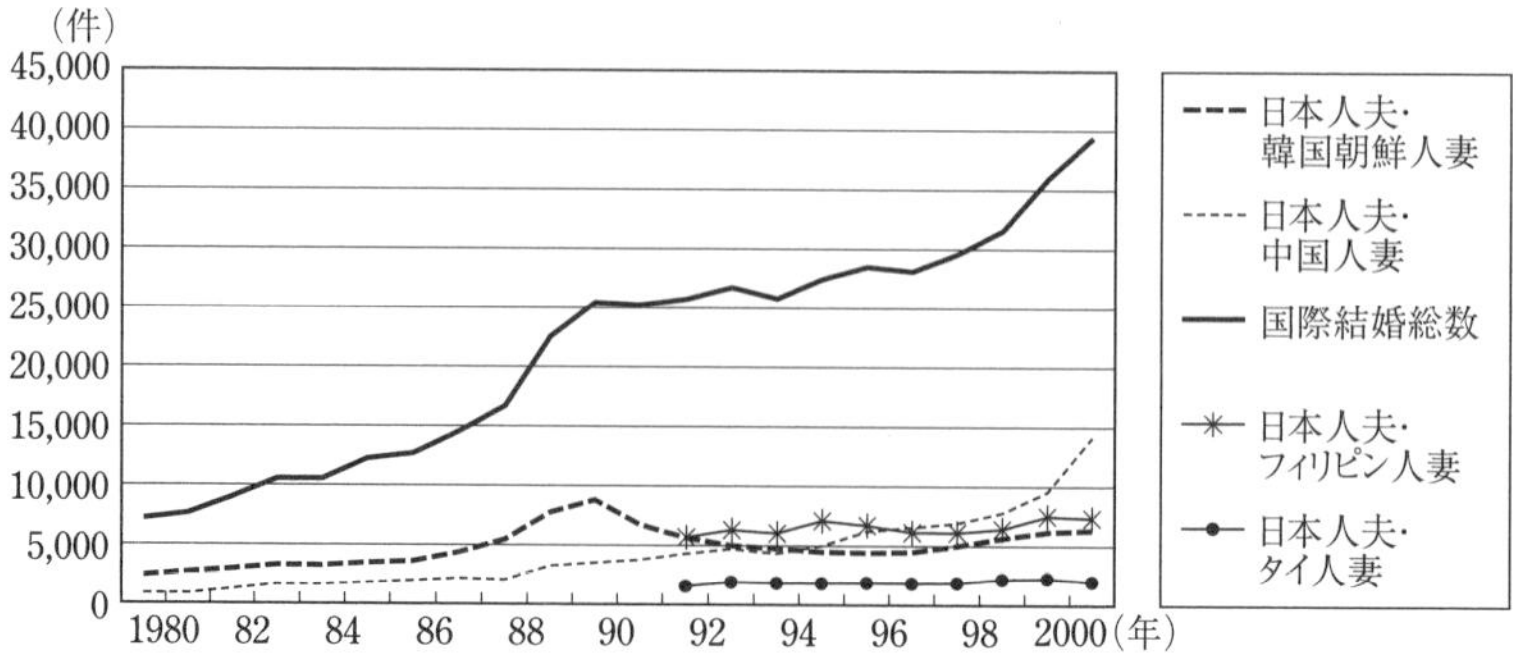

図9－1　日本における国際結婚数の変化

日本における伝統的家族イメージが社会の変化と共に解体し、家族の多様性の認識が不可欠となっているが、その一要因として国際結婚家族の増加がある。以下では、日本人―フィリピン人の国際結婚[1]、そこに生じる家族問題について考察し、夫婦の葛藤を含む子どもを取り巻く環境を明らかにすることで、子どもが直面していくと予想される教育上の課題についても若干の論及をこころみたい。

1　国際結婚の増加

国際結婚は今日どのような状況にあるのだろうか。統計から概観してみたい。**図9－1**は厚生労働省人口動態統計による国際結婚総数とアジア地域出身の妻と日本人男性の国際結婚の数を示したものである。これでみると、日本における国際結婚は一九八九年以降急増している。

また二〇〇一年には国際結婚の約六割が日本人男性とアジア地域出身の妻の夫婦で占められている（**図9－2**）。二〇〇一年の日本人男性とアジア地域出身の女性との国際結婚の内訳を示したのが**図9－3**である。日本人の夫と中国人の妻のカップルが四八％を占めもっとも多いが、次に日本人の夫とフィリピン人の妻のカップルが二五％と第二位となっている。このことから、今日の国際結婚の特徴として日本人男性とアジア地域出身女性の組み合わせが主要形態

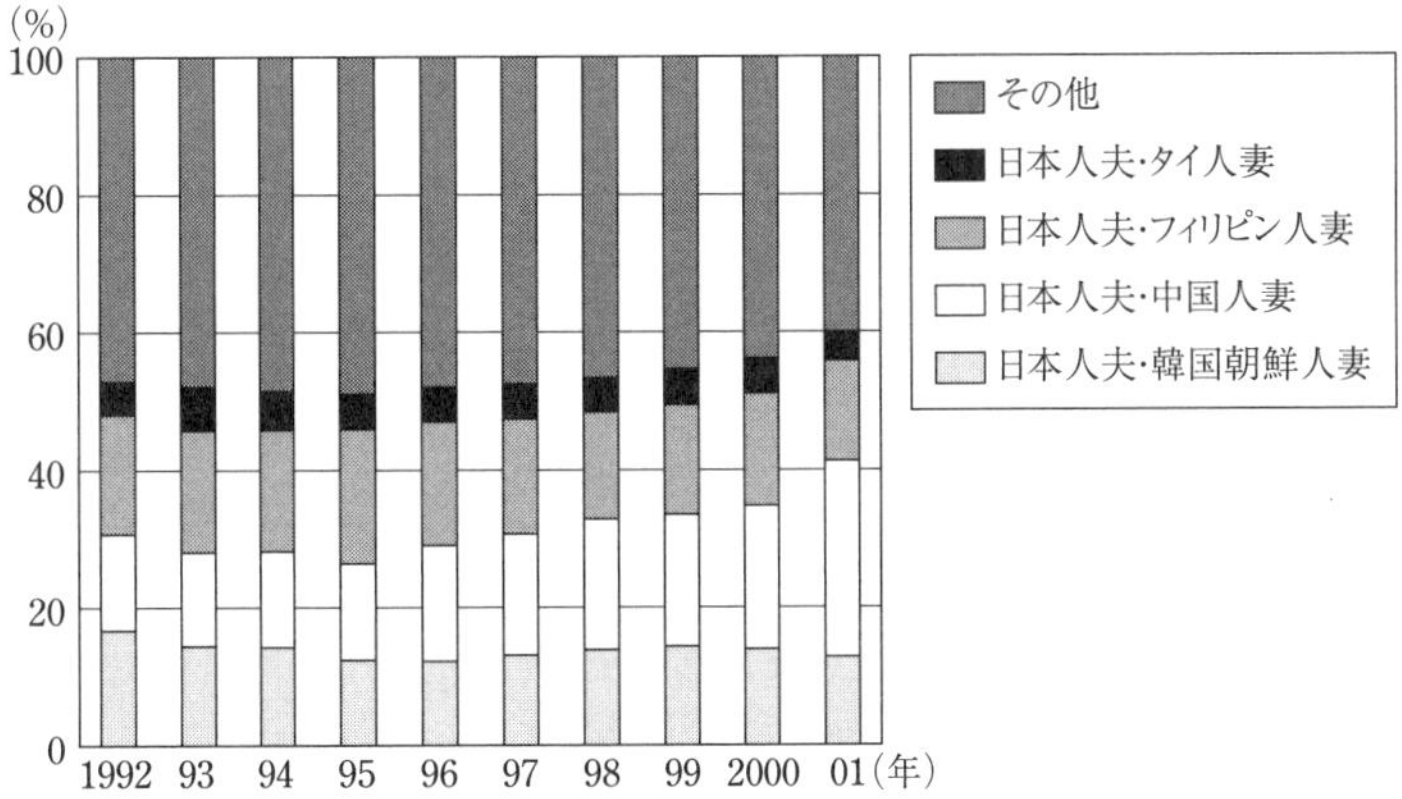

図9－2　日本人夫・アジア地域出身妻の内訳

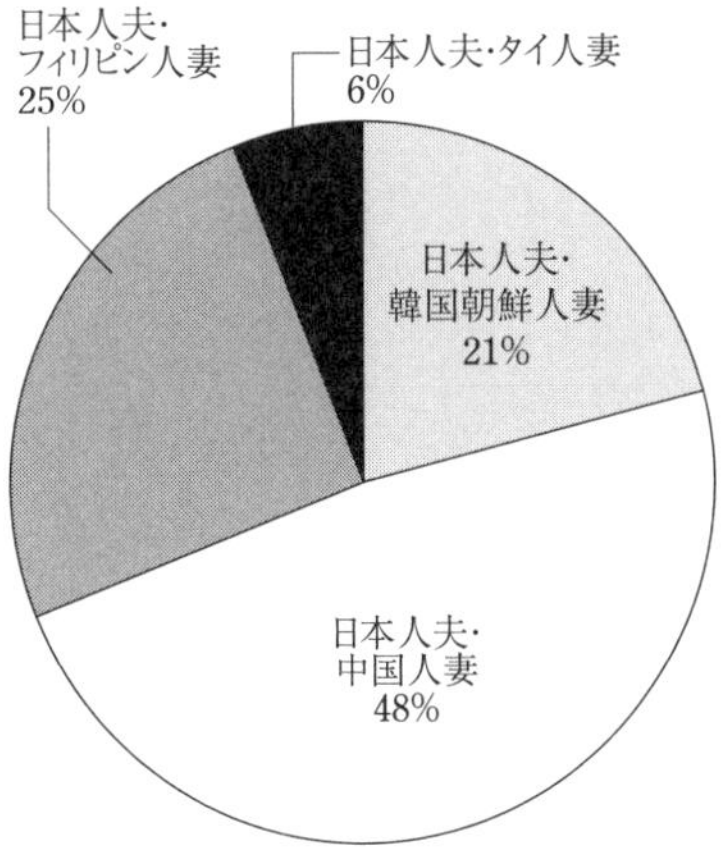

図9－3　日本人夫・アジア地域出身妻夫婦の内訳

となっていることがわかる。

こうした国際結婚の増加に符合し、アジア系外国人の入国者の中で女性の比率が高くなっている。二〇〇三年末の外国人登録者におけるアジア地域出身者の男女比は、男性四三%、女性五七%となっている。(2) 特にフィリピン出身者では女性が実に八三%を占め、その女性の八一%は二〇歳から三九歳までの年齢にあたる。

日本人の側の意識の変化も、国際結婚増加の一因である。そこには、国際結婚を志向させる二つの要因がみられる。一つには、多様な生き方や「自分らしく」生きることを模索するなかで、日本社会に息苦しさを感じる日本人が生まれた結果、異なる価値観をもつ外国人と結婚するようになってきたことであり、他方では、結婚相手を探す日本人男性と、「日本人」と結婚し日本に住みたいと願う外国人女性の要求が一致したため結婚にいたるというケースの増加である。定松は前者を積極的国際結婚、後者を消極的国際結婚と分類し、両者とも、日本社会の閉鎖性や伝統的な価値観の現れであると分析している（定松、二〇〇二：四五―四六）。

後者の国際結婚とは、既存の社会の変化によって困難となったそれまでの家族観・結婚観を、海外から配偶者を呼びよせることで「維持」していこうとする際のメカニズムとしても機能しているといえる。この呼びよせの対象に、中国、韓国とならんでフィリピンの女性がある。日本社会の伝統的な結婚や家族に関する価値観は消極的国際結婚において特に男性側に内面化されており、ジェンダーによる格差や、経済的・社会的格差を夫婦関係に持ちこみやすくなるため、そのような価値観を内面化していない女性側との間に、後述するようなさまざまな問題が発生するようになる。

2　国際関係と夫婦の出会い

日本におけるフィリピン人を在留資格別に見ると、二〇〇三年末の外国人登録者の二七・五%が「興行」資格者、三七・六%が「日本人の配偶者等、定住者」、一九・七%が「永住者、永住者の配偶者等」となっている。これは女性のみを対象とした統計データではないが、ここからフィリピン女性流入の特徴を見ることができる。

フィリピン外務省の管轄下にある海外フィリピン人委員会（Commission on Filipinos Overseas）によれば、二〇〇〇年に日本人の配偶者または婚約者として日本へ渡ったフィリピン人は五一四六人で、配偶者・婚約者として同国を出国した者全体の三三・九%を占める。一方日本への出稼ぎは、フィリピン人女性の他国への出稼ぎで一般的とされている家事労働者や看護婦とは異なる。二〇〇三年度の日本の在留資格別外国人登録数を見ると「興行」資格の外国人の七九・八%がフィリピン人である。日本は「単純労働」への就労目的での外国人の入国を認めておらず、[3] その結果、数少ない入国の道として「興行」ビザが選択され、日本の性風俗産業への就労にフィリピン人女性が集中するという結果を生んだ。これは、主体的選択というよりも、日比の経済格差と性別役割分業がこのような来日形態を規定した結果といえよう。

海外フィリピン人委員会の調査によると、一九八九年から二〇〇二年までに来日したフィリピン人配偶者または婚約者の四四・八%が相手と知り合ったのは「職場」であると答えている。[4] 独身のフィリピン人にとっての職場とは大半がエンタテイナーとして働く性風俗店である。このことから、いわゆる「オミセ」で出会った客の男性と結婚するのが、一つの主流形態であることがわかる。大半が「ホステス」業に従事させられているフィリピン人は、客と擬似恋愛を演じ、チップをもらったりすることで、客の男性との間に、ジェンダーによる性別役割と経済的権力格差の関係を生じている。結婚後もその関係が維持され、より拡大されるであろうことは想像に難くない。

「興行」ビザで入国しエンタテイナーとして働くフィリピン人女性にインタビューを行なったM・バレスカスによれば、成功の頂点は日本人の夫を持つことであるという。愛が結婚の一つの動機ではあるが、現実的には、配偶者ビザを取得できることや、結婚することで得られる経済的保証も重要な側面になっている（バレスカス、一九九四：一一〇―一一二）。日本がフィリピン人女性をエンタテイナーもしくは妻としてのみ受け入れる偏った政策をとっていることが、結果的にこのような結婚を促進しているともいえる。そして、結婚への現実的な動機を生み出す背景は、結果的に妻が結婚後夫に経済的にも滞在資格の面でも大きく依存する立場におかれることをも意味している。特に配偶者ビザは更新の際夫の協力を必要とするため、夫の協力を得られず更新できない場合や、離婚した場合、ビザの期限が来れば帰国しなければならない。よって夫婦間にジェンダー・経済・滞在資格など複数の点で不均衡な関係が形成されやすい。このような不均衡が前提としてある場合、夫婦が互いを対等な存在として関係づけることは容易ではない。

3　家族問題の諸相

しかし、以上はあくまでも統計的データや先行研究から見える一般的なプロセスであり、結婚の形や夫婦関係の個別の事例はここで提示したモデルに合致するわけではない。また国際結婚に伴うさまざまな問題点を取り上げたが、それは結婚の背景、そこに関わる様々な政策から予想され、また指摘されてきた可能性である。とはいえ、種々の先行研究から、エンタテイナーとして入国し、日本人の男性と結婚し日本に定住するフィリピン人女性が様々な家族の問題に直面している事実も明らかにされている。

外国人支援グループ(5)に主にフィリピン人から寄せられる電話相談のケースを分析した研究によれば、相談のなかで結婚・離婚に関する相談は一九九七年度のデータで第二位となっており、在日フィリピン人にとって大きな比重を占めている（宮島・長谷川、二〇〇〇：五）。宮島らの研究は、相談内容から抽出された国際結婚の障壁を、(1)共同生活の破綻・滞在の不安、(2)結婚観における相克、(3)日本的家族文化との葛藤、(4)夫婦の上下関係の四つに分類している。これらの障壁をさまざまな資源を用いて乗り越え、幸せな結婚生活を送るカップルもいるが、トラブルを抱えながら結婚を継続するケースやその後離婚を選択するケースが紹介されている。事例を挙げてみる。[6]

「Aさんは『興行』資格で来日。パブで働いていて、客の日本人の男性と交際するようになる。二人の子どもを妊娠し、フィリピンで出産した〔子は二人ともフィリピン国籍に〕。子どもとフィリピンで暮らしていたが、二年後その男性とフィリピンで結婚。三年間の別居生活の後Aさんは子をフィリピンに残し来日。働きながら夫と暮らすようになるが、夫が度々暴力をふるう、生活費を渡さないなどの不満が高まり、約二年後離婚を決意。その後離婚が成立した。帰国後二人の子どもと生活する」（宮島・長谷川、二〇〇〇：六）。

Aさんの場合は家庭内暴力（DV）から逃げ、離婚した。しかし、暴力に悩む多くのフィリピン人妻は在留資格を失うのを恐れ、離婚を決意できない。また、Aさんのように、子をフィリピンの家族に預け来日するパターンも見られ、結婚後連れ子として呼びよせられるケースもある。子どもにとって両親の関係性は国籍や居住地をも左右する大きな要因となる。

DVについては、日本でも二〇〇二年四月、「配偶者からの暴力の防止及び被害者の保護に関する法律」が施行され、事実婚も含む家庭内外における配偶者への暴力への関心が高まった。しかし、DVが子どもに与える影響についてはあまり認識されていない。その目撃は子どもにとって辛い経験であり、ほんの数回でも長期の記憶として残る可能性があるが、さらにDVが家庭内でほとんど毎日起きている場合、暴力の目撃は子どもの成人期にまで及ぶ心理的打撃を与える危険がある。DVを目撃した子どもに身体的、心理的、かつ行動の機能障害がみられ、学校嫌い、吃り、不眠症が報告されており、子どもへの影響は無視できない（入澤、二〇〇〇：一一四—一一五）。また、両親のトラブルからフィリピン人の子どもが児童相談所に預けられるというケースも増えている。

先ほどの離婚の事例にも見られたように、子どもの居住地を左右するものに、滞在資格と国籍の問題がある。外国人と日本人の間に生まれた子どもは父母両系主義をとる日本の国籍法によって日本人の母親から生まれた場合も、日本国籍を取得できる。一方外国人の母親から生まれた場合、嫡出子の場合は日本国籍を取得でき、非嫡出子、いわゆる婚外子の場合、父親の胎児認知（生前認知）があれば、日本国籍が取得できる。なお、婚外子でも、その後父と母が法的に結婚すれば、準正という手続きを経て日本国籍が取得できる。しかし、オーバーステイの母親から生まれた子どもは、生まれながらに在留資格はなく、かつ国籍確認もなされないままに置かれるケースがあり、その滞在は不安定なものとなる。母親と共に入管局の施設に収容され、フィリピンへと強制送還される可能性もある。

4　オーバーステイの親と子どもの就学機会

日本人と結婚しているフィリピン人女性が、オーバーステイ状態におちいる可能性は少なくない。離婚した後もそのまま滞在を続ける場合、事実婚で、期限切れの興行ビザでそのまま滞在している場合、法的に結婚していても、配偶者ビザの更新の際夫の協力が得られず、更新が阻まれた場合、等々。子どもを伴っていれば、子どもにも困難、不幸が見舞う。このため、教育の場で不正規滞在の親の下にある子どもの就学問題が比較的起こりやすいのは、ブラジル人などよりも、むしろフィリピン人のようである。

不正規ではない場合でも、子どもに不利がおよぶことがある。両親に結婚手続きについての知識が十分になく、フィリピン国内で婚姻届を提出しても、日本大使館に届けなかったため、日本では婚姻関係が認められず、子どもの日本国籍が取得できないという問題がある。さらに両親が法律婚ではない場合、日本国籍が取得できず、子どもが日本社会で受けられるはずの権利が失われ、婚外子として不利益をこうむる状況が生まれている。また、これまで述べてきた婚姻形態とは異なるが、日本国内でオーバーステイのフィリピン人同士が結婚するケースもあり、夫婦どちらかが日本人であるケースよりも滞在は不安定なものとなる。こうしたオーバーステイのフィリピン人カップルの下にいる子どもは無国籍状態に置かれることもある。このような子どもの無権利状態は深刻で、不就学の問題もこのようなケースにおいてより顕著に現れることになる。

このように本来ならば全ての子どもに保障されるはずの権利が、法制度や親の滞在資格によって左右されている現実がある。

一九九九年から二〇〇〇年にかけ愛知県を中心に六〇〇人を超える外国人の子どもに面接調査を行った「ジュビリー二〇〇〇子どもキャンペーン」によれば、調査対象の一六歳未満のフィリピン人一九八人中五五人（約二八％）が在留資格も外国人登録もない子どもであった。いうまでもなく、独自の旅券をもたない年齢であるから、保護者である親の不正規滞在がそのままこの子どもたちの地位を規定している。そして、調査時には愛知県のほとんどの地域の公立学校では外国人登録のない子どもの就学を認めていなかった(7)。

名古屋市内では以前からこのようなオーバーステイの親の下で生活する子どもたちが、学校にも行けず、親が働いている深夜二時、三時の時間帯に公園で遊ぶという光景が見られた。そこで、名古屋学生青年センターでは、教育を受けられない、またはいじめなどの理由で不登校状態にあるフィリピン人の子どものために、一九九八年に「国際子ども学校（Ecumenical Learning Center for Children）」を設立した。現在では四歳から一二歳まで二〇人が通級していて、平日毎日五コマの授業を行なっている。フィリピンで使用されている教科書を用い、フィリピンから招いた教師やボランティアなどによる、帰国を前提とした教育が行なわれているのである。通ってくる子どもたちは、日本で生まれ、日本語を話し、フィリピンには一度も行ったことがない。そのため、フィリピン語の授業やフィリピン文化を学ぶ授業も行なわれている（高畑、二〇〇三：二八一―二八四）。

さらに、子どもたちが日常会話で用いている日本語も、テレビや親が職場で使用する日本語から学ぶため、思考するための第一言語として身についておらず、そのことがアイデンティティの確立や基本的な生活習慣の獲得に深刻な影響を及ぼしている。国際子ども学校では、子どもたちに対し知識を提供するだけでなく、不安定かつ放任された生活のなかにあって、居場所を与え、生きる力を身につけられるようさまざまな配慮がなされている（ジュビリー二〇〇〇子どもキャンペーン、二〇〇一：三八―三九）。

この活動はエスニック学校という枠を越え、支援活動として徐々にその意義、貢献が知られるようになっている。(8) しかし本来なら、「子どもの権利」として、親の滞在の正規・不正規にかかわらず滞在と教育が保障されるべきであって、それが行なわれていないことが、子どもたちの不安と問題の大きな原因となっている。

くわえて、いつ強制送還されるかわからないという親の危機感は、子どもの教育にも影響を与えている。名古屋市では、二〇〇二年四月以降外国人登録のない子どもの就学を受け入れるようになったが、国際子ども学校に通う児童数にそれほど変化がみられなかったという。同校の関係者によれば、その理由は親の帰国への意識の強さにある。同校に子どもを通わせている親の多くは、将来フィリピンへ帰国することを望んでおり、帰国した際に子どもが現地の学校にスムーズに移行できるように、文化・言語・宗教など総合的な母文化教育を行なっている同校を選択している。帰国は親自身が望んでいることであるが、その裏には強制送還による不本意の帰国という事態の予想も含まれている。したがって同校に対するニーズは、滞在資格がないがゆえに日本での教育を選択できないという親の意識を反映したものでもある。また、オーバーステイの子どもを受け入れる自治体の施策も、オーバーステイの子どもは一年間の仮入学扱いという消極的な姿勢であるため、親の公立学校に対する不安を打ち消すにいたらない。

また、同校を選択する理由として、いじめの問題もある。子どもが「外国人だから」という理由でいじめられるのではないかという親の心配は大きく、実際そのような事例はあとを絶たない。日本の公立学校の「日本的」学校文化が、社会の多文化状況に即したものへと変化することが求められている。

次のケースはオーバーステイのまま成長した子どもの問題を如実に示している例である。

「東京都内に住むフィリピン人の高校生Bさん（一六歳）は両親とともに一〇年を超える不法滞在の末に在留特別許可を求めて東京入管に出頭した。両親は来日当初五年ほど働いて帰国する予定だったが、娘が日本の小学校に通い始めたこともあり、滞在が長期化していった。三歳で来日し、日本人とともに育ったBさんにとって、フィリピンは『暑い国』というイメージしかなく、両親の話す母国語も話せない。オーバーステイでも、言葉もわからず友達もいないフィリピンに戻らず、日本に残ってくれた両親に感謝しているという。入管の決定を待ちながら不安な日々を過ごしている」（『日本経済新聞』二〇〇四年五月三日）。

これはオーバーステイのフィリピン人家族の事例である。

2章でみたように、オーバーステイであっても就学が認められる自治体もあるが、一般には、そのような形で成長した子どもについての滞在資格への配慮が十分になされていない状況がある。実際は日本人と変わらない生活を送り、日本語を母語としている子どもでも、書類上の身分から「見知らぬ母国」での生活を突然強いられる危険性はあり、そうしたことは子どもの人生を大きく変える障害となるだろう。

5　JFCをめぐって

国際結婚に伴う子どもの問題は、日本国内だけの問題ではない。フィリピンでは、結婚後フィリピンに母親と子どもが帰国した際に父親と連絡が取れなくなったり、結婚後フィリピンから日本へ父親が一時帰国し、その後音信不通になるといった日本人男性の無責任な行動から、国内に日本人とフィリピン人の間に生まれたダブルの子どもたちが存在する。ＪＦＣ(9)（ジャパニーズ・フィリピーノ・チルドレン）と呼ばれる子どもたちは、統計的なデータではないが、フィリピン全島で数万人はいるとも言われている（国際子ども権利センター、一九九八：一二）。

かれ・彼女らの多くはフィリピン国籍で、母子家庭あるいは母親の家族と生活している。日本で生まれ育ったにもかかわらず、離婚や親の決定でフィリピンに住むことになった子どももいる。両親の結婚・離婚・移動や、母親が子どもを祖母に預け来日するなど、不安定な生活は子どもに心理的苦痛を与えている。桑山紀彦は、離婚をきっかけに生まれ育った日本からフィリピンへと移動したＪＦＣの少年が、精神を病む母親の行動によって拒食症となったケースを紹介している。この少年はフィリピンでの生活が母親と離れ離れであったため、良い思い出の多い日本と、親子別離のフィリピンでの生活との間で葛藤に苦しんでいる（同：一〇三―一〇七）。ＪＦＣを支援するあるＮＧＯは、ＪＦＣであるという自分の出生をありのままに受け止めることができるよう、同じ背景をもつ子どもたちが触れ合い、悩みを分かち合える環境を子どもに与えることを重視する(10)。周りの人々と異なる部分を隠して見ないようにするのではなく、その状況に向き合うことが、子どものアイデンティティ形成には重要であるということを示している。母子ともに滞在資格が不安定であることは、子どもの精神的発達にも大きく影響する。特に、アイデンティティの問題に関しては、教育関係者からも外国人支援のＮＧＯからも心配の声が聞かれる。また、在日歴の長い子どもは国外退去後の社会適応が難しく、生活実態を無視した在留資格の有無によって居住地を変えられてしまうことによる、心理的負担は大きい。

上記の例とは逆に、子どもがフィリピンから日本へ移動するケースもある。母親が子どもをフィリピンに置いて日本に働きに行き、日本人男性と結婚し子どもを日本へ呼びよせる場合である。日本で国際養子縁組の援助を行なっている日本国際社会事業団（ＩＳＳＪ）は、日本人の夫とフィリピン人の妻の国際養子縁組について調査を行なった[11]（日本国際社会事業団、一九九六）。この調査によると、夫の回答者の七八％が、妻の連れ子に対し寛容な態度を示し、養子縁組の動機について圧倒的に多数が「子どもの成長には父母が必要」と回答している。また夫は「妻の子として当然」として引き取り、妻への責任を果たそうとしている。一方妻は子どもの姓が夫の姓へと変わることで、名前による非嫡出子のラベリングが解消されることを動機としてあげている。調査に回答した夫婦は子どもに対する考えがだいたい一致し、養子縁組が肯定的に捉えられている。しかし、養子縁組をしても日本国籍は取得できないなど、滞在と資格のギャップは存在する。

6　教育とコミュニケーション

子どもがフィリピンである年齢まで生活し、日本人の家庭に入るというケースでは、家庭内コミュニケーションはどのように行なわれているのか。右の調査では、結婚時、妻の六六％は日本語を少し、あるいは全く話さなかったのに対し、夫の七五％は家庭内の会話に日本語を用いており、夫婦間のコミュニケーションが十分にとれているとはいいがたい状況である。しかし、子どもは柔軟な適応を見せており、言葉の面での日本への適応は早い。繰り返しやさしい言葉で説明したり、妻が夫と子どもの間で通訳をして言葉の問題を解決している。また夫は家庭の中で、妻や子がフィリピン語を使用することをいちおう肯定的に捉えているが、早く日本語に切り替えて欲しい、会話に入れず寂しい、という戸惑いも感じている。また子どもが日本で教育を受けることから日本語の上達を望まざるをえない。

では、子どもは日本の学校をどう感じているのだろうか。この調査によると、子どもは、来日前にすでにフィリピンの教育環境になじんでいる。年齢によっては義務教育も修了している。このため、日本の学校に入学できなかった

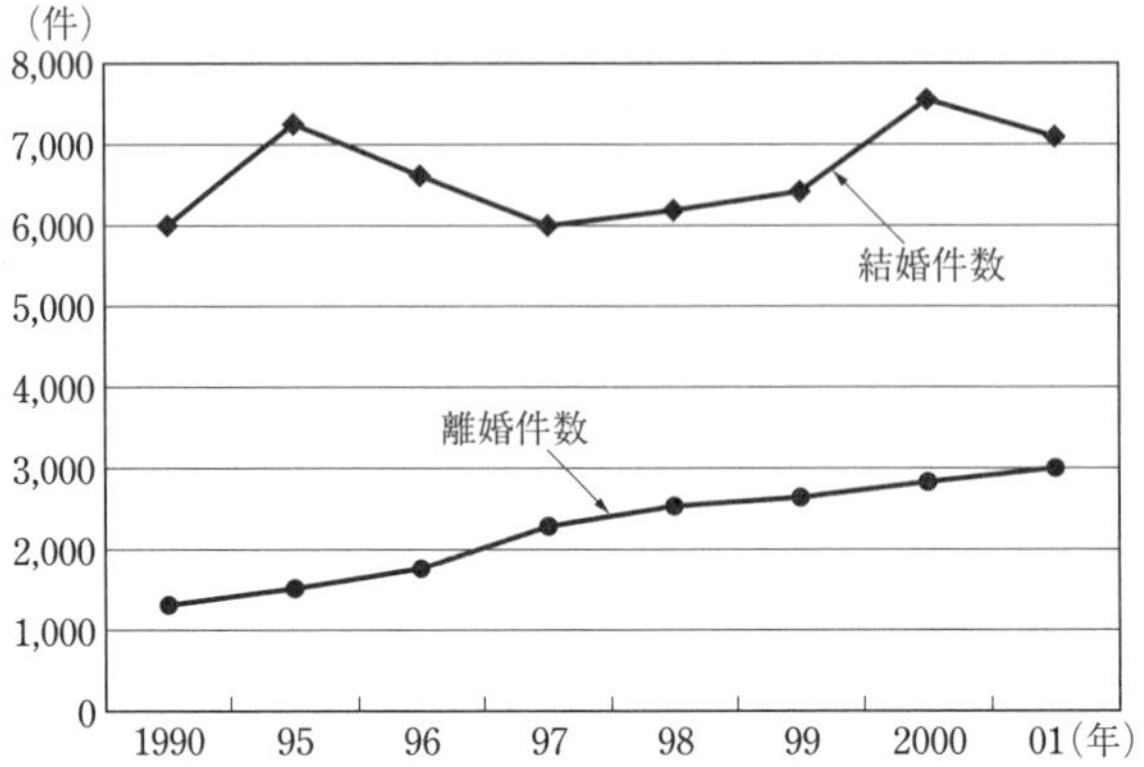

図9－4　フィリピン人女性と日本人男性の結婚・離婚

ケースや、日本語学校へ通うケースなどもあり、日本の学校教育への移行はかなりむずかしい。学校に通学している子どもで、「勉強すること」「先生と話をすること」を楽しいと感じている者でも、その一方で友達づくりのむずかしさを感じている。学校で困ったことは何かと尋ねられ、友達がいないこと、外国人だからといっていじめられること、を挙げる子どももいた。

以上、この調査では、比較的夫婦仲が上手くいっている諸家庭が対象となっているが、そのような家庭においても、コミュニケーションの問題や、学校での孤立の問題が出てきていることは注目すべきだろう。また、外国人である妻にとっては、日本の教育制度や行政手続に対する言語的なハードルがあるため、子どもの教育や異文化間相違に対する夫の理解と協力が必要不可欠な要素となっている。

7　離婚、そして母子家庭における援助の必要

夫と妻の夫婦関係が上手くいっている家族においても、コミュニケーションや教育の問題が出てきているが、本章の5節で見たように夫婦間にトラブルを抱え、離婚に至るケースもある。

図9－4[12]にみるように、フィリピン人女性と日本人男性の結婚におい

て、結婚件数の変動にもかかわらず、離婚が一定の割合で増加していることが分かる。現在日本では、離婚後も日本人の実子を養育する外国人親に「定住」の在留資格を与えており、オーバーステイの場合でも「特別在留許可」が法務大臣によって与えられるケースがある。そのため、離婚が直ちにフィリピンへの帰国を意味しないようになってきている。その結果、日本で子育てをするフィリピン人のシングルマザーが増えるという可能性が考えられる。では、離婚し、片親世帯となった場合、外国人の親が経験する困難とはどのようなものだろうか。そして子どもはどんな影響を受けるのだろうか。

シングルマザーが家計を支えるためにフルタイムで働くには、周囲のサポートや、保育所を含む公共サービスが必要不可欠であるが、彼女たちの場合、家族の多くが母国にいるため、子育てに関する家族からのサポートは得られにくい。特に、母親が夜働きに出ている場合は、夜間家にいるのは子どもだけという状況になってしまう。また、保育所の申し込み手続きや、子どもを通じて保護者に送られる通知も日本語がほとんどであり、外国人の親に対する開かれたサービスとはいいがたい。特に、一人で家計を支える忙しい母親にとっては、保育所や学校からの「おたより」を読んでもらえる日本語のできる人が必要であろう。フィリピン人のシングルマザーには日本語の「聞く」「話す」能力は高い場合が多いが、「読み」「書き」はかなり困難である。実際に保育園に子供を預けるフィリピン人のシングルマザーからはしばしば「おたより」を読むことの困難が訴えられている。たとえば、保育所に子どもが入所する際に渡される規則や教育方針、病気時の対応の書いてある保護者向け説明書が日本語であった場合、内容が十分理解できず規則を結果的に守れないといったトラブルが親子にストレスを生じさせているケースもある。

周囲の情報提供も十分ではない。事態を改善するには、児童扶養手当など単身の親に対する福祉サービスの存在を積極的に外国人にも知らせる、親のための日本語教室を休日や就業時間外、親子一緒に参加できる形式にするなどの工夫ある対応が必要であろう。

8　学校と母子のあいだ

じっさい、学校は彼女たちにどう経験されているのか。教師とのコミュニケーションのむずかしさは、母親の悩みの種である。日本における教育制度をトータルに学ぶ機会がないため、そもそもどのような選択肢が用意されているのかを把握することが困難である。子どもの教育を考える際、一般的には自分の教育経験や学校生活の中で得たさまざまな情報を活用する親がほとんどであろう。しかし、異なる教育制度の下で子どもを養育する場合、義務教育が何年あるかといった基本的な情報から、どのような種類の学校が存在し、利用可能であるのかという実際の選択肢まで、何らかの形で新たに知る必要がある。また、母国との教育慣習の違いなど、パンフレットなどからは知ることのできないインフォーマルな情報が最も得にくく、最も重要である場合もある。日本語能力に自信がなければ、教師に子どもの問題を相談することすら躊躇してしまう。

このような親の言語の壁を取り除くため、公立小学校のなかには、地域によって通訳が一定期間学校に派遣され両親と学校とのやり取りをスムーズに行なっている場合がある。そのような学校では外国人生徒が比較的スムーズに学校生活に適応しているようである。

子どもたちの場合、問題は言語の壁だけではない。幼いときに異文化を経験し、また異なる文化の間に生きている子ども達にとって、生活上の経験は親とは異なったものになる。例えば、シングルマザーのフィリピン人女性にとって、日本語で子どもを育てていくことの問題もある。子どもが日本の学校教育を受けるにつれ日本語が上達していくと、親とのコミュニケーションがむずかしくなることがある。特に思春期の子どもを育てている親は、親子の距離が出てくることに加えて、難しい問題やビザに関する複雑な状況を日本語で子どもと話し合うことができなくなり、結果的に親子の間に溝ができてしまう場合がある。

学校世界で日本文化のみに接している子どもが、フィリピン人であるというアイデンティティを持たないまま成長し、フィリピン人の親に対して否定的な感情を持ってしまうこともある。保育所や小学校でいじめにあった際に、親が外国人であることを持ち出されるというケースも出ており、子どもにとって大きなストレスとなっている。高畑は日本人の父とフィリピン人の母を持つ少女が、親が外国人であることから学校でいじめにあい、悩んだ経験を紹介している。

「私は生まれも育ちも日本で日本語も話せて国籍も日本なのになんで認めてくれないんだろうって、たかが片親が外国人だけでも、ちゃんと日本で暮らしてがんばっているのになんで認めてくれないんだろって、すごい、あがいた時がありました。……（中略）……もともと明るい性格だったんですけど、明るい性格はどんどん消えていきました」（高畑、二〇〇三：二六八）。

少女は自分の外見が日本人らしくないことや、母と英語で会話していることがいじめの原因になると考え、母の存在や日本人との文化的相違を否定的に見ていたが、その後国際的な雰囲気の高校で自分自身を受け入れられるようになったという。この少女の語りは、外国人の子どもや複数文化に生きる子どもが、日本の中でありのままの自分を受け入れアイデンティティを形成することの難しさを物語っている。日本語教室の担当者によれば、アイデンティティや学校生活に悩みをもつ子どもの中には「悩みを打ち明けたところで親はわかってくれない」あるいは「親に話しても仕方がない」と考えて初めから親に話さない傾向が見られるという。また、親子喧嘩のなかで子どもがフィリピン人の母親に「フィリピンへ帰れ！」と叫ぶ場面も報告されている（Montañes *et. al.*, 2003：82）。

支援団体のなかには医療や教育の問題を専門家を招いて相談、勉強できるセミナー（通訳付き）を定期的に開いている団体もあり、参加者の多くがフィリピン人の母親である。参加者によると、教育問題のセミナーでは日本の学校文化や事情、いじめなどについても活発に質問がでたという。これは彼女らには日本の教育制度について詳しく知る機会が限られていることを暗に示している。そのため、学校のことを子ども任せにしてしまう場合もある。子どもたちへの補習などの学習支援や複数の文化を持つ子どもに対するカウンセリングも必要となるだろう。

外国人の子どもと保護者へのさまざまな対応は、支援機関だけでなく、学校にも求められている。特に、日本人であれ外国人であれ子どもの家庭環境はさまざまである。そのなかで学校では子どもの悩みに気づき、適切な対応をとっていかなくてはならない。外国人の多い地域だけでそのような対応がなされるのではなく、多様な家庭環境を想定した細かい配慮が、外国人の生徒だけでなく日本人の生徒も含めさまざまな教育上の問題を解決するために必要ではないだろうか。

（1）　日本でいう「国際結婚」とは一般に日本人と外国人の結婚である。国外で行なわれる日本人と外国人との結婚もあるが、ここでは議論の対象から外し、主に日本に生活基盤をおく夫婦に焦点をあてたい。

（2）　アジア系外国人における女性の多さとは対照的に、ヨーロッパ出身女性は四六％、アフリカ出身女性は二二％など、女性の割合の少ない地域も多い。

（3）　ただし、フィリピン人の滞在資格は多様である。興行のほか、日本にある他国領事館で働く家事労働者や教授・教育、人文知識・国際業務、企業内転勤などの資格をもつフィリピン人もいる。留学、就学など一定の範囲内で就労が認められるものや、日本人の配偶者等、定住者、永住者などの就労制限のない滞在資格もある。

（4）　筆者が二〇〇四年二月にフィリピンのCFOを訪ね、収集した資料に基づく。

（5）　ここでのケースについて情報を提供している支援グループKAPATIRANは日本聖公会東京教区の宣教プロジェクトとして始まった支援団体である。フィリピン人のソーシャルワーカーと日本人のカウンセラー、ボランティアによって電話相談を中心に支援活動を行なっている。相談内容により、面接でのカウンセリングを行なったり、書類作成のため翻訳や行政手続の際の通訳を行なったりと、支援形態は様々である。

（6）　例えば、支援団体のサポートによりフィリピン人の妻が自力での生活を試み、自信を回復したことで夫婦関係が改善されたケースが宮島・長谷川（二〇〇〇：一一）の事例一〇で紹介されている。

（7）名古屋市では、二〇〇二年二月に「外国人の就学許可にかかる事務取扱の改正について（通知）」を出し、これまで拒否してきた外国人登録のない子どもの就学について、氏名、生年月日、住所などの証明書類の提出で就学を許可するよう改正した（高畑、二〇〇三：二八三）。

（8）国際子ども学校についての詳細は同学校の運営母体である名古屋青年学生センターＨＰ（http://www.nskk.org/chubu/nyc 2004.10.12）を参照。学校に携わる教師や職員などによって、子どもたちの様子や学校設立の経緯などが紹介されている。同校は二〇〇四年一〇月に人間の尊厳を守るための活動に対し与えられる「第一回ステファニ・レナト賞」を受賞した。

（9）ＪＦＣとは「ジャパニーズ・フィリピーノ・チルドレン」の略であるが、ここではフィリピン人と日本人の間に生まれた子ども一般を意味し、その法的地位や居住地域、国籍などは限定しない。

（10）フィリピンのマニラに拠点を置き、日本とフィリピン両国でＪＦＣとその母親の支援にあたっているＮＧＯの一つにおいて筆者がスタッフに対して行なった聞き取りによる。

（11）この調査は一九九二年一月一日以降一九九五年一一月三〇日までにＩＳＳＪに国際養子縁組の援助を申し込んだ一五六家庭に調査票を送付し、夫五〇票（回答率三五・二％）妻五二票（同三六・六％）の回答と一九九四年以降国際養子縁組手続き援助の完了した家庭の夫八票妻八票、上記家庭の一〇歳以上の子ども一四人からの回答に基づいている。

（12）このグラフは定松（二〇〇二：四四）の表3をもとに筆者が作成した。

III

学習サポートと多文化の学校教育に向けて

10章——地域で学習をサポートする

ボランティア・ネットワークが果たす役割

坪谷美欧子

地域学習室が担う役割の大きさ

不就学の子どもを対象とする地域学習室の活動が、二〇〇二年頃から東海地方でとくに目立っている。愛知県豊田市の「日本語教室A」、静岡県浜松市の「B教室」——どちらも日系南米人集住地区にあり、不就学の問題が深刻になっている事態を受け、行政がバックアップする形で運営されている点も注目できる。

ニューカマー外国人の子どもたちが増加した一九九〇年代以降、成人外国人のための日本語教室などから派生する形で、子どものための学習補習教室は集住地域に多く見られるようになった。日本語指導を行うもの、学校での勉強の補習を目的としたもの、日本での進学を目指すもの、家庭でも学校でも居場所がみつけられない子どもたちの居場所づくりを目指したものなど、活動の内容は一様ではない。しかし現在では、こうした活動は外国人の子どもたちの学びのサポートには欠かせない存在となっている。とりわけここ数年では、母語教育や不就学の子どものための教室が、地域が抱える日々変化する課題やニーズに対応する形で展開をみせている。その一方、外国籍の子どもの就学をサポートする地域社会やボランティア組織等の基盤の弱さ、学校も含めた地域内の教室どうしのネットワーク体制の不備、ネットワークから外れている支援の必要な子どものケア、などの問題点が指摘されている（宮島・鈴木、二〇〇〇、坪谷、二〇〇一）。

本章では、ボランティア組織の地域内ネットワーク、および行政や学校との連携という視点から、不就学問題に対する学校外の指導の必要性と可能性について検討する。とくに、愛知県・静岡県などの東海地方と、神奈川県の外国人の子どもが集住する地域の学習室へのヒアリング調査[1]と広域的なボランティア・ネットワークの取り組みの可能性を中心に論じる。なお、不就学の子どもに特化した地域学習室は多くは存在しないため、不就学者対応に焦点をしぼるわけにいかなかったことを断っておきたい。

1　地域学習室の現状と課題

(1)　地域学習室の六つの活動類型

外国人の子どものための地域における学習支援を便宜的に整理するならば、その活動の内容から大まかに六つの類型に分けることができる。

(a)「日本語指導型」……日本語が不自由な子どもに対し、日本語指導を行う。とくに日本語指導を活動の中心に据えていなくとも、来日間もない子どもに対処できるよういずれの教室でも基本的には準備をしている場合が多い。

(b)「教科学習補習サポート型」……公立学校における教科学習の補習を行う。日本語を用いた指導が一般的であるが、母語を用いた指導も近年重視されるようになっている。

(c)「進学サポート型」……とくに高校受験に重点を置き、教科学習の指導を行う。進学に関する情報提供や相談にも応じる。なかには、高校や大学への進学を通じて日本社会での「成功」をめざす学習室もある。

(d)「居場所づくり型」……学校でも家庭でも居場所がみつけにくい子どもたちが過ごせる場の提供をする。勉学だけが唯一の手段とは考えず、スポーツや創作活動などでの体験学習を重視する。

この他、就業について考えさせたり、就職に直結する技術・技能資格の取得を勧めたりするような活動もみられる。この場合、(c)の主流社会での成功をめざすとは限らず、どちらかというと日本社会で「生き抜く」手段を模索する活動といったほうがよいだろう。

一つの教室が上記の一つの機能しか持ち合わせていないわけではなく、同時に複数の目標を持っていたり、通ってくる子どもによって目標を変えたりする。外国人の子どもたちは、家庭や学校では補完しえない部分を地域社会の「学ぶ場」や「居場所」に求めている。また同一地域内で同じような活動を行う教室が複数存在する場合もあるが、とくに競合はしないようで、子どもの側では曜日によって別々の教室に通ったり、「使い分け」をしたりする様子もみられる（坪谷、二〇〇一：七四）。

最近の傾向ではこれらに加えて、新しい性質を持った二種類の学習室が増えている。

(e)「不就学者サポート型」……いずれの教育機関にも通わない子どものための日本語学習や学習支援を行う。いわゆる、不登校の子どもの「フリースクール」に近いものと、より積極的に公立学校やエスニック学校への通学を促す「就学支援」型がある。

(f)「母語教育型」……外国の教育システムに則ったエスニック学校とは異なり、日本人または外国人によるボランティア・ベースで比較的小規模に運営される。学習思考言語としての母語の確立に重点を置く場合と、保護者とのコミュニケーションやアイデンティティの保持の観点から母語教育を行う場合とがある。

これらの教室は外国人の子どもの学習活動へのアクセスに重要な役割を担っているが、ほとんどの教室では無償または教材費程度で学習援助を受けられるため、居住地域内であればほとんど経済的負担を負うことなく通うことができる。また、指導者は地域住民であることが多いため、地域の教育や進学の情報を与えたり、場合によっては関係機関と連絡をとって子どもをケアできるという利点もある。

(2)　活動に多くの課題

一方で、活動・運営基盤からみると、地域学習室が抱える課題はけっして少なくはない（宮島・鈴木、二〇〇〇、坪谷、二〇〇一、松本、二〇〇三）。まずこうした教室は、完全なボランティア・ベースか社会福祉機関の援助や財団助成金などを受けて運営しているところが多く、財政的基盤が不安定な点は否めない。くわえて、指導にあたるボランティアを地域内だけで確保することは難しく、専門性を要求される場合もあるため、継続的に関わることのできるボランティア確保も困難をきわめている。地域内のネットワークや学校との連携も必要である。東海地方の地域学習室の調査を行った松本一子は、外国籍の子どもを対象とした地域ボランティア活動を継続して軌道に乗せるには、人材と場所の確保が不可欠で、「NPO、学校、そして地域の自治会・行政が連携できるようになることが理想である」と述べる（松本、二〇〇三：四五）。とくに子どもの支援の成果は親への働きかけが前提になると指摘し、子どもの教育に直接関わる教員のいる地域の拠点学校が行政と連携すべきことを説いている（同：四五）。

とりわけ、上記(e)の「不就学者サポート型」の活動で特徴的なのは、運営基盤が行政の委託事業の学習室が目立つ点である。行政がボランティア・グループに業務を委託する方式は二〇〇〇年頃から見られるようになっており、新しい活動形態といえる。本章で紹介する二教室とも行政支援型なのであるが、それだけ不就学の問題が自治体において深刻であることを示している。

2 「不就学」問題へのアプローチ——東海地方の二つの活動事例から

まず、不就学の子どもに重点をおいて取り組む東海地方の二つの学習室を取り上げたい。

(1) 愛知県豊田市「日本語教室A」

この教室は愛知県豊田市の日系ブラジル人が集住するY公営団地内の集会所で、二〇〇〇年四月から二〇〇三年一二月まで不就学者に特化した地域学習室として活動を行った。活動の前身は、同市の国際交流協会の一二のボランティア・グループのうちの一つである日本語学習グループが一九九三年頃から行っていた子どものための日本語クラスである。同市では約四割にあたる子どもがいずれの教育機関にも通学していないことが明らかになり、実際にY団地内においても平日の昼間に一〇代の青少年の姿が目立つようになっていた。そこで豊田市国際課は二〇〇〇年四月より、不就学児童・生徒のための日本語教室事業「A」を約一〇〇〇万円で豊田市国際交流協会に委託した。子どもの指導にあたるのは、前身の日本語クラスで指導員として関わっていたボランティアによる三カ月の養成講座を修了した者である。指導員と通訳者は有給であるが、やってくる子どもに対してスタッフの数は不足がちだという。

同教室では月—金曜日の午前中、日本語学習を中心に、六歳から一八歳の不就学の外国人青少年が無償で学んでいる。日本の学校に在籍する不登校状態の子ども、ブラジル人学校に通う子ども、来日間もない段階で日本の学校かブラジル人学校かを迷う子ども、というように子どもたちの状況はさまざまである。テキストは、前身の日本語指導講習主宰者たちが作成したポルトガル語とスペイン語が併記された独自のものを使用している。日本語のレベルに応じて四班に分かれて勉強するため、年齢が離れた子が同じグループで学ぶことも多いという。しかしそのレベルは日々変化するため、ほぼ毎日レベルの変更を行っている。

なお、教室の受講人数はスペースの関係上二〇人程度と決めているため、団地内の不就学の子ども全員を受け入れることはできず、入室希望者数名が待機しているとのことだった（緊急性が認められるようなときには、優先的に入室させている）。また、この教室の隣には託児室が併設されている。これは、不就学状態にある子どものなかに幼い弟妹の世話をしなければならない者が少なくないことと、子どもをもつ指導者への対応という事情から開設されたものである。

日本の公立学校への進学・復学に関してはとくに積極的に促すことはしていないが、「日本の学校はこんなところだよ」と学校の様子を見学し、日本の学校に慣れさせるような働きかけは行っている。その結果、二〇〇一年には地区内の小中学校へ通学するようになった子どももがいた。また、午前に日本語教室A、午後にブラジル人学校と「掛け持ち」していた子どもは、当面はブラジル人学校のみの通学という結論に達したという。最終的に同教室のみにとどまると決めた子どももいたものの、やりたいことや目標を見つけて個人的に塾や稽古事の教室にも通うこととし、自分の殻に閉じこもるのではなく少しずつ社会に目を向ける様子が見られている（豊田市／豊田市国際交流協会、二〇〇一：一二）。

二〇〇三年度からは、ブラジル人学校在籍者の入室希望者の増加や教室Aへの長期間の在籍によりかえって進路選択の機会を逃してしまうことを懸念して、国際交流協会が三カ月を一タームとする在籍期間を定めた（豊田市国際交流協会、二〇〇四：六二―六三）。同年一一月からは、教室Aの指導者たちが独自にY団地内にNPO法人を設立し、不登校や不就学の子どもへの日本語教育を通じた居場所づくりを目指して活動を開始した。教室Aで学んでいた子どもたちは全員ＮＰＯの教室に移ることになり、年末までに教室Ａへの新規入室希望者がいなくなった。これを受けて、国際交流協会は豊田市と協議した結果、四年間の事業を終えることを決定した（同：六五）。同教室の四年間の活動では、のべ一五五人が在籍し、そのうち七六人が公立学校、ブラジル人学校への編入、就職など何らかの進路決定を行っている（同：六六）。

(2) 静岡県浜松市「Ｂ教室」

静岡県浜松市では一九九三年度から公立校に通う外国人の子ども向けに日本語教室を設けていたが、学齢期の外国籍児童・生徒の三割程度が不就学状態にあり、とくに中学校段階で大きな問題となっていた。この状況を改善するため、同市では二〇〇二年五月から、萩丘小（浜松市幸）、砂丘小（浜松市白羽町）、佐鳴台県営住宅集会所、の三カ所を会場に、「外国人児童学習サポート教室事業」（Ｂ教室）を開始した。二〇〇二年四月には、同市の国際室は教育関係者や外国人からなる「外国人学習サポート協議会」を設立し、その傘下では、国際室が「外国人学習サポート協議会」へ委託する「外国人児童学習サポート教室事業」（Ｂ教室）「日本語ボランティア支援事業」「外国人学習支援ボランティア会議」の三事業を展開している。初年度の事業の費用は、国の緊急地域雇用創出特別交付金事業費補助事業（二一三九万円）という位置づけで、全額補助されている。

Ｂ教室に通う子どもは、不就学の子ども、就学しているが学習困難等を抱える子ども、の両方である。指導には青年海外協力隊経験者、教職経験者の日本人、ブラジル人団体役員、日系ブラジル人の相談員経験者らが当たっている。授業時間は、月―金曜日の二時間の学習指導、日本語かポルトガル語かのいずれかを使用するバイリンガルによる教科学習を行う（横浜市国際交流協会、二〇〇三：五二）。右のような補助金を受けているため、指導員の人件費等は全額補助を受けられるが、期間は一年と限られており、次新年度には別の指導員を雇い入れなければならない。指導員の継続性という点からは課題が残る（同：五二）。

当初の事業目標は、不就学児や学習に困難を抱える子どもたちを、公立学校・ブラジル人学校を問わず学校に戻すこととされていたが、「就学している子どもたちも支援していかなければ、不就学や不登校の課題は解決できない」と、就学している子どもたちへの支援にも力を入れるようになった。「外国人学習サポート協議会」による経過報告では、子どもへの親の関心が薄く、生活が昼夜逆転した子どもらが不就学に陥りやすいと指摘されている。就学児でも、日本語とくに漢字の理解に苦しんでいたり、自分の思いを教師や友達に伝えられずストレスを感じる例が紹介された（『静岡新聞』浜松版、二〇〇二年一一月二一日）。二〇〇二年度に参加した児童・生徒は三教室で八九人で、うち三一人が不就学であり、そのうち一九人は後に公立学校やブラジル人学校へ入学したという[2]、指導員からは、「自分は何もできないと落ち込んでいた不就学児に当教室で友達ができた」などの成果が報告されている。

なお、B教室は三年間の国の緊急雇用交付金で運営されていたが、二〇〇五年度より浜松市（国際課）の「外国人学習サポート事業」として実施されることとなった[3]。この事業は市の重点施策に指定されており、平成一六年四月の不就学率（推計値）である二一・四％を平成二一年度までに六・四％減少させ、一五％（公立学校、エスニック学校は問わない）とすることを事業の目標として掲げている[4]。

3　「不就学」問題のあらわれ方の違い——東海地方と神奈川県の活動事例から

日系南米人の集住地区が多く、ブラジル人学校も多数存在する東海地方と、外国人の集住地域は多いものの日系南米人に限らず、中国残留孤児帰国者やインドシナ難民など多様なニューカマーの子どもたちがいる神奈川県とでは、「不就学」の様相は違ってくる。こうした地域によって異なる条件を考慮した上で、不就学に陥りやすい要因やこの問題のあらわれ方の違いはどこにあるのかを各学習室への聞き取り調査から探ってみた。

(1)　不就学・不登校と「学校へ通うこと」

豊田市のY団地内では、一九九九年にボランティアグループから生まれたNPO法人が二〇〇〇年四月より「C教室」をスタートさせた。教室は団地集会所を会場に、小学生には月曜から金曜までの午後の四時間を開講し、中学生には都合に合わせた個別指導をおこなっている。日本の学校に通う子ども、ブラジル人学校に通う子ども、日本の学校を辞めた子どもがやってくるが、その経験からC教室の指導者は不就学の要因についてこう語った。

「親の経済的負担やポルトガル語がわからないという理由で、ブラジル人学校から公立学校への転校がかなり見受けられる。公立学校に入学した後は、教員からの不理解、勉強がついていけない、などの理由で不登校になる場合が多い。また家庭においても、複雑な家庭環境から親の養育が望めず、育児放置にもあたるような子どもへの無関心状態も原因となっている。そのため、暴走族との関わりを持ったり、シンナー、暴力・傷害事件など『非行化』傾向にある子どもも少なくない」。

C教室と同地区で活動している前述の日本語教室Aも、子どもたちの学習環境が好ましい状況にないことを懸念する。

「親は、朝早く送迎バスで仕事に出て行ったり、夜勤明けの仕事から帰ってきてすぐ寝てしまったりして、子どもが学校へ行っているかを確認しようとしていない。また、かなりの家庭で衛星テレビを受信しており、ブラジルのドラマやアニメが一日中放映されており、子どもにとっては誘惑が多い。〔教室では〕保護者会も実施しており、仕事の関係で出席が無理な親へは家庭訪問をしている。話を聞いてみると教育熱心な人も多い一方で、親自身が字〔ポルトガル語〕を読めず、医療や教育システムを理解できない人もいる」。

神奈川県では不就学の問題は顕在化していないものの、不登校状態にある外国人の子どもはけっして少なくないという。綾瀬市で二〇〇〇年頃からバスケットボールなどの活動をきっかけに集まるグループ「D」には、海老名、綾瀬、藤沢などの広域から、ラオスとカンボジアの子どもが中心にやってくる。ここに集まる子どもたちは、地域の学習室にも行けなくなっており、同グループが「居場所」を提供している。

「ここに集まる子どもたちの多くは不登校状態にあり、小学生では、親の失業、アルコール中毒、精神病、離婚が原因で、中学生では、夜遅くまで遊んでいてただ単に朝起きられないという理由で、学校に行かなくなっている。不登校は兄弟姉妹間でも異なり、上の子どものほうが学校に行かなくなるケースが多い。兄や姉が一、二年学校で過ごすと『〇〇の弟、妹』ということで、居場所ができる」。

横浜市内の「E教室」は、二〇〇〇年から集住団地内で学習室を開設しており、小学生から高校生の中国帰国者、インドシナ難民、スペイン語圏の日系南米人までが学んでいる。同教室によると、この地域の学校にもともと在籍している子どもが学校に行かなくなる例はあまりないという。さまざまな出身の「国際教室」の友人関係が小学校段階から続いているため、中学に上がって「何とかもっている状態」だと見ている。また、地域内の小中学校が「必死にがんばって」外国人の子どもに対応しようとしているので、不就学が目立っていないのではないかと考える。しかし、頻繁な欠席や長期の帰国が多いことは問題視している。

「親と一緒に母国に帰省するというと、三―四カ月帰ってしまう場合がある。学校のほうでは、出席が足りなくなると出席日数を無理やり出したりするところもある」。

不就学に特化した活動の有無に拘わらず、聞き取りをした教室の指導者はそれぞれ、「学校へ通うこと」を一方的に子どもへ促すことにはかなり慎重であることが明らかになった。

「外国人に対して全然理解を示さず、避けている教師などもいる。信頼できる教師に出会っていない子どももいる。なかには熱心な担任などもいるが、学校自体が変わらないと無理だろう」（ＮＰＯ法人Ｃ教室）。

「ここではみんなのびのびしているが、学校では日本名を使っている。日本の学校では、我慢することや自分を押し殺すことしか教えていないようだ。また相対評価の成績制度（平成一五年度より、神奈川県では絶対評価の成績評価制度に変更された）は、いわゆる『底辺校』のなかで日本人の子どもの成績を上げるのに役立っている。こうした状況下で、学校に行き続けることのほうがおかしい」（グループＤ）。

他方で、学校へ行くことや進学に対し保護者がプレッシャーをかけているために、理由はともかく学校へ行かざるをえない子どもたちの事例をＥ教室の指導者が紹介している。

「中国やベトナムの親からは、とにかく厳しく『学校に行け』と怒られたりしているようだ。『高校に落ちたら、ボリビアの修道院のような学校に送る』と言われ、それが恐くて学校に行っているという子どももいた。もちろん学校へ行くことが必ずしもよいとはいえないが、消極的な理由ではあれ、また反発があっても、本人が納得するならよいのではないかと思う」。

不就学の子どもの支援に特化する日本語教室Aは、「日本語を教える場」であると同時に「子どもの居場所」でもあり、子どものありのままを受け入れるとする。そのため、「学校へ行かせるための準備の場」としてだけでもなく、「不登校児を受け入れる場」だけでもないと自らを位置づけ、学校へ通うことについて以下のような見解を示した。

「文部科学省によれば、外国人には義務教育が適用されない。このような状況で、外国人の子どもの教育を学校だけに押し付けるのは無理だろう。『なぜ学校に行かせないのか？』というよりも、『学校に行って何になるの？』という考え方。高校進学などの進路保障もないなかで単に『学校に行け』とはいえず、判断は親や本人に任せている」。

しかし、こうした独特な活動方針ゆえ「学校に行っていない子どもが集まるような所へは通わせられない」と同教室の入室に難色を示す親もおり、見学などで理解を求めるようにしている。またボランティア同士でも考え方や指導方針に多少の相違が生じるという。

以上からわかるのは、外国人の子どもたちの教育が現状ではさまざまな制約があるなかで、「学校に通う」ことの意味づけや動機づけがいかにむずかしいかということである。そのため各学習室では、不就学や不登校の問題を単なる「学校批判」だけで解決できるものではないということを強く認識するに至っているのではないだろうか。

(2)　活動から見えてくる学習困難・高校進学・就職・母語保持

神奈川県の学習室では、とくに日本の学校で行われている教育に対する疑問、高校進学や進学後の退学などの問題を深刻に受け止める傾向が強い。

E教室では地域内には目立った不就学はないとしていたが、学習困難の問題となると「山ほどある」という。

「考えるスタイルさえできていれば、みんなそれなりにできている。しかし、言葉の問題から、個人の資質に帰結させようとする中学校の教員もおり、国際教室担当教員で『あの子たちは能力がない』という者もいる」。

横浜市内の「F教室」は、一九九七年から学習補習指導を行っており、中国、フィリピン、台湾、南米などの子どもが、緑区・青葉区・都筑区・川崎市周辺から通って来ている。同教室の指導者は、子どもの年齢に厳密に対応させる編入の問題点を指摘している。

「小学校四年生で来日したフィリピン人の男子は、入学学年を下げてもらいたいと希望したが学校は許可しなかった。すでにそのときセミリンガル状態になっていたが、小四前後は母語を確立できるかどうかの臨界期で大変微妙な時期だった。学校には、年齢差を消極的にみる風潮があると思う。結局この子は、中三になっても非常に大きな学習困難やストレスを抱えている」。

さらに、高校受験や就職となると、より一層厚い壁があることも明らかになっている。

「日系人は学年で約二〇人に三人程度しか高校に進学できておらず、日本の進学率並みに上げたいが、非常に難しい」（NPO法人C教室）。

F教室は以前から比較的高校受験の指導を熱心に行っていた経験から、高校受験がうまくいかなかった場合や、高校に入学できても、十分なケアが受けられず退学した場合には、最終的に「帰国」という選択肢しか残されていないケースが多いことを述べている。

「中学三年生のボリビア出身の女子が、高校受験のためにF教室に通っていたが、言葉の問題が大きくむずかしかった。両親は教育熱心で日本の高校を受けさせようとしていたが、子どもが勉強についていけず、受験する高校もみつからなかった。一応受験はしたが落ちてしまった上に、定時制高校に行くことに親が強く反対したため、結局子どもだけボリビアの知り合いのところに戻した」。

高校に進学はするものの高校中退者の多さを懸念するE教室は、中学校での外国人生徒への進路指導や受験指導に疑問を抱いている。

「もし高校受験に失敗した場合には、親と一緒の部品の組立工場などの単純労働に従事せざるをえない。そうした仕事の大半は時給制で、長続きもしない。また、進学や就職ができても、団地の外に出て行くことに不安を感じる子どもが多いようだ」。

NPO法人C教室では、中学生就学年齢以上で目的意識を持てない子どものために、就きたい職業について考える機会を提供するという自立支援事業を行っている。

「親は帰国して子どもだけが残る家庭も少なくないなかで、一人で生きていけるよう、進学、就職の双方で、現実的に子どもの行き先を確保してあげたい。就職希望者には、ハローワークを訪ねて職探しや職業訓練所への要望（高卒以上という入所要件の緩和）を行ってきた」。

こうした努力の結果、同教室では自動車整備士になれた子どもがおり、本人は大変喜んだという。現在、全国の多くの職業訓練所の入所資格は高卒以上となっているが、中卒者にも開かれることが望まれる。

東海地方の学習室の活動からは特に母語を使用した学習の重要性が強調されている。不就学の子どもが多く通う前述の日本語教室AとB教室では、ポルトガル語を使用した指導が積極的に導入されている。

子どもたちの母語そのものを指導する教室も増えてきている。神奈川県国際交流協会のホームページ(5)では一五以上の母語教室が紹介されており、横浜市、川崎市、藤沢市、秦野市、相模原市で、インドシナ三カ国語、ポルトガル語、スペイン語、タガログ語、英語、韓国語などの母語教室があることがわかる。豊田市、神戸市などでも、NPOやボランティアによる、ポルトガル語、スペイン語などの母語教室が活発に行われている。ただしこうした活動は、個人の家庭で行われているなど、地域学習室よりも小規模なものも多く、詳細を把握することはむずかしい。日本の学校に通う子どもたちには、通常の学校の勉強＋αと捉えられ、わざわざ休日や放課後に母語を勉強することが重荷になる可能性もある。第二世代や日本生まれの子どもが増加するなかで、彼らの「母語」の定義づけも自明ではなくなっている。しかし、日本の公教育の場では、いまだ母語教育の重要性が認識されるに至っていないなか、地域の学習室からの問題提起や試みには示唆に富むものが多い。

以上、東海地方と神奈川県の地域学習室の活動から、不就学を取り巻くさまざまな問題を探ってきた。東海地方では、公立学校のほかに、エスニック学校、就職など、多くの「選択肢」があり、「日本の学校へ通わない」というより明白な形が立ちあらわれている。一方神奈川県では、公立学校通学以外の「選択肢」が相対的に少なく、「とりあえず中学校までは行こう」という意識が強いように思われる。

だがすでに見たように、学習思考言語獲得のむずかしさ、さまざまな事情による不登校や長期欠席、高校進学への動機づけ困難や進学後の中退など、深刻さは本質的に変らない。東海地方でも神奈川県でも、外国人の子どもが多く住む地域に共通するのは、地域内の学校が「課題集中校」である場合が多く、郊外工業地帯に隣接しているという点である。こうした地域のニューカマーの青少年にとっては、学校・家庭・地域のどこかに居場所をみつけようとしても困難で、日本社会における多様な「生き方」が提示されているとはいえない。多くの子どもが学校に通っていても、状況によっていつ不就学や不登校に陥るかも知れず、問題の複雑さを痛感させられる。

4　さまざまな水準のネットワークの模索

現在、行政の施策、小・中学校、そして地域の学習室がそれぞれに対応しているものの、外国人の子どもや家庭にとって十分な支援体制が確立されているとはいいがたい。ほとんどの教室では、地域内の他団体や学校および行政と連携しながら不就学児童・生徒を含めた外国人の子どもの支援にあたることの必要性が認識されている。以下ではいくつかの取り組みを例に挙げながら、現時点でどのような連携が必要なのか検討してみたい。

(1)　学習室と行政との連携の動き

地域における外国籍の子どもへの支援活動には、何らかの資金的な援助は不可欠である。この点で、前述した自治体の委託事業として資金面で支援を受けている日本語教室AやB教室、また豊田市自治振興課から「外国人青少年学習支援事業」の委託を受けたNPO法人C教室など、安定した活動が可能になるパターンがみられる。自治体単独ではなしえなかった活動が、ボランティア団体やNPOへ委託することにより可能になるという行政支援型の学習室の萌芽的な意義を十分に評価しなければならない。ただし、行政から何らかの財政的援助を受けるとなると、年度ごとの成果報告の義務が課され、効果をあげることが求められる。また、施策の変更や資金の使途に一定の制限があることなど、かえって自由な活動に制約が課せられることもあろう。これらの点で、行政支援（委託）型の地域学習室の運営のあり方については、いまだ議論や検討の必要性があるといえる。その一方で、Y地区でみられるように、NPO法人格を取得して、組織的な基盤をもって外国籍の子どもへの学習支援活動を行うグループが複数あらわれている点も注目すべきだろう。

また、教室Aが在室期間を設けたり、浜松市が不就学率の目標値を明らかにしたことなどにみられるように、不就学の子どもを対象にした学習室の位置づけに関してはさまざまな考え方がある。最終的に何らかの進路決定を支援したり促したりするのか、それとも「フリースクール」のように学校に代わる教育機関として活動していくのか。これらに対する認識は、行政とボランティア団体の立場の違いから、また活動に携わる指導者間でも分かれるところであろう。

地域全体で外国籍の子どもを取り囲む環境を考える必要性からいえば、物理的な支援に限らず、関係諸機関が関心を持つことが大切である。豊田市のY団地における状況はより深刻で、大きな問題を抱える可能性があるため、市の自治振興課が地域全体を考える立場で熱心に関わっている。市では「多文化共生推進協議会」が二〇〇一年二月に発足した。これは、入国管理局、労働局、社会保険事務所、教育委員会、自治振興課、児童相談センター、警察署、商工会議所、トヨタ自動車、市議会、市立中学校、ブラジル人学校、NPOなどのメンバーから構成され、二―三カ月に一度、情報提供・意見交換・協議ができる場として設定されている（松本、二〇〇三：四五）。

神奈川では、日本語教室や学習補習教室のボランティア、高校教員（個人の資格で参加）および外国人支援団体メンバーなどで構成されたボランティア・ネットワークの活動が際立っている。「多文化共生教育ネットワークかながわ」は、一九九五年から「日本語を母語としない人たちのための高校進学ガイダンスかながわ」を神奈川県下の四会場で続けている。近年では実績が評価され、教委側から中学校にガイダンスへの参加を呼びかけたり、市町村の社会福祉協議会からは就学資金の説明や相談に来場するようになったという。外国人生徒のための進学ガイダンスは、国際交流協会やＮＧＯなどにより他地域（北海道、秋田、山形、大阪、神戸、東京、埼玉、広島など）でも行われている。(6) だが、神奈川の例のように、県教委から高校や中学そして地域の学習室までを巻き込んだ全県的ネットワークによるものは先駆的であり、注目に値する。各会場では地元のボランティア・グループが協力して運営にあたり、各国語の通訳を依頼したり、同じ地域出身の外国人の高校生たちの体験談や志望する高校の教員と直接話せるコーナーなどが設けられている。例年、保護者や友人と、または中学校教員や学習室ボランティアに付き添われて来場する外国人生徒の姿が多く見られる。

こうした約一〇年にわたる活動から、「多文化共生教育ネットワークかながわ」では、県内で活動する外国人支援ＮＧＯとの協働により、外国人の子どもの教育を専門にした相談サービスを二〇〇三年度より開始している。この「外国人の子どものための教育相談」の目的の一つは、県内の外国人の子どものための教育情報の拠点化であり、教育に関するあらゆる相談を受け付けている。横浜市国際交流協会内のラウンジでは、月四回、中国語・英語・スペイン語・ポルトガル語の多言語で電話または来所による相談を行っている。

(2)　「地域に開かれた」学校との連携

学校との連携を求めつつ、困難を感じている地域学習室が多いことが神奈川県下で活動する学習室への調査で報告されている（総合的な国際理解教育教材情報整備のための検討委員会、二〇〇三：九一）。現状では、外国人の子どもの個々のニーズに対応しきれない学校との間に、相談できる第三者が不在で、努力しているものの限界を感じている学習室が多い。

「なかなか学校と地域との接点がなく、学校は学校、地域は地域という感じ。ボランティアが学校に入っていけないなかでは、地域でやっている活動に学校の先生がどんどん入っていくというのがよいのかもしれない。しかし外国人に関わる教師は、学校の社会でも〈マイノリティ〉になってしまっている」（F教室）。

それでも、学校と地域の外国籍児童・生徒への支援体制づくりの例もいくつか見られるようになっている。たとえば、これまでも紹介されてきた神奈川県下のある中学校では、「国際」という選択科目の中で、多くのボランティアの大学院生や研究者が生徒のルーツや母国についての授業を行う試みがなされ、生徒の先輩の高校生や大学生の外国人の若者たちもこの授業を手伝ったり、放課後の学校内での補習などにも積極的に関わってきた（坪谷・小林・五十嵐、二〇〇四）。同じN地区では、多文化共生の「拠点」としての学校というアプローチの仕方もとられている。

「N地区では一九九八年より、『外国人児童生徒教育四校連絡会』を立ち上げている。この連絡会では、地区内の小中学校四校代表者の計画により、教職員の連絡会・研修会、児童生徒交流会開催、さらには保育園・幼稚園・高等学校・各ボランティア団体との懇談会・情報交換会の開催を行っている」（総合的な国際理解教育教材情報整備のための検討委員会、二〇〇三：二五）。

学校と地域とが連携や協働をしなければならない場面では、話し合いの場を確保したりそれぞれの疑問を共有化したりすることが必要であり、両者の間に立ってコーディネートするような人材も求められるだろう。

「学校と地域とのパイプ役のようなスクール・ソーシャルワーカーの必要性がある。親も子どもも不適応の状態で、かれらが置かれている周囲の環境や地域に対する活動がきわめて重要になってくる。学校の心理カウンセラーのように心の問題だけを聞くだけではなく、子どもを中心に周りの調整をできるような役割があってもよいのではないか」（NPO法人C教室）。

(3)　すべての子どもと保護者のエンパワメント

いずれの教育機関にも通わない子ども、公立学校には通っているが潜在的には学習援助を要する子ども、そしてその親たちを地域社会でどうすくい上げるかは、最後に残る大きな課題である。

「学校やかながわ難民定住援助協会から連絡はもらうが、実際にはなかなか通って来ない。通うきっかけづくりが難しいようだ。友達として連れてきたり、兄弟姉妹や親戚が通っていることで通い始めるケースが多い。今後は、地域内のエスニックショップやレストランなどでのよびかけも必要ではないかと考えている」（大和市、G学習室）。

不就学の子どもが多く学ぶ日本語教室A周辺には、平日の昼間に教室の様子に興味を示す数人の外国人と思われる子どもたちの姿があった。彼らが不就学状況にあることがうかがわれたが、同教室の存在がより多くの子どもたちへ広い意味での「学び」のきっかけを提供すると考えられる。こうした教室が教育機関への架け橋となる可能性は大きいが、不就学、不登校の子どもの数に比べてかれ・彼女らを対象とした教室が少なすぎるのが現状である。

また同教室内では、来日後数日で当教室にやってきて初歩的な日本語を学習する姿が見られ、その雰囲気はインドシナ難民や中国帰国者の定住センターのようにも感じられた。来日間もない子どもや公立学校に通うことを考えている子どもたちのためには、プレスクールとしての機能をもつ場も各地に必要なのかもしれない。意欲のある子どもや一部の子どもに対してのみ、こうした学習室へのアクセスが可能になっているという状況は改善されなければならない。なお、集住地区と点在地区といった居住地による差も無視できない。

「この周辺には近くに地域学習室が少なく、遠くから学習室に通っている子は通うのが大変で辞めてしまうことも多い。ここに来ることができる子はまだよいが、いろいろな事情で来られない人たちが、どうなっているか心配だ」（F教室）。

こうした懸念を解消するのに、保護者への呼びかけは十分なのか、いま一度確かめる必要があるだろう。本章で紹介した多くの教室では、学習室に通ってくる子どもの保護者に対しては緊密な連絡をとるような努力を行っていた。とくに東海地方の教室にその傾向が強くみられ、B教室では各教室に携帯電話を常備していたり、日本語教室AやC教室では教室での様子や今後のことを話し合う親子面談や保護者会を開いたりしている。同世代の通訳ボランティアが相談に乗ることで保護者からの信頼を得られたという例もある。教室Aでの親とのやり取りからは、A教室の活動範囲ではカバーしきれないような、児童虐待や子どもの覚せい剤使用などかなり深刻な話題が出てきており、シェルターのような場所の必要も感じさせられたという。

地域学習室は身近なところで開かれていることも多く、無償で煩雑な手続きも求められず通うことができるのは大きな利点である。こうした点は、もっと周知されてよいはずだ。今後は、子どもの教育に関する情報提供と交流の場としての外国人保護者会の開催、日本の教育システムや進学情報や各種奨学金および補助金の説明を行うことなどが望まれる。保護者支援のなかでも、子どもが就学する前の時期はこうしたきっかけの一つになるかもしれない。外国人家庭の場合、保育園もしくは幼稚園から小学校入学というスムーズなルートを必ずしもとらない。各自治体の保健所で行われる乳幼児の定期健診や外国人母親のための母子教室などの機会を利用して、公立小学校入学の情報を積極的に伝え，どこにも通わない子どもの増加を防ぐことはできないだろうか。

多様な学びのルート確立に向けて

地域学習室のような学校外の教育システムが，自治体からの支援や地域内のネットワークを生かしながら，積極的に日本の教育を変える働きかけをすることに期待が寄せられている。ただし，行政や学校との関係で，行政や学校の単なる「下請け」化や，ボランティア組織への過剰な依存を助長するおそれもある。学校外の学習室が担う役割が大きいことは確かであるが，これをどのように発展させるかはこれからの課題であろう。

不就学または不登校などの問題に地域で対処するには，通訳を配置した外国人保護者のための説明会や進学ガイダンスを開催し，外国人保護者に有益な情報を提供することが望まれる。他方で，外国人の子どもが日本の公立学校に通う場合には，かれ・彼女らの学習歴や言語などに対応して柔軟な学びのルートを用意し，すべての子どもの学びに対して開かれたルートにしていくことも重要であろう。地域社会の中の学校外の教育の存在意義は大きいものの，それらの法的位置づけや財政的基盤などには限界もある。地域内の学習教室は各地にあっても，現段階でそれを把握していない教育委員会は意外にも多い。また，把握や連携の希望はあっても実現していないという自治体もある。子どものトータルな教育保障を考えるとき，地域内のさまざまな水準の連携が重要になってくる。

ニューカマー外国人の第二世代にとっての将来像が不明確になりがちななか，地域学習室は子どもと日本社会との接点を拡大する機能を持ち合わせている。地域の年輩者，同じ国出身の若者，自分の親と同じような経験をしてきた通訳者，地域外から通ってきてくれるボランティアとの関わりも，こうした教室でこそ得られるにちがいない。

（1）本章が依拠しているデータは，文部科学省科学研究費補助金（基盤研究B）「外国人児童・生徒の不就学問題の社会学的研究」で行った、地域の学習室関係者へのヒアリング調査にもとづいている。とりわけ、日系南米人、中国帰国者、インドシナ難民等のニューカマー外国人の子どもが集住する関東地方と東海地方の複数地域に対して行った調査によるところが多い。調査に協力してくださり、本稿に対して有益なコメントを寄せてくださった関係者の方々に深くお礼申し上げたい。

（2）平成一四年度の決算審査特別委員会でのB教室の報告より（『浜松市議会だより』第一一二号、二〇〇四年一月五日）。

（3）浜松市ホームページ（http://www.city.hamamatsu.shizuoka.jp/admin/plan/finance/budget17/11.htm）。

（4）浜松市ホームページ（http://www.city.hamamatsu.shizuoka.jp/admin/plan/policy/zidoukatei/zigyou64.htm）。

（5）神奈川県国際交流協会ホームページ「かながわ日本語学習マップ」（http://www.k-i-a.or.jp/classroom/index.html）。

（6）中国帰国者定着促進センターホームページ（http://www.kikokusha-center.or.jp/joho/shingaku/shingaku_f.htm）。

11章――多文化に開かれた教育に向けて

佐久間孝正

1 「曲がり角」にたつ日本の教育システム

二〇〇二年度には一九七五年以来年々増加していた長期欠席者が初めて減少して注目され、〇三年度にも不登校を理由とした長期欠席者は一二万六二一二人と、二年連続の減少となった。文部科学省はスクールカウンセラーや教員の家庭訪問等の積極的取り組みの成果と評価している。だが、減ったといっても全体で一二万人強であり、これは五〇〇人規模の学校にして二五〇校分にも相当するから、依然として多いことに変わりはない。

一方、外国人児童・生徒について不就学の議論が大きくなっているが、残念ながら全国的なデータもとられていない。外国人には日本の学校への「就学義務がない」から不要とされているのかもしれない。二〇〇五年度にようやく文科省はその調査に乗り出すという。1章でもみたように、総務省行政評価局の指摘では、二〇〇一年の時点で外国籍学齢児童・生徒約一〇万六〇〇〇人中、義務教育諸学校在籍者は約六万八〇〇〇人、各種学校在籍者二万六〇〇〇人であり、どの学校にも在籍しないいわゆる不就学者は多いとみられる。しかもここにいう各種学校とは、主にオールドカマーの通学先と思われるので、十分教育を受けないニューカマーは相当数にのぼるとみられる。

ところで不登校といっても、外国人と日本人のそれを同列に扱うことはできないだろう。このところ筆者が区市町村の教育委員会を訪れて感じるのは、外国人児童・生徒の場合、就学が構造的に排除されていること、日本語力が十分にケアされていないため学校の授業についていけないこと、また、家庭内の文化と学校の文化が異なり、生徒が多くの葛藤を抱いているにもかかわらず、学校なり教員の理解が欠けていること、などである。これらのことは、日本人の児童・生徒の不登校の理由にはなりがたい。

しかし共通点もある。多文化といえばおおかたは外国人児童・生徒の問題と考えがちだが、日本の子どもの間でも価値の多様化、個性化が進んでおり、にもかかわらず、すべてを同質的に扱おうとする日本の学校文化の問題である。すなわち、現在でもなお学校は、外国人、日本人をも含めて同化教育が強いのである。子どもたちはいま共通にこの問題に直面している。ただし、同じ不登校でも、日本の児童・生徒と外国人児童・生徒では、対応がまったく異なる。日本人については、彼らが登校するようになるまで学校は待つ。それに反し、外国人児童・生徒は、自治体にもよるが、長くて一年、短ければ三カ月程度で除籍にされてしまう。その際の理由は、外国人の日本の学校への就学は「義務ではないから」というものである。たしかに日本の学校を辞めてもエスニック学校に学ぶ機会を得る者は、それでもよいが、なかには授業料、通学条件等の問題からエスニック学校からすら遠ざかる者も少なくない。その結果、いっさいの学ぶ機会を奪われ、不就学に追い込まれる子どもが生まれる。なぜかれ・彼女らの学ぶ権利は軽んじられるのだろうか。

2　生きつづける戦後の特殊な教育体制

すでに確認ずみのように、子どもの教育・学習については、生存にとって不可欠な基本的人権と捉える立場が世界の主流である。この点、日本ではかくも国際化が進み、外国人の子どもが増加しているにもかかわらず、世界の趨勢のむしろ逆を行っている。外国人の子どもの学習や教育への権利はなぜ権利として確立されないのか。

この背景には、過去に遡る、いくつかの理由がある。その一つは、戦後の教育に大きな影響を与えてきた憲法や教育基本法にいう教育の権利や義務が、狭く「国民固有の権利・義務」と解釈されていること、二つ目は、この解釈を受ける形で戦後、在日朝鮮人の児童・生徒が、教育の権利から排除されていったことである。そして後者の実態が、前者の解釈に支えられる形で、その後のさまざまな外国人の子どもを不就学に追い込みながらも、特に問題視しないような今日的状況が広範に生み出されてきたのである。

では、在日朝鮮人児童・生徒はどのようにして日本の教育界から排除されていったのだろう。

日本「国民」の就学義務が定められたのは、周知のように一九四六年の日本国憲法第二六条やその翌年に公布・施行された教育基本法第四条の「教育を受ける権利」「教育を受けさせる義務」によってである。今あえて両者の制定時期にふれたのは、この時にはまだ日本に住む朝鮮人の国籍問題は未決定だったからである。戦後間もない一九四五年一二月五日の「衆院選挙法改正委員会」で、旧植民地出身者の選挙権が議論された時、ある大臣は「内地に在留する朝鮮人に対しては、日本国籍を選択しうることになるのが、これまでの例であり、今度もおそらくそうなると考えています」と諸外国の例を出して答えている。GHQ関係者も「事情が許せば、朝鮮人は日本または朝鮮のいずれかの市民権を選ぶのかの、明確な選択権が与えられるであろう」と述べている（田中、二〇〇二：五）。

たしかに一九四七年五月二日、日本国憲法施行の前日に「外国人登録令」が施行され、「朝鮮人は当分の間これを外国人とみなす」としたが、これは結論が出るまでの「当分の間」ということで、当時は検討中であり、外国人とは結論づけていなかった。サンフランシスコ平和条約発効以前の段階では、「法的には……植民地支配は継続していることになる」ため、「朝鮮人は引き続き日本人である」状態だった（奈良県外国人教育研究会、一九九九：一一八）。この曖昧な状況を反映してであろう、政府が、朝鮮人の子どもに日本の学校への就学を義務付けた時期がある。四七年四月一二日付け「朝鮮人児童の就学義務について」（文部省学校教育局長回答）で、朝鮮人に日本の学校への就学義務を課す一方、「朝鮮人子弟の学校」も「各種学校」として認可した。日本の学校への就学義務化のねらいが同化教育の徹底にあったとはいえ、四月といえば、「教育基本法」が施行された翌月であるから、在日朝鮮人をどう扱うかで腐心していたことが分かる。

政府がはっきりと朝鮮人を外国人とみなすのは、よく指摘される通りサンフランシスコ平和条約により朝鮮人が「日本国籍を有する者」から「日本国籍から離脱する者」に変わったことによってである。政府はさっそく、五三年二月「朝鮮人の義務教育諸学校への就学について」（初等中等局長通達）を発し、日本国籍でない者に義務教育を施す必要はないとし、たとえ「外国人を好意的に公立の義務教育学校に入学させ」ても「義務教育無償の原則は適用されない」とした。すなわち憲法二六条二項の「義務教育は、これを無償とする」を、外国人には適用しないとしたのである。(1)

このように外国人に日本の学校への就学を義務付けない解釈が実際に適用されていったのは、朝鮮人の国籍剝奪の過程においてである。しかし、当時の朝鮮人がどのような存在であったかといえば、一時も早く祖国に帰るべきで、外国人のまま長期に日本に滞在し続けることは日本政府の望まぬところだった。外国人としての滞在は、一時的、例外的としかみなされなかったのである。その彼らに対し運用された施策が、今日の外国人の増加、多様化のさなかにも生きているところに問題の根源がある。(2)今日多くの外国人の子どもが日本の学校で学んでいるが、かれ・彼らの就学を議論するとき、憲法や教育基本法の既述の解釈が適用・運用された特殊な歴史的経過はどれほど意識されているのだろうか。もともと外国人児童・生徒には「就学義務はない」という言説だけが、当時の状況を抜きに一人歩きしているのではなかろうか。

3 「恩恵」から「権利」へ

今日の外国人児童・生徒の扱いに影響を与えているものは、それだけではない。当時、日本の学校への就学を望む朝鮮人に、「就学義務はないが、『日本の法令を遵守』することを条件」に「入学許可を出し、誓約書を提出させる」ことにした。その誓約書には、「入学の上は日本の法律を遵守し、その子女の教育に必要な諸経費については、絶対に迷惑をかけず、学校の指示に従います。誓約に違反したときは、退学させられても異議はありません」とある。これは現在でも、外国人集住自治体において、保護者に校則などの遵守事項についてサインをさせ、「約束が守れないときは受け入れることができません」などと誓約書を承認、提出させる際の原型になっている。かつ、右の「義務教育無償」原則の非適用は、一九六五年六月の「日韓法的地位協定」で、永住を許可された韓国人が日本の公立学校への入学を希望した場合入学資格を認めることが承認されるまで、有効であった[3]。すなわち「地位協定」で、永住を許可された学齢相当の子女の保護者が公立の「小学校または中学校に入学させることを希望する場合には、市町村の教育委員会は、その入学を認めること」「授業料は徴収しないものとすること」「教科用図書の無償措置の対象とするものとすること」等が決まったのである[4]。それ以前は国は、地方自治体や学校の慣例任せであった。

また先の通達(「朝鮮人の義務教育諸学校への就学について」)による日本の学校への入学が、「好意的」にして「恩恵的」なものと解されるこの方針は、一九九一年一月の日韓覚書の交換と、「就学案内」を出すようになった文部省初等中等教育局長通知まで、有効であった。

一九九一年といえば、「中国帰国者」、インドシナ難民、さらに日系南米人に代表されるニューカマーの児童・生徒が日本の学校に続々と登場している時期である。文部省は、オールドカマーを含めこれらの生徒の教育を受ける権利を保障するための立法措置は行なわず、もともと帰国の期待されていた朝鮮人との関係で決められた規定の延長上で処理しようとしているのである。したがって、外国人児童・生徒の教育を、今日の国際条約の精神である「権利」ではなく、「恩恵的なもの」とする認識がどこか引き継がれているのも理由なしとしない。

前述したように外国人の子どもが不登校になると、比較的短い期間で除籍にされる。学校によっては、わざわざ「欠席が続く場合、除籍になっても異議はありません」という誓約書までとるところもあるが、かくも外国人児童・生徒の不登校に神経質なのは、表向きは、学級に占める外国人の数により加配等の手当てが異なること、学級編成にも支障をきたすことなどの理由である（2章参照）。しかしこれらの理由は、教育を受ける「権利」の重さからすれば、二義的である。それだけの理由でかれ・彼女らを切ることができるのは、かれ／彼女らの日本の学校への就学が、依然として「権利」ではなく「恩恵」だとの観念が強いからであろう。在日朝鮮人の日本の学校への就学問題が、ニューカマーの子どもの扱いにも深い影を落しているのである。

4　「同化」教育の限界

そして「恩恵」なのだから、かれ／彼女らの「文化」を特に考慮する必要はないという同化教育とこれがセットになっている。今なお続く同化教育の流れも、在日朝鮮人とかかわらせて捉えておく必要がある。例えば前述の「日韓法的地位協定」は、在日子弟に日本の学校を開く上での転機となったが、これと同時に「朝鮮人のみを収容する教育施設の取り扱いについて」（文部次官通達）が出され[5]、「教育課程の編成、実施について特別の取扱い」をしてはならないことが確認されている。これは公立学校で朝鮮語や朝鮮文化の教育をしてはならないという「民族教育」の否定にほかならないのである。しかも、朝鮮人学校はもっぱら朝鮮人としての民族教育を行なっているのだから、各種学校としても認可しない、とした。

ちなみに大学入学資格検定（「大検」）は、二〇〇〇年八月まで、日本の中学校卒業が受験資格だった。大学そのものの受験ならぬ、受験資格の有無を判定する大検の受験にすら日本の中学校卒業を課す点にも、在日の生徒が念頭にあったことをうかがわせる。民族学校経由での大学へのアクセスを防ぎたいのであろう。また、専修学校制度は一九七五年から開始され、その後高等課程ができて大学受験資格が認められるようになった。しかし、もともと「一条校」ではないので、学習指導要領はなく、そのため授業時間数などが認可の基準に設けられた。(6) これらの基準を、朝鮮人学校がクリアしていることはいうまでもない。そこで専修学校にも、「外国人を専ら対象とするものは除く」という一文が設けられている。要するにこれは、国際化を叫んではいながらも、民族教育はだめで、同化以外の教育は認めないということなのである。

このような同化教育以外は認めず、「異民族」の存在それ自体を問題視する日本政府の考え方は、戦後二〇年経ち政府が当初期待したほど朝鮮人が帰国も帰化もしないことを遺憾とする一九六五年七月、内閣調査室の「調査月報」の文書にいかんなく表れている。

「わが国に永住する異民族が、いつまでも異民族としてとどまることは、一種の少数民族として将来困難深刻な社会問題となることは明らかである。彼我双方の将来における生活と安定のために、これらの人たちに対する同化政策が強調されるゆえんである。すなわち大いに帰化してもらうことである。帰化人そのものは、たとえば半日本人として日韓双方の人から白い眼で見られることもあり、大いに悩むであろう。しかし、二世、三世と先にいくに従って全く問題ではなくなる。……国家百年の大計のため、また治安問題としても、帰化を大々的に認めるとか、彼らの民生安定のための思い切った措置を取るとか、大乗的見地に立脚した政策が必要である。ここでも南北のいずれを問わず彼らの行う在日の子弟に対する民族教育に対する対策が早急に確立されなければならないということができる」(7)。

この文書は、外国人として滞在することを、「異民族」として留まることとみなし、それを深刻な社会問題と捉えていること、「異民族」は少数民族であり、国内に少数民族が存在するのは治安対策上好ましくないこと、帰化することは一時的にすら「半日本人」になること、さらに民族教育を問題視し早急な対策が必要であることなどを訴えている点で、政府の外国人、少数民族、帰化、民族教育に対する基本姿勢のよく現れた文書である。一九六五年七月といえば、日韓条約調印の直後である。その時期ですら、なぜ在日朝鮮人が外国人のまま日本に滞在せざるをえないのか、かれ・彼女の教育はいかにあるべきかはほとんど考慮されていない。また六五年には、アメリカではアファーマティブ・アクションが行なわれ、それが世界的に影響を与え、イギリスでも最初の「人種関係法」が施行されている。さらに同年には国連でも「人種差別撤廃条約」が採択されている（日本で批准されるのは実に三〇年後の一九九五年）。

その国連の人種差別撤廃委員会は、その後直ちに「政府は韓国・朝鮮人を自由権規約第二七条のマイノリティとして承認しているのか」「一〇〇万人近い人口を持つ韓国・朝鮮人に対し、なぜマイノリティ・ステイタスを含む様々な状態を明確にする法律を制定しないのか」「他の多くの国では、この人口規模のマイノリティに対して普通行なっているのに、なぜ日本の教育システムのなかに朝鮮語クラス、二言語クラスが存在しないのか」「マイノリティの権利は、言語や教育の面でより広く認められ、在日韓国・朝鮮人を取り巻く現状下で、二言語教育を受ける権利の保障が非常に重要」として日本の同化教育を厳しく批判している。

これに対して日本の政府代表は、「日本の初等教育の目的」が、「日本国民」を「そのコミュニティのメンバーとなるよう教育することにある」ので、外国人児童・生徒に日本の義務教育を「強制することはできない」と答えているが（岡本、二〇〇三：一三）、後段の「強制」云々はともかく前段の主張は、先ほど述べたような在日朝鮮人を念頭に置く敗戦直後の教育理念となんら変わっていないことを物語る。しかも後段の主張も、日本「国民」としての自覚のない者を排除するのなら、教育の基本にもかかわる問題といえるだろう。

こうしてみると、日本は外国人の子どもに対してその文化を尊重しつつ教育することを一貫して拒んできた国といわざるをえない。在日韓国・朝鮮人の教育に真剣な取り組みをしなかったことが、今日のニューカマーの子どもたちの政策にも重石のようにのしかかっている。

「不就学」とは、「学習する権利」そのものが奪われている状態のことである。外国籍の親子に日本の学校への抵抗感があるとすれば、それは、規則が日本人を前提としてリジッドにつくられ、3章でも強調されたように異なる言語、異なる文化で思考・表現する能力などを評価する教育が日本の学校に存在しないからであろう。日本語、日本文化のみを基準にする同化教育から、多様な能力を見抜き、育む多文化的な教育施策への転換が、いま求められている。しかもこれは、不登校の危機にいつも脅かされている日本の児童・生徒にとっても意義あるものである。

5　外国人児童・生徒の学習権保障に独自の規定を

今、ニューカマーにはなんらの対策も講じてきてないと述べたが、これは日本の学校への編入学問題からもわかる。親が日本の教育制度に精通していればともかく、外国人には（在日韓国・朝鮮人や定住外国人も）日本の小学校を修えずに、中学校に入学できるか否かも含め問題がつきまとう。一般に日本人の場合、日本の小学校を卒業していないと中学校への入学は困難な場合が多いが、外国人の場合は、日本の学校への就学が義務化されていない結果として、日本の小学校を卒業していなくとも日本の中学校への入学は認められることが多い。小学校をエスニック学校で過ごしたが、中学校年齢からは、定住への方針変更や教育費のこともあり日本の中学校に入学させたい場合、多くは可能である。しかし現実には、中学校へ進む段階での「就学案内」を送らない自治体も多い。

事実、外国籍児童の多い東京都内T区が、中学校への就学案内を外国人登録による該当者も含めて出すようになったのは、隣接校選択制がらみでであって、最近のことである。また、外国人といってもこれまでの就学規定では、義務教育の年数のみを定め、小学校と中学校の区別がなかったり、小学校の就業年齢の異なる国の出身者は排除されかねないものとなっている。現に中国東北部出身者のように小学校入学が何らかの理由で九歳や一〇歳の場合、日本の中学校在籍年齢の一五歳を超えることも多く、中学への受け入れを拒まれることもある。本来なら外国人の子どもの就学の権利を保障するため別個に定めるべきなのに、それがなされず、一部の子どもを切り捨てかねない構造がある。

日本人児童・生徒に関しては、たとえば不登校になっても、一九九二年の文部省初等中等教育局長「通知」において、「学校外の施設」で「相談・指導を受け」ていれば、「そのことが当該児童の学校復帰のために適切」と校長が判断した場合、「指導要録上出席扱い」にできるよう改められた（解説教育六法編修委員会、二〇〇一：二六七）。これは、不登校が年々増え続けるなかでの苦肉の策とはいえ、たとえ学校以外の施設でも学習する権利と努力を何とか擁護・評価しようとすることの表れである。外国人の子どものなかにも、学校には行けないが地域の学習室に通っている者がいる。学校に行かないからといって切り捨てるのではなく、このような地域学習室に通っている子どもの活動も積極的に受け止め、学校とのつながりに生かしていくことも、いまや外国人の不就学をなくす上で必要な時期にきている。日本の子どもに向けられた配慮と同じ視点がかれ／彼女らにも向けられるべきではなかろうか。

6　教科としての「日本語科」の設置とバイリンガル教育

これまでは在日韓国・朝鮮人の子どもとニューカマーの子どもに共通する問題を中心にみてきた。これは、教育界でのニューカマーへの対応がほとんどオールドカマーへの貧弱な施策の延長上でしか考えられていないことをはっきりさせたかったからである。とはいえ、ニューカマー独自の問題も少なくない。多岐にわたるそれらの問題点と課題はこれまでの諸章でとりあげられてきたので、いくつかに絞りたい。

その一つに「日本語教育」をめぐる問題がある。これからは「日本語」を、現在の教育課程に正式科目として加え、日本語を教員免許科目に加えることが必要である。そして小・中・高・大学へと日本語教育をつなげていくことである。日本語の指導を必要とする外国人児童・生徒が本格的に登場して二〇年にもなるのに、これまで日本語の体系的な学習がなされていない。その最大の理由は、日本語学習の系統的なメソッドが開発されていないことである。つまり自分の名前や挨拶等の初期段階から教科学習、専門科目学習へ、個別的経験の世界から言語的表現の段階へ、具象的世界から普遍的・抽象的思考の世界へと学習を深化させて行く教授方法が、テキストを含め確立していないのである。文部科学省は、数年前からこの反省を踏まえてＪＳＬ（第二言語としての日本語）の開発に取り組んでいるが、それもさしあたっては小学校段階で終わっている。これを中学校段階へと発展させていくこと、さらに日常生活言語から学習思考言語へと向上させるうえで重要なのは、高等学校段階であるので、高等教育機関も含めた教授法、体制づくりが急務である。

そのためには、日本語科を教職課程に加え、教員資格として位置づける必要がある。高校国語は、基礎的・基本的な「国語Ⅰ」とより発展的な「国語Ⅱ」とにわかれており、多くは現在、「国語Ⅰ」を日本語に振り替えて対応しているが、こうなると日本語の評価は「国語Ⅰ」で行なわれることになる。一度も「国語Ⅰ」を習っていないのに、評価がなされるのである（二〇〇四年度より国語Ⅰ、Ⅱは、「国語総合」と改められたが、やりかたの基本は変わらない）。こうした科目の不整合をなくす上でも、日本語を教科科目として設け、その評価を行なうようにすれば生徒の日本語力をきちんと判定し、対策を講じるうえでもよい。「日本語」科目導入をいきなり全国レベルで実践するのがむずかしければ、実験的に外国人児童・生徒の多い自治体から始めてみてはどうだろうか。

また、日本語を指導する国際教室は中学校までで、制度的には高校にはないが、前述した通り、高校でも大学でも(8)日本語の学習は継続すべきである。中学校時代に学んだ日本語力が日常生活言語から学習思考言語に深まるのが高校時代であることを思うと、高校でこそ日本語の本格的な学習が必要である。ただし、こうした体系的な日本語学習を実施していくためには、中央省庁の機構的な改革も必要であろう。日本語教育にかかわる中央官庁の縦割りが、現場に困難をもたらしているからである。(9)

ところで、日本語教育を重視するからといって、日本語一点張りの教育を実践しようというのではない。すでに多くの事例が、教育達成能力には、母語が深く関わっていることを明らかにしている（本書3章、および太田、二〇〇二：九三―一一八）。母語の確立している子どもはもとより、形成途上の子どもも、ものの知覚や認知、抽象的能力等、思考能力そのものが母語との関連で形成されている。ところが学校のなかには、早く日本語を習得させようとするあまり、母語で話すことを禁止したり、抑制するところもある。これでは、思考能力そのものの破壊になりかねない。

民族教育を在日韓国・朝鮮人の子どもとの関連で否定してきた日本の教育界には、母語が子どもの能力を引き出す上で重要であること、母語が子どもの多様な能力開花に影響していることへの認識が欠けている。すなわち外国人児童・生徒の能力を高める上で、バイリンガル教育の重要性についての洞察が希薄である。もし日本語教育すら体系的になされていない状況の下で、母語に基づく教育が困難というのであれば、教員免状にこだわらず、資格のある地域ボランティアや外国人教員の採用などにより、母語保障を含めるかたちで日本の教育界を変えていく必要がある。

くわえて、ニューカマーの子どもの不就学に対しては、教育委員会や学校側の独自の対応が必須な段階にきている。自治体によっては、すでにニューカマーの不就学問題を重く受け止め、調査を試みている所もある。例えばA自治体では、外国人登録済みの六〇〇人以上の南米系学齢児を対象に二〇〇二年に調査を試み、日本の公立学校に通う者五〇%、ブラジル政府の認可校と非認可校のエスニック学校に在籍する者それぞれ約一〇%、託児所約二%、転出や帰国した者約二五%、いっさいの就学機会を持たない者約四%と報告している（託児所とは、おそらくブラジル人経営の無認可の保育施設で、親の長時間就労の都合で、学齢に達しても子どもを預け続けるものである）。いっさいの教育機会のない者が四%いただけでも、かれ・彼女らのこれからの人生に思いをはせると暗澹たる気持ちを禁じえないが、就学期を迎えながらも託児所に置かれていたり、私塾的なものにいる者をも加算すると、教育機会に恵まれていない者が一五%にもなり、この問題解決の緊急性を物語っている。さらに、これまでの種々の例から、転出・帰国とされた者にも実際には帰国していなかったり、さらに転出先で十分な教育機会に恵まれない者が少なくないことを思うと、外国人の子どもの不就学の裾野はより広く、いっときの猶予も許されない重要性を帯びてくる。

問題が外国人集住都市会議などでも大きく取り上げられているからであろう、文部科学省も二〇〇五年度、初めて全国的調査のための予算計上を目指している。これまで、全国的な動向はいっさい明らかになっていないだけに、重要な調査になるのはまちがいない。

ところで不就学というと、当の本人の態度に関心が集中するが、この問題は子どもの学習意欲ばかりではなく、親の雇用保障と密接に関係しており、さらには適切な日本語教育（母語教育を排除しない）の問題も大きい。後者の問題に関してはみてきたところだが、さらに無視できないのは、就学支援、学習支援のシステムに関わる課題である。

7　学校ソーシャルワーカーの配置、プレスクールの制度化へ

特に今日のように定住化が進行し、さらに外国人児童・生徒のいっそうの増大が予想される時にあっては、もはや小手先だけの受け入れ施策だけでは不可能である。

外国人の不就学、不登校を防ぐには、必要な知識、能力をそなえた学校ソーシャルワーカーとも呼ぶべき人々の存在が不可欠である。2章で紹介したように、自治体によってはすでに、「教育相談員」等の名称で教育委員会によって雇用され、教室での指導補助、保護者の相談、家庭訪問などにも対応している職員がいる。直接に保護者や子ども本人とコミュニケーションができ、学校制度に通じ、ある程度の教育経験もあれば、資格として望ましい。当該地域に多い外国人子弟と同じ出身国の成人のなかから学校ソーシャルワーカーに適任の人材が得られれば、さらに望ましいといえよう。

ただ、2章でその活躍を紹介した東海地方のJ市でも、かれ/彼女らの地位は嘱託、すなわちパートタイマーであった。しかし、保護者、児童・生徒が信頼して心をうち明けるには継続的に彼らとかかわる必要があり、パートであってよいかどうかは疑問である。外国人多住自治体であれば、学校ソーシャルワーカーは教育委員会の正規スタッフに位置づけるべきではなかろうか。

さらに考えるべきもう一つの対応は、外国人の子どもの受け入れ方法としての、プレスクールの制度化である。来日した子ども、あるいは来日後種々の事情から学校と関わりをもたなかった子どもを、いきなり小学校あるいは中学校の原学級に入れ、授業参加を強いるのではなく、三カ月程度に期間を限定して、その間は、もっぱら日本語および日本の社会、文化の基礎知識を学ばせるような場を設けることである(10)。豊田市、美濃加茂市などでそうした試みがみられることは2章でも紹介されている。もちろん、保護者の理解、了解(中学生ならば本人の同意)を得ることを前提にしてのことである。

その場合注意すべきは、かつてイギリスにみられたように、カリブ系の児童・生徒をにわか造りのプレハブ教室に隔離し、入学前教育として長期間留め置き、子どもによっては原学級を経験させずに終わらせてしまうことは避けるべきである。あくまでも期間を区切った、環境も配慮された場での、マン・ツー・マンを基本とする行き届いた教育・訓練として行なわれるべきである。同国人が指導者のなかに加えられることもぜったい必要である。

現在多くの学校では、外国人の子どものケアは「取り出し授業」で行なわれているが、当の本人がこれを好まないことがある。取り出されるたびに、自分は教室ではお荷物なのだと感じ、「お客さん」扱いを経験させられる上、原学級から欠ける分、いっそう授業から取り残されるおそれがあるからである。このように自尊心が傷つけられて、学習に自信をなくす生徒が多いことを考えると、むしろ来日から間もない時に、日本語およびその他の必要な知識を教授する場を設け、その後は「取り出し」指導をせず、原学級で、ティーム・ティーチングなどを交えながら指導を行なう方が効果的であろう。

その際、プレスクールと地域学習室がタイアップし、学校と地域をつなぐような形で指導をしていくことも試みられるべきだろう。今日のように外国人児童・生徒が多様化すると、教員だけで面倒をみるのは不可能である。さいわい地域には、多様な海外生活の経験者がいて、指導ボランティアをかってでるなど、学習支援のための資源も蓄えている。必要に応じてあらゆる事態に対応できる総合的な就学支援をつくるべきで、今、こうした教育システムづくりが望まれている。

8　進路保障と特別枠

さらにかれ・彼女らの進路保障の問題もある。これは高校受験における特別枠、あるいは中高一貫教育にかかわる問題といってもよい。

日本語についてどのような体系的な学習がなされても、ニューカマーの子どもたちが高校に進学するのは、容易なことではない。小学校から中学校へ進むにつれて学習内容は高くなるが、高校となるとそのレベルは格段に上がる。そのためニューカマーの生徒には、受験上配慮がなされていても、より上位の学校へと進むのは容易なことではない。

現在の東京都を例にとってみよう。ここには、「中国帰国生」に限って特別枠の制度があり、二〇〇四年時点では九校（最盛期は一三校）がそれによる受け入れを行なっている（7章も参照）。しかしこのところ中国帰国生の数が少なくなると、年々枠の縮小がはかられ、入学しにくくなっている。現在、職業資格の取得にはほとんど高校卒業が条件になっている。帰国者はすでにさまざまなハンディをもっていて、その上高校卒業資格が得られなければ、当人の将来はかなり不利になるといわなければならない。特別枠は、これからも維持していかなければならないし、これを中国帰国生だけではなく、他の外国人生徒にも拡大すべきである。ブラジル人などには中学を中途で止める者も多いが（4章参照）、帰国せず日本に定住するなら、安定した職業を得るためにも高校卒業は必要である。特別枠を設け、進路を保障することも必要であろう。

ただし、受け入れの特別枠が、定員割れを起こすような下位の高校にのみ割り当てるのは問題である。レベルを問わずあらゆる公立高校に特別枠が設けられることが望ましい。ある指摘は次のように論じている。「全高校に枠が設けられることで、現状では外国籍生徒が事実上締め出されている上位校への進学が可能となる。能力があっても現行制度では低位校に進学している生徒のかなりの部分が、よりよい学習環境を手に入れることができるメリットも極めて大きい」（富山、二〇〇二）。もちろん、それが可能になる前提には、カリキュラム、入試選抜方法、推薦基準などの多文化化に向けての改革（たとえば外国語科目の拡大など）が伴わなければならないが、詳細には立ち入らないでおく。

こうした対応は高校進学の「適格者主義」の原則に反しないか、という異論もあるかもしれない。しかし、もともと戦後の中等教育は、高等学校を「後期中等教育」と呼ぶように、中学と高校に連続性をもたせる形で出発した。日本の再建において教育を重視した『アメリカ教育使節団報告書』でも、中学校を「下級中等学校」と呼び、これを義務化し、その上に希望者が「全員入学できる三年制」の「上級中等学校」を設置することを勧めていた（村井実全訳解説、一九九四：六四）。選抜を目的とした入学試験は課さず、希望者全入がその趣旨だったのである。それを踏まえ、高等学校の目的も、学校教育法四一条にもあるように「高等普通教育及び専門教育を施す」ことにあった（解説教育六法編修委員会、二〇〇一：一三八）。

ここにいう専門教育とは主に職業教育であり、高等学校は普通教育と職業教育との総合制による単線型として出発している。これが、将来大学に進学する者は普通高校へ、そうでない者は専門高校へと複線型を思わせるまでに分化していったのは――たしかに専門高校卒でも大学入学資格は問題なく得られるが――高度経済成長期に「金の卵」なる中卒者や職業系高卒者を、企業がしきりに欲しがったことに起因する。現在、その反省を踏まえて再び双方を統一する総合制高等学校が増えているが、本来の高等学校の設置目的にもどって考えれば、職業教育と普通教育とを統一しつつ希望者全入を、外国籍生徒も含めて保障すべきであろう。

こうした対応は、単に高校だけではなく、大学も含めて進められるべきである。現在東京都では、中国帰国生を対象に東京都立大学に特別枠がある（二〇〇五年四月より首都大学東京と改名したが特別枠は存続）。以前、筆者は、その合格者から話を聞くチャンスがあったが、来日後、日本社会に受け入れられたと初めて実感できたのは大学に合格してからだという。それまでは、自分の境遇を恨み、不幸な人間の見本のように考えていたが、大学に合格することによって、初めて日本社会の一員としての自覚も生まれたと述べている。[11] 経団連が進めようとしている「異文化経営」やダイバーシティ・マネージメントの導入・実践にとっても、このような異文化体験を有する高学歴者は貴重な人材のはずである。そのためにも大学の特別枠はなくすべきではない。

9　外国人学校等の援助の課題、国際機関からの指摘

外国人自身による教育活動、すなわち外国人学校、エスニック学校等の活動を支援していくにはどうすればよいのだろうか。これらの学校の教育内容や教育体制の改善について論じるべきことは実に多いが、細かな議論は5章にゆずり、ここでは大きな援助の視点に立つことにしよう。

まず重要なのは、財政的な支援であり、それには一応二つの方法が考えられる。一つは、外国人学校を国庫助成の対象にすることであり、それが不可能でも寄付金に対する免税措置をとることである。朝鮮学校や南米系学校が「一条校」や専修学校に認められていない現時点では、国庫助成までいくのは困難であろう。近い将来も、その可能性は低い。そのため、朝鮮学校は地方自治体独自の補助金に頼らざるを得ないが、「一条校」の学校と比較してその額は、数十分の一に過ぎないし、自治体により額にもかなりの差がある。自治体の補助金を少しでも一般の私立校のそれに近づけることが必要である。

また本書で「エスニック学校」と呼んできたブラジル人学校などは、各種学校になるのですら現時点では困難である。これは、校地や校舎等に関する基準が厳しく、手狭な元倉庫などを利用しているエスニック学校にとっては、ハードルが高過ぎるからである。それでもこのところ、外国人集住都市を含む県が、独自に各種学校の認定基準を設け、自治体単位で支援に乗り出し、その基準に合格するニューカマーの学校が生まれつつあることは一歩前進といえる（浜松市内のスペイン語系の「コレヒオ・ムンド・デ・アレグリア」やポルトガル語系の大垣市「ＨＩＲＯ学園」など。5章も参照）。この場合、自治体規則に詳しい人物が経営に参加しているとは限らないので、自治体の基準が母語でも紹介・解説され、申請しやすくするなどの工夫も必要である。

第二に、寄付金の免税措置は、やる気の問題である。二〇〇三年九月文部科学省は、公的機関等の承認を得ている

インターナショナル・スクール等の学校に大学受験資格を与えた。周知のように朝鮮学校は除外されたが、これについてはその後多くの論議がなされているのでふれない。むしろここで留意したいのは、これらの選定作業で、図らずも外国人学校への補助金はもとより、寄付金の扱いにまで種々の差のあることが明るみになったことだろう。文部科学省は、大学受験資格を認めると同時にインターナショナル・スクールを特定公益増進法人に認め、寄付金に対する免税措置をとったが、ここでも朝鮮学校等は除外された。

今日、在日朝鮮人学校やインターナショナル・スクールの多くは、学校法人としての資格をもっている。しかし文部科学省は事実上、インターナショナル・スクール等で学ぶ、親が「外交」「公用」「投資・経営」「技術」「教授」などの在留資格をもつ子どもたちの教育機関にのみ、税制上の優遇措置を認めた。公的な補助金のない、またはあっても少額の学校にとり、唯一の財源は父母の授業料と寄付金である。この寄付金についても、いわば父母の在留資格によって子どもの教育機関に差を設けたのである。これは父母の資格に関係なく子どもの教育は保障されなければならないとする一連の国際条約の精神に反するものであり、新しい差別をつくり出すものではなかろうか。

日本政府が外国人学校の大学受験資格を見直したとき、朝鮮学校や南米系の学校については、前者は、公的機関の承認対象外だったことを理由に、後者は、ブラジル政府の認めている小・中学校二五校、高等学校を含めると一三校について、就学年数が日本の一二年に一年満たないため除外された。その後、ブラジル人学校に関しては、一年の補習校での学習を経れば大学受験資格は認められることになったが、この資格認定にどれだけ意味があるかは4、5章でも論じたように疑問の余地がある。しかし、大学受験資格と特定公益増進法人の可否の問題は、別次元の事柄である。

国連の人権条約の履行監視委員会である「社会権規約委員会」は、二〇〇一年八月三〇日の最終見解において、「委員会は、それが国の教育課程に従っている状況においては、締約国が少数者の学校、特に在日韓国・朝鮮人の人々の民族学校を公式に認め、それにより、これらの学校は補助金その他の財政的援助を受けられるようにし、また、これらの学校の卒業資格を大学入学資格と認めることを勧告する」と述べている（師岡、二〇〇三：五）。この時点ですでに「社会権規約委員会」は、「公的機関の承認」ではなく、「国の教育課程に従っている状況においては」、「民族学校を公式に」学校として認め、「補助金その他の財政的援助を受けられる」ようにすべきであるとするもっともな指摘をしている。南米系の学校と朝鮮人学校を同列に置くことはできないにしても、政府の対応がまさに先どりして批判されているのである。

結　び

国際化、多民族化がこれだけ急テンポで進み、外国人人口のあり方も過去二〇年の間にほとんど一変しているにもかかわらず、日本の施策が戦後段階の在日韓国・朝鮮人への対応の発想を引きずっていて、その後の大きな変化と正面から向き合う改革を避けてきたところに、今日の外国人の子どもの教育をめぐる最大の問題点がある、というのがこの章の基本認識である。

母語教育など民族教育を認めない「同化」教育でよいのか、義務教育不適用を理由として外国人の学習権を曖昧にしてよいのか、異なる文化の出身者に適合した日本語教育が必要ではないか、かれ・彼女らの就学を真に保障するためには学校ソーシャルワーカー、プレスクールなどの新たな制度化が必要ではないか、高校全入の理念に拠るならば、かれ・彼女らの進学は保障されてしかるべきではないか、そして、多文化の教育を今後容れていくならば、外国人学校への公的援助、そこに学ぶ子ども・親の負担の軽減を進めるべきではないか。これらの問いに答え、ポジティヴな回答を出していくことが、「多文化に開かれた教育」に向けての現状の改革ではないかと思うのである。

（1）「朝鮮人は、平和条約の発効に伴い内地に在住している者を含めて、すべて日本の国籍を喪失したので、それ以後は、一般の外国人と同様で、無償で就学させる義務はない」（一九五三年一月二〇日初等中等教育局財務課長）（解説教育六法編修委員会、二〇〇一）。

（2）しかもこの国籍の剥奪は、戦後の新しい国籍法で決まったのでもない。政府は、五〇年の新国籍法作成段階では、在日朝鮮人、台湾人の国籍は平和条約で定められるとしていたが、かれ／彼女の国籍はここでも十分に検討されなかった。国籍選択権の承認どころか、出入国管理上でも「在留資格を持たずに在留することができる」など、「特殊な存在」となった。

（3）学校教育法施行令五条には次のようにある。「市町村の教育委員会は、就学予定者……の保護者に対し、翌学年の初めから二月前までに、その入学期日を通知しなければならない」。

（4）「日本国に居住する大韓民国国民の法的地位及び待遇に関する日本国と大韓民国との間の協定における教育関係事項の実施について」（昭和四〇年一二月二八日各都道府県教育委員会・各都道府県知事あて文部事務次官通達）。

（5）全文は、二つからなり、一では、「朝鮮人のみを収容する公立小学校分校の取り扱いについて」の方針が述べられている。二では、「朝鮮人のみを収容する私立の教育施設の取り扱いについては、次によって措置すること」とされ、その（一）では、朝鮮人学校を「学校教育法第一条の学校として許可すべきでない」こと、（二）で「各種学校として許可すべきでない」ことを説いている。

（6）就学機関が三年以上で総授業数二五九〇時間、そのなかに四二〇時間の教養科目を含むことが条件とされた。

（7）内閣調査室『調査月報』一九六五年七月号（抜粋）。本文はインターネットによる（http://www5d.biglobe.ne.jp/~mingakko/cf_8.html）。

（8）いくつかの大学では、留学生用の日本事情を中国帰国生の特別枠入学者にも開放している。このような大学では、近年、日本人学生にも日本語の乱れがみられ、正確なプレゼンテーションができないことを踏まえて、日本人学生も留学生や特別枠入学者と一緒にケアすることを検討している。いずれにせよ、大学入学後も日本語教育は必要であり、このプログラムの充実は必要だろう。

（9）現在、学校教育としての日本語教育は文部科学省初等中等教育局の国際課が担当部局になっている。一方、成人の日本語教育を担当しているのは、同じ文科省の所管ではあるが、文化庁の国語課であり、日本語ボランティアに関係しているのも同課である。双方の交流はあまりないようである。文科省初中局は学校教育と学校外教育に明確な線引きを行なうが、地域の日本語教室の支援や講演活動、さらに地域交流のネットワークの組織作りには双方の共催・支援が不可欠である。地域からみると、このような活動も文部科学省本省が後援になっていると、自治体の教育委員会は積極的な反応を示すが、文化庁の後援となるとその反応は今一つの感が否めない。中央の縦割りが地域の活動をも分断している。子どもの日本語担当部局と成人の担当部局で積極的な交流が取りにくい現在の制度は、再編される必要がある。

(10) プレスクールに関しては、すでに神奈川県教育文化研究所が二〇〇一年の報告書『学習と進路の保障をもとめて』で、「正規の就学に先立ち一定期間」「公的な日本語指導のセンター等に通級」させることを提言しているし（神奈川県教育文化研究所外国籍生徒の学習と進路調査研究部、二〇〇一）、二〇〇四年四月の経団連の『外国人受け入れ問題に関する提言』でも言及されている（日本経済団体連合会、二〇〇四）。

(11) これらの用語は、二〇〇三年一一月の経団連の『外国人受け入れの問題に関する中間とりまとめ』、及び二〇〇四年四月の『外国人受け入れ問題に関する提言』にある（日本経済団体連合会、二〇〇四）。

あとがきと謝辞

序章でもふれたが、「学校に行かない子どもたち」の存在がリアリティをおび、見のがせない問題として私たちを研究に取り組ませたのは、愛知県豊橋市の「未就学者」の調査の結果を知った一九九九年の夏からだった。

それまで宮島、佐久間、イシカワ、坪谷、田房、竹ノ下らは主に神奈川県下の平塚市、大和市、横浜市でニューカマーの子どもの移住者的背景、学習上の困難、地域学習室の対応等について調査を行なっていた。そこでの前提は、子どもたちは当然に日本の学校に在籍するものとし、その上で、かれ・彼女らの日本の学校文化や教科の言語（学習思考言語）との関わりを明らかにしようというものだった。じじつ、放課後や夜間に教科書、ドリルを抱えて地域学習室にやってくる子どもたちは、昼間は学校で決められた時間を過ごしている者たちだった。ただ、そうした学習室で出会った一南米系中学生が、「学校の授業が分らなくなっていたから、H先生（学習室の主宰者）に運よくめぐり合わなければ、学校をやめていたかもしれない」と語っていたのが記憶に残る。

「不就学」という事実の広がりを知るにおよんで、私たちは、やや大げさにいえば研究パラダイムの切り替えを迫られた。日本の学校に行かない、または学校をやめるニューカマーの子どもが多数いる事実をどう理解すべきかという問いへの転換である。太田も共同研究に加わり、フィールドを次第に東海地方に移し、教員、教育委員会の指導主事や教育相談員、地域のボランティア、家族、本人などから、学校に通う子、通っていない子の生活と学習状況について聞き取りを行なった。主に不就学の子どものための学習室である豊田市内の「ホミグリア」や「ゆめの木教室」を訪ねた。また、子どもの学習の状況を知るため、豊橋市内で教委、学校、地元ＮＧＯが連携して開く夏休みの補習教室に、宮島、西口はボランティアとして参加した。

この過程で気づいたことは、狭義の学習上の問題もさりながら、時にそれ以上に、来日の経緯、親の出稼ぎ型ライフスタイル、頻繁な移動、日本人の子どものいじめ、そして教育委員会、学校の側の対応の手薄さなど、子どもたちを取り巻く人的、文化的、制度的環境が問題として大きいことである。狭義の学習、学力の問題にはあまり踏み込めなかったが、この側面は本書でかなり明らかにできたと自負している。

また、この不就学に関連して、子どもの就学状況に〝分断〟があることをいやでも認識させられた。日本の学校でなく、エスニック学校に通う子どももがいる。そこで、〝ブラジル人学校〟である「エスコーラ・アレグリア・デ・サベール」豊橋校をはじめ各校の見学も行ない、それが一〇〇パーセント非日本語の世界であることにあらためて驚いた。スペイン語系の学校や通信教育もより小規模であるが、やはり一定数の子どもを集めている（これらの学校関係者への聞き取りでは言葉の壁のないイシカワ、山脇の役割が大きかった）。その後、〇歳の保育から始まる一連のブラジル人教育の別世界が、東海地方の都市では出来上がりつつあることも知った。これを日本の教育界がどう受け止めるかは重い問題であると思う。

最近では、メディア、そして経済団体までが外国人の子どもの「不就学」を取り上げるようになり、その認識が広がったわけだが、同時にその扱いには問題があると感じる。不就学を「非行、犯罪」と結びつける報道、言説によくぶつかるが、なぜもっぱらそのような方向に議論が水路づけられるのか。日本人の子どもの「不登校」が論じられるとき、かれ・彼女らの心の揺れや保護者の悩みに理解を示そうとする世論が、いったん外国人不就学児の問題となると、非行や犯罪の議論にすぐ引き寄せられてしまう。不就学はまず何よりもかれ・彼女らの学びの困難、悩み、苦衷の選択の問題として、それ自体において受け止められなければならない。右のような水路づけに私たちは疑問を感じてきた。ここに今の日本社会が克服しなければならない「外国人ステレオタイプ」の問題がある。

私たちの研究チームは、定期的に研究会を行ない、問題意識と課題を確認しあい、その上で一斉共同調査におもむくこともあったが、各人がそれぞれにアポイントメントをとり個別に調査に向かうことも多かった。その意味で比較的ゆるやかな共同研究だったが、各人の専門、対象フィールド、言語能力を活かして多方面、多側面から問題にアプローチできたといえよう。したがって、研究遂行の上でお世話になり、謝辞を述べたいと思う人は、各執筆者ごとに相当数いる。たとえばイシカワにとってはインタビューに応じてくれた在日ブラジル人や帰国ブラジル人の家族と子どもたち、ブラジル人学校の教員や生徒たちがそれであり、山脇にとってはペルー人の教育関係者や家族がそれである。また、田房にとっては、ベトナム人の生徒・保護者、その教育関係者であろう。ただ、具体的にお名前を挙げるにしてはあまりに広範におよんでおり、氏名の確認も必ずしも容易でない。これらの方々には全体として、ここで深甚な謝意を表しておきたい。

以下、私どもが多少とも共通に大きな援助を受けた方のお名前を記し、謝意を表したい。それは、簗樋博子氏（豊橋市教育委員会）、井村美穂氏、早川真理氏（以上、ゆめの木教室）、松本一子氏（愛知淑徳大学）、早川秀樹氏（多文化まちづくり工房）、増田登氏（湘南ＪＲＣ）である。

これまで共同研究でつねに牽引車的役割を果たしてくれた鈴木美奈子氏（立教大学大学院博士課程）が、フランス留学中のため、本書執筆に参加できなかったのは残念である。氏にも謝意を表したい。

東京大学出版会編集部の宗司光治氏は、私たちの狙いや希望を最大限に理解し、本づくりに努めてくれた。感謝したい。

二〇〇五年四月

宮島　喬・太田晴雄

資　料

I　国籍別外国人登録者数（年齢・男女別，0−14歳）

（単位：人　2003年12月末）

年齢・男女		韓国・朝鮮	ブラジル	中国	フィリピン	ペルー	米国
0−4歳	男	7,652	8,692	6,103	2,143	1,866	875
	女	7,270	8,079	5,604	2,137	1,851	836
	合計	14,922	16,771	11,707	4,280	3,717	1,711
5−9歳	男	9,851	7,606	5,541	2,163	1,866	877
	女	9,305	7,271	5,261	2,286	1,755	867
	合計	19,156	14,877	10,802	4,449	3,621	1,744
10−14歳	男	11,666	4,907	5,261	1,658	1,213	741
	女	11,075	4,829	5,397	1,911	1,160	762
	合計	22,741	9,736	10,658	3,569	2,373	1,503
合　計	男	29,169	21,205	16,905	5,964	4,945	2,493
	女	27,650	20,179	16,262	6,334	4,766	2,465
	合計	56,819	41,384	33,167	12,298	9,711	4,958

年齢・男女		ベトナム	タイ	インドネシア	英国	その他	合計
0−4歳	男	705	488	325	217	3,860	32,926
	女	630	474	314	215	3,669	31,079
	合計	1,335	962	639	432	7,529	64,005
5−9歳	男	586	536	193	186	2,767	32,172
	女	595	581	188	171	2,741	31,021
	合計	1,181	1,117	381	357	5,508	63,193
10−14歳	男	420	228	56	143	1,670	27,963
	女	415	257	73	127	1,660	27,666
	合計	835	485	129	270	3,330	55,629
合　計	男	1,711	1,252	574	546	8,297	93,061
	女	1,640	1,312	575	513	8,070	89,766
	合計	3,351	2,564	1,149	1,059	16,367	182,827

（入管協会『在留外国人統計』平成16年版より）

II　日本語指導が必要な外国人児童生徒の受入状況等に関する調査（文部科学省）

図1　日本語指導が必要な在籍児童生徒数（文部科学省調査）

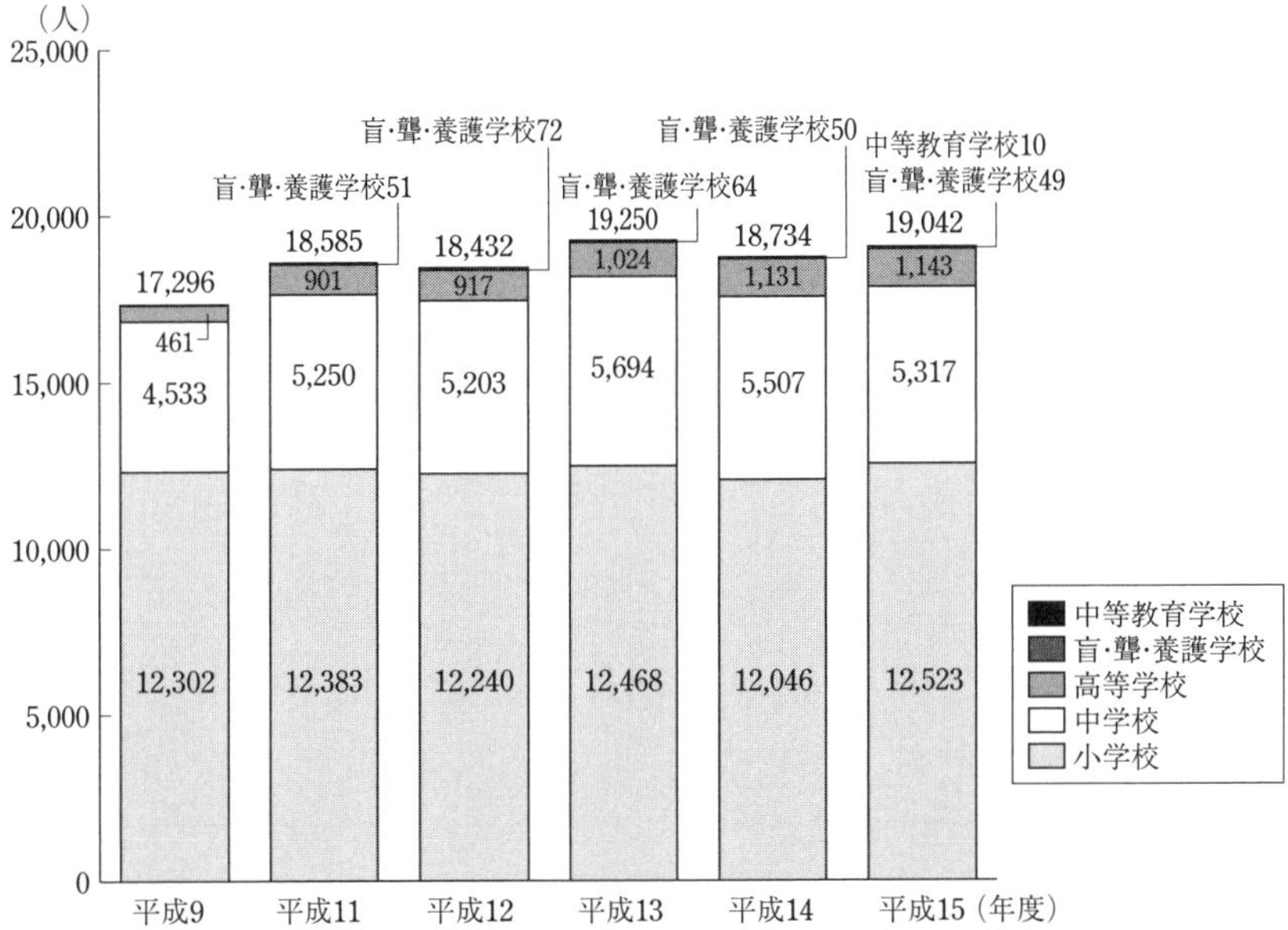

図2　母語別児童生徒数（文部科学省調査）

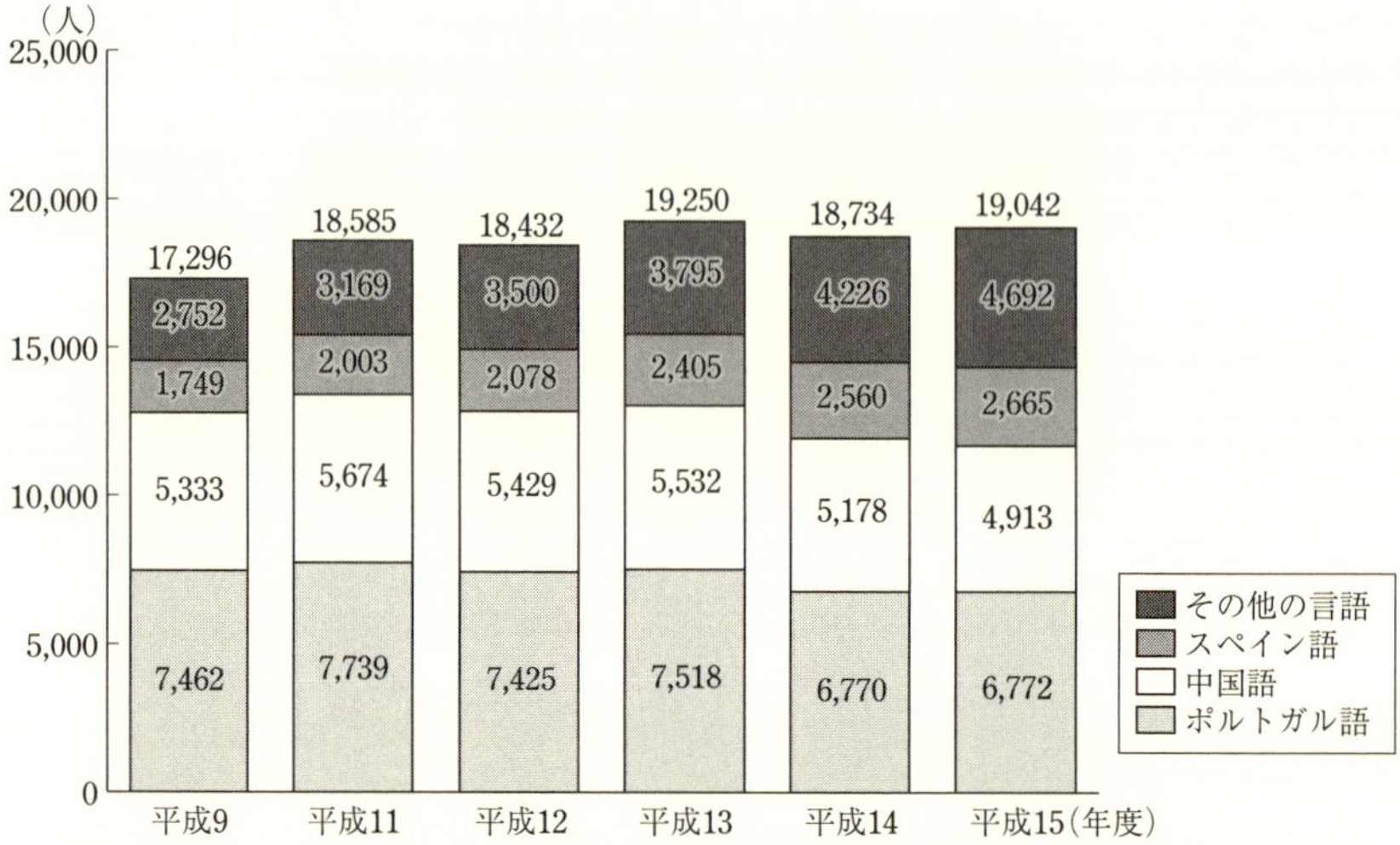

表　日本語指導の必要な児童生徒の在籍人数別市町村数

人数区分	10未満	10～19	20～29	30～49	50～99	100～199	200～	合計
市町村数	698	99	67	49	57	25	8	1003
構成比(%)	70	10	7	5	6	2	1	100

（文部科学省調査より　2002年 9 月 1 日現在）

III　外国人集住都市会議「浜松宣言」及び「提言」(抜粋)

「地域共生」についての浜松宣言

ニューカマーと呼ばれる南米日系人を中心とする外国人住民が多数居住している私たち13都市は，日本人住民と外国人住民との地域共生を強く願うとともに，地域で顕在化しつつある様々な課題の解決に積極的に取り組むことを目的として，この外国人集住都市会議を設立した．

グローバリゼーションや少子高齢化が進展するなかで，今後我が国の多くの都市においても，私たちの都市と同様に，地域共生が重要な課題になろうと認識している．

定住化が進む外国人住民は，同じ地域で共に生活し，地域経済を支える大きな力となっているとともに，多様な文化の共存がもたらす新しい地域文化やまちづくりの重要パートナーであるとの認識に立ち，すべての住民の総意と協力の基に，安全で快適な地域社会を築く地域共生のためのルールやシステムを確立していかなければならない．

私たち13都市は，今後とも連携を密にして，日本人住民と外国人住民が，互いの文化や価値観に対する理解と尊重を深めるなかで，健全な都市生活に欠かせない権利の尊重と義務の遂行を基本とした真の共生社会の形成を，すべての住民の参加と協働により進めていく．

以上，13都市の総意に基づきここに宣言する．

外国人住民に係わる「教育」についての提言

外国人住民が増加し，その滞在期間が長期化傾向にあるなかで，外国人の子供達の教育の在り方が問われている．

特に，公立中学校に通う児童生徒の日本語指導をはじめ，その子供達の適性に合ったきめ細かな教育の充実が必要である．

また一方，小中学校就学年齢にありながら，不就学の子供達の存在は，将来の地域社会にとって大きな問題である．これらの不就学の子供達に対して，公立中学校への就学促進や，外国人学校への支援，さらには生活サポートのための施策など，滞在形態の実情に対応した教育環境の整備も必要になってきている．

さらに，住民自らも，外国人住民への理解を深めるとともに，教育による人づくりが，外国人住民との共生社会実現に向けてのまちづくりの原点であることを認識し，13都市が連携して積極的に取り組んでいく．

【国・県・関係機関への提言事項】

1．公立小中学校における日本語等の指導体制の充実について

⑴　日本語学校や巡回指導による言葉の指導とともに，文化の理解などきめ細かな教育ができる指導体制の充実を図るため，指導要綱マニュアルの作成，加配教員の増加や通訳配置に係る経費助成を検討すべきである．

⑵　日本語や教科の習熟度レベルに合わせた柔軟な学年編入を検討すべきである．

⑶　高校進学や就職時の選択肢の拡大など将来につながる進路保障の確立について検討すべきである．

⑷　家庭と学校とのコミュニケーションサポーターとして，母国語で対応できる専門カウンセラー等の行政への配置について検討すべきである．

2．就学支援の充実について

⑴　不就学や不登校，また学校の授業についていけない子供達のための学校（教室）の設立運営の補助について検討すべきである．

⑵　外国人学校との連携強化を図るとともに，公共的使命に鑑み学校法人化の特例について検討すべきである．

⑶　不就学の子供達の日本語習得の支援や，生活をサポートし生活習慣や社会ルールについての対応指導の充実について検討すべきである．

3．その他

⑴　外国人の子供達が安心して生活できる居場所の確保は，学校に頼りすぎることなく，地域で受け入れていく観点から関連施設の充実について検討すべきである．

⑵　子供達のみならず成人の外国人住民を含め，教育を取り巻く様々な環境整備に向けて，国・県・受入企業からの財政支援や人的支援の強化などのネットワーク化について検討すべきである．

（2001年10月19日　アクトシティ浜松コングレスセンター）

IV　外国人受け入れ問題に関する提言（抜粋）

2004年４月14日
（社）日本経済団体連合会

８．外国人の生活環境の整備

(3)　子弟教育の充実

日本に入国し在留資格を得て就労する外国人のなかには，子弟を連れて生活する者も少なくない．その子弟に対する教育については，インターナショナルスクールや外国人学校の場合，母国語による教育が可能であるが，無認可校か認可されていても補助金が極めて限定的にしか支給されない各種学校となっているため，授業料が相対的に高く，また数も少ないという問題がある．一方，公立学校の場合，当然のことながら日本語による授業のため，子供達に日本語修得へのプレッシャーがかかり，学力低下や不登校を招くケースもある．こうした事態を回避するため，外国人が集住する地方自治体のなかには，いわゆるプレスクールと呼ばれる教室を小学校内に設け，日本語教育や生活・習慣の指導を行うとともに，巡回型の日本語指導員やカウンセラー，通訳を配置するなどの取り組みも見られる．また保護者を対象とした学校制度に関する理解を促すための説明会・交流会などを実施している地方自治体もある．

こうした地方自治体の取り組みに伴う経費は，地方自治体が自主的に捻出せざるを得ない．特に教員や通訳，カウンセラーなどの追加的配置の経費に対する国による助成は少ないことから，外国人が集住する地方自治体，先進的な取り組みを行っている地方自治体を中心に，国による助成の拡大を図る．

そもそも日本語の義務教育は外国人に適用されていない．そのため，特に日系人子弟の就学率の低さが問題となっている．不就学の状況は，中学，高校に進学するに従い高くなり，非行の温床ともなる．地方自治体や公立学校だけではなく，外国人学校，地域のNPO，NGOなどが協力して，保護者の子弟教育に関する理解を深めることが，子弟にとっても地域にとっても必要なことであろう．また日系人子弟などの非行を未然に防止する観点から，地域において彼らの居場所となる空間，時間を用意することが必要である．外国人が集住する都市を中心に，企業が保有する運動場，体育館などの施設を開放するとともに，スポーツ，文化，さらには日本語などを指導できるボランティアの派遣なども検討に値しよう．

小学生，中学生にあたる学齢の子弟の教育を外国人の保護者に義務化することについてはなお検討が必要であるが，入管法上の在留資格付与の要件として子弟の教育機関の特定を組み入れることや，在留期間更新時において子弟の就学状況を確認することなどを組み込むようにすべきである．

文献一覧

Ames, Patricia, 2002, *Para ser iguales, para ser distintos : Educación, escritura y poder en el Perú*, Instituto de Estudios Peruanos.

Almanaque Abril, 2001, Editora Abril.

蘭信三編，2000，『「中国帰国者」の生活世界』行路社．

バレスカス, M. R. P.（津田守監訳），1994，『フィリピン女性エンターティナーの世界』明石書店．

バンクス, J.（平沢安政訳），1999，『入門多文化教育——新しい時代の学校づくり』明石書店．

Cummins, James, 1981, "The Role of Primary Language Development in Promoting Educational Success for Language Minority Students," in California State Department of Education, ed., *Schooling and Language Minority Students : A Theoretical Framework*, Sacramento : California State Department of Education.

グラント, C. A. ほか（中島智子・太田晴雄・倉石一郎監訳），2002,『多文化教育事典』明石書店．

浜松市企画部国際室，2001，『浜松市世界都市ビジョン——技術と文化の世界都市・浜松へ』浜松市．

畑野勇・倉島研二・田中信也・重見一崇・石崎勇一，2000，『外国人の法的地位——国際化時代と法制度のあり方』信山社．

樋口直人，2002，「平等な教育機会とは何か」兵庫県在日外国人教育研究協議会編『21世紀兵庫の学校デザイン——理念・調査・提言』兵庫県在日外国人教育研究協議会．

堀義明，2001，「外国人の子どもの受け入れと進路保障」神奈川県教育文化研究所『学習と進路の保障をもとめて』．

細谷広美編著，2004，『ペルーを知るための62章』明石書店．

法務大臣官房司法法制部編，2003，『第42出入国管理統計年報』平成15年版，国立印刷局．

法務省入国管理局編，1998，『出入国管理』平成10年度版，法務省入国管理局．

法務省入国管理局，2004，「インドシナ難民の定住許可状況」財団法人アジア福祉教育財団難民事業本部事務所．

兵庫県在日外国人教育研究協議会編，2002，『21世紀兵庫の学校デザイン——理念・調査・提言』兵庫県在日外国人教育研究協議会．

IBGE (Instituto Brasileiro de Geografia e Estatística), 1996, *Anuário Estatístico do Brasil*.

井口景子，2004，「アジアの言葉なら異文化力も育つ」*Newsweek*, 2004年11月24日号．

飯田俊郎，1996，「都市社会におけるエスニシティ——中国帰国者の事例分析を中

心に」駒井洋編『日本のエスニック社会』明石書店.
International Press（スペイン語版）2003年10月4日.
入澤啓子，2000，「子どもの虐待との関連性——女性と子どもの人権を考えるために」女性のためのアジア平和国民基金編『ドメスティック・バイオレンスを根絶するためには——専門家会議報告書』女性のためのアジア平和国民基金.
石井小夜子，2003，「彼らの生き方と日本社会」教育総研・多文化共生教育研究委員会『「多文化」化の中での就学・学習権の保障』国民教育文化総合研究所.
イシカワ・エウニセ・アケミ，2003a，「ブラジル出移民の現状と移民政策の形成過程——多様な海外コミュニティーとその支援への取り組み」駒井洋監修，小井土彰宏編『講座グローバル化する日本と移民問題第1期3巻　移民政策の国際比較』明石書店，pp. 245-282.
イシカワ・エウニセ・アケミ，2003b，「ブラジル人の日本滞在長期化にともなう諸問題」『ラテンアメリカ・カリブ研究』第10号，つくばラテンアメリカ研究会編集部，pp. 11-20.
イシカワ・エウニセ・アケミ，2004，「出稼ぎ型家族のライフスタイルと子どもの教育——日本におけるブラジル人学校」『外国人児童生徒の不就学問題の社会学的研究』文部科学省科学研究費補助金基盤研究B(1)研究成果報告書（代表者・宮島喬）pp. 52-64.
Itamaraty, 2000, (Ministério das Relações Exteriores) *Estimativa de Brasileiros no Exterior*.
ジュビリー2000子どもキャンペーン，2001，『日本で生まれたすべての子どもの命と人権の保障を』ジュビリー2000子どもキャンペーン.
鄭暎恵，1988，「ある『中国帰国者』における家族——適応過程に生じた家族の葛藤」『解放社会学研究』2号.
鍛治致，2000，「中国帰国生徒と高校進学——言語・文化・民族・階級」蘭信三編『「中国帰国者」の生活世界』行路社.
解説教育六法編修委員会編，2001，『解説教育六法』三省堂.
柿本隆夫，2001，「外国籍生徒をめぐる『言葉の状況』と国語教育——中学校の現場から」神奈川県教育文化研究所外国籍生徒の学習と進路調査研究部『外国人の子どもたちとともにII　学習と進路の保障をもとめて』神奈川県教育文化研究所，pp. 23-30.
かながわ自治体の国際政策研究会，2001，『神奈川県外国籍住民生活実態調査報告書』かながわ自治体の国際政策研究会.
神奈川県教育文化研究所，1996，『外国人の子どもたちとともに』神奈川県教育文化研究所.
神奈川県教育文化研究所外国籍生徒の学習と進路調査研究部，2001，『外国人の子どもたちとともにII　学習と進路の保障をもとめて』神奈川県教育文化研究所.
カパティラン運営委員会，2004，『カパティラン15年の歩み』カパティラン.
苅谷剛彦，2001，『階層化日本と教育危機——不平等再生産から意欲格差社会へ』

有信堂高文社.
川内美彦，2001，『ユニバーサル・デザイン』学芸出版社.
Kitano, Harry, 1980, "Japoneses nos Estados Unidos" in *A Presença Japonesa no Brasil*, Editora da Universidade de São Paulo.
コガ，エウニセ・アケミ・イシカワ，1997，「国際労働移動における家族関係の役割及び変容――来日日系ブラジル人の場合」『Sociology Today』8号，御茶の水社会学研究会，pp. 1–17.
小島祥美・中村安秀・横尾明親，2004，『外国人の子どもの教育環境に関する実態調査報告書』可児市.
国際子ども権利センター編，1998，『日比国際児の人権と日本』明石書店.
駒井洋，1998，『新来・定住外国人資料集成』下巻，明石書店.
厚生労働省大臣官房統計情報部編，2003，『日本における人口動態――人口動態統計特殊報告』厚生統計協会.
厚生労働省社会・援護局，2002，『中国帰国者生活実態調査の結果』厚生労働省社会・援護局.
Kunz, Egon F., 1973, "The Refugee in Flight : Kinetic Models and Forms of Displacement," *International Migration Review*, Vol.7, No.2, pp.125–146.
教育総研・多文化共生教育研究委員会，2003，『「多文化」化の中での就学・学習権の保障』国民教育文化総合研究所.
松本一子，2003，「地域の教育資源をどう活かすか――愛知県下の事例を中心に」教育総研・多文化共生教育研究委員会『「多文化」化の中での就学・学習権の保障』国民教育文化総合研究所，pp. 39–46.
Ministério da Educação e do Desporto, Conselho Nacional de Educação "Estabelecimento de normas para escolas brasileiras no exterior — Comunidade brasileira residente no Japão" Parecer CEB/CNE N 11/99, Conselheiro Ulysses de Oliveira Panisset (Presidente da CEB/CNE e Relator) 1999/07.
宮島喬，1993，『外国人労働者と日本社会』明石書店.
宮島喬，1999，『文化と不平等――社会学的アプローチ』有斐閣.
宮島喬・長谷川祥子，2000，「在日フィリピン人女性の結婚・家族問題――カウンセリングの事例から」『応用社会学研究』42号，立教大学社会学部.
宮島喬・鈴木美奈子，2000，「ニューカマーの子どもの教育と地域ネットワーク」宮島喬編『外国人市民と政治参加』有信堂，pp. 170–194.
宮島喬，2001，「外国人生徒はどのように生き，学ぶか――不確かな未来のなかで」神奈川県教育文化研究所外国籍生徒の学習と進路調査研究部『外国人の子どもたちとともにII　学習と進路の保障をもとめて』神奈川県教育文化研究所.
宮島喬，2002a，「就学とその挫折における文化資本と動機付けの問題」宮島喬・加納弘勝編『国際社会2　変容する日本社会と文化』東京大学出版会.
宮島喬，2002b，「移民の社会的統合における『平等』と『エクイティ』――フランスにおける統合モデルの変容？」宮島喬・梶田孝道編『国際社会4　マイノリテ

ィと社会構造』東京大学出版会.
宮島喬，2003a，『共に生きられる日本へ――外国人施策とその課題』有斐閣.
宮島喬，2003b，「就学の保障とは何か」教育総研・多文化共生教育研究委員会『「多文化」化の中での就学・学習権の保障』国民教育文化総合研究所.
宮島喬，2004，「外国人児童生徒と教育委員会の対応――聞き取り調査を通じて」『外国人児童生徒の不就学問題の社会学的研究』文部科学省科学研究費補助金基盤研究B(1)研究成果報告書（研究代表者・宮島喬）pp. 42–51.
Miyao, Sussumu, 1980, “Posicionamento Social da População de Origem Japonesa” in *A Presença Japonesa no Brasil*, Editora da Universidade de São Paulo.
文部科学省，2001，『学校基本調査』財務省印刷局.
文部科学省，2004，「日本語指導が必要な外国人児童生徒の受入れ状況等に関する調査」平成15年度 (http://www.mext.go.jp/b_menu/houdou/16/03/04032401.htm).
文部省編，1998，『中学校学習指導要領』大蔵省印刷局.
文部省初等中等教育局，1991，『日本国に居住する大韓民国国民の法的地位及び待遇に関する協議における教育関係事項の実施について』(平成３年１月30日付文初高第69号各都道府県教育委員会教育長宛文部省初等中等教育局長通知).
Montañes, Jannis T. *et al*. 2003, *PAINS & GAINS : A Study of Overseas Performing Artists in Japan from Pre-Departure to Reintegration*, Development Action for Women Network (DAWN).
森田ゆり，1998，『エンパワメントと人権――こころの力のみなもとへ』解放出版社.
師岡康子，2003，「すべての民族学校に大学入学資格を」『RAIK通信』第82号，在日韓国人問題研究所.
村井実全訳解説，1994，『アメリカ教育使節団報告書』講談社学術文庫.
中島智子，1997，「『在日外国人教育』から多文化教育へ」アジア・太平洋人権情報センター編『国際人権ブックレット２　人権教育は今，そしてこれから』アジア・太平洋人権情報センター.
中西正司・上野千鶴子，2003，『当事者主権』岩波書店.
中山慶子・小島秀夫，1979，「教育アスピレーションと職業アスピレーション」富永健一編『日本の階層構造』東京大学出版会.
難民事業本部，2004，「国際救援センターで学ぶ難民」難民事業本部ホームページ (http://www.rhq.gr.jp/index.htm).
奈良県外国人教育研究会編，1999，『在日外国人教育Q&A』全国在日朝鮮人（外国人）教育研究協議会.
日本経済団体連合会，2004，「外国人受け入れ問題に関する提言」社団法人日本経済団体連合会.
日本国際社会事業団，1996，『日本人の夫とフィリピン人の妻によるフィリピン国際養子縁組家庭の実態調査』日本国際社会事業団.
人間の安全保障委員会，2003，『安全保障の今日的課題』朝日新聞社.

入管協会，2003，『平成15年版　在留外国人統計』財団法人入管協会．

入管協会，2004，『平成16年版　在留外国人統計』財団法人入管協会．

Ogbu, J., 1988, "Diversity and equity in public education", in R.Haskins and D. MacRae, eds., *Policies for America's Public School*, Ablex.

岡本雅享，2003，「文部省の国際人権条約違反」『RAIK通信』第78号，在日韓国人問題研究所．

岡本夏木，1985，『ことばと発達』岩波書店．

大泉町，2003，『広報　おおいずみ』Vol. 536, 大泉町．

太田晴雄，1994，「多文化社会の教育」杉浦美朗編著『教育学』八千代出版．

太田晴雄，2000a，『ニューカマーの子どもと日本の学校』国際書院．

太田晴雄，2000b，「日本国籍を有しない子どもの不就学の現状――基礎教育を受ける権利を享受できない子どもたち」『外国籍住民と社会的・文化的受け入れ施策』文部省科学研究費補助金基盤研究B研究成果報告書（研究代表者・宮島喬）pp. 101-117.

太田晴雄，2002，「教育達成における日本語と母語」宮島喬・加納弘勝編『国際社会2　変容する日本社会と文化』東京大学出版会．

太田晴雄，2003，「『日本語の問題』とは何か――学習，母語，アイデンティティとの関連で」教育総研・多文化共生教育研究委員会『「多文化」化の中での就学・学習権の保障』国民教育文化総合研究所．

小沢有作，1973，『在日朝鮮人教育論　歴史篇』亜紀書房．

Portes, A. and R. G. Rumbaut, 2001, *Legacies*, Los Angels : University of California Press.

定松文，2002，「国際結婚に見る家族の問題」宮島喬・加納弘勝編『国際社会2　変容する日本社会と文化』東京大学出版会．

佐久間孝正，2003，「多文化教育と進路保障」教育総研・多文化共生教育研究委員会『「多文化」化の中での就学・学習権の保障』国民教育文化総合研究所．

セン, A.（池本幸生・野上裕生・佐藤仁訳），1999，『不平等の再検討――潜在能力と自由』岩波書店．

志水宏吉編，2000，『ニューカマーの子どもたちへの教育支援に関する研究――家族への聴き取り調査から』平成11年度旭硝子財団・研究助成金報告書（研究代表者・志水宏吉）．

志水宏吉・清水睦美編著，2001，『ニューカマーと教育――学校文化とエスニシティの葛藤をめぐって』明石書店．

就学事務研究会編，1993，『就学事務ハンドブック［改訂版］』第一法規．

総合的な国際理解教育教材情報整備のための検討委員会，2003，『多文化共生教育をめぐる課題と展望――情報共有，学校と地域の連携の問題をめぐって』財団法人神奈川県国際交流協会．

総務省行政評価局，2003a，『外国人児童生徒等の教育に関する行政評価・監視結果に基づく通知――公立の義務教育諸学校への受入れ推進を中心として』総務省行政評価局．

総務省行政評価局，2003b，『外国人児童生徒等の教育に関する行政評価・監視結果報告書――公立の義務教育諸学校への受入れ推進を中心として』総務省行政評価局．

多文化共生センター・東京21，2003，『東京都23区の公立学校における外国籍児童・生徒の教育の実態調査報告　2002年』Vol. 3，多文化共生センター・東京21．

高畑幸，2003，「国際結婚と家族――在日フィリピン人による出産と子育ての相互扶助」駒井洋監修，石井由香編『講座グローバル化する日本と移民問題第２期４　移民の居住と生活』明石書店．

竹内洋，1995，『日本のメリトクラシー――構造と心性』東京大学出版会．

田中宏編，2002，『在日コリアン権利宣言』岩波書店．

手塚和彰，1995，『外国人と法』有斐閣．

手塚和彰，1999，『外国人と法［第２版］』有斐閣．

テイラー，C.，1996，「承認をめぐる政治」エイミー・ガットマン編（佐々木毅ほか訳）『マルチカルチュラリズム』岩波書店．

富山和夫，2001，「高校進学と入試のあり方」神奈川県教育文化研究所，2001，『学習と進路の保障をもとめて』神奈川県教育文化研究所．

Tomlinson, S., 1983, *Ethnic Minorities in British School*, Heineman.

豊橋市，2003，『日系ブラジル人実態調査』豊橋市．

豊橋市企画部国際交流課，2003，『日系ブラジル人実態調査報告書』豊橋市．

豊田市国際交流協会，2001，『平成12年度豊田市国際化推進事業委託報告書』豊田市国際交流協会．

豊田市国際交流協会，2004，『平成15年度豊田市国際化推進事業報告書』豊田市国際交流協会．

豊田市／豊田市国際交流協会，2001，『外国人不就学児童・生徒のための日本語教室運営委託事業報告書』財団法人豊田市国際交流協会．

坪谷美欧子，2001，「外国籍生徒のサポートを地域ぐるみで――地域の学習室の意義と今後の課題」神奈川県教育文化研究所『外国人の子どもたちとともにII　学習と進路の保障をもとめて』神奈川県教育文化研究所，pp. 73–82．

坪谷美欧子・小林宏美・五十嵐素子，2004，「ニューカマー外国籍生徒に対する多文化教育の可能性と課題――神奈川県S中学校の選択教科〈国際〉における取り組みから」『〈教育と社会〉研究』第14号，pp. 54–61．

坪谷美欧子・田房由起子，2004，「ニューカマーの子どもたちの教育の現状と〈不就学〉の要因――外国人多住自治体における就学／〈不就学〉プロセスの検証をもとに」『外国人児童生徒の不就学問題の社会学的研究』文部科学省科学研究費補助金基盤研究B(1)研究成果報告書（研究代表者・宮島喬）pp. 7–22．

恒吉僚子，1996，「多文化共存時代の日本の学校文化」堀尾輝久ほか編『講座学校６　学校文化という磁場』柏書房．

U.S. Census Bureau, 2001, *Profiles of General Demographic Characteristics 2000 Census of Population and Housing*, U.S. Department of Commerce.

山中啓子・エウニセ イシカワ コガ，1996，「日系ブラジル人の日本流入の継続と移動の社会化——移動システム論を使って」『移住研究』33号，国際協力事業団，pp. 55-72.

山脇千賀子，2000a，「リマにおける新たな『社会』の胎動——社会組織・ソシアビリティ・エスニック・グループ」『筑波大学地域研究』第18号，pp. 87-105.

山脇千賀子，2000b，「ペルーにおける日系児童生徒の再適応状況——保護者とのインタビューを中心に」『在日経験ブラジル人・ペルー人帰国児童生徒の適応状況——異文化間教育の視点による分析——研究成果報告書』文部科学省科学研究費補助金基盤研究A(2)，pp. 95-112.

Yamawaki, Chikako, 2003, "El "problema de la educación" desde el punto de vista de los migrantes : Las experiencias de los peruanos en Japón", Organizer YAMADA Mutsuo, Emigración Latinoamericana : Comparación Interregional entre América del Norte, Europa y Japón, Japan Center for Area Studies & National Museum of Ethology, pp. 455-472.

横浜市国際交流協会，2003，『外国人児童生徒の学習支援に関するネットワーク会議報告書』財団法人横浜市国際交流協会.

在日ブラジル人に係る諸問題に関するシンポジウム事務局，2003，『在日ブラジル人に係る諸問題に関するシンポジウム報告書』海外日系人協会.

Zéroulou, Z., 1988, *La réussite scolaire des enfants d'immigrés*, dans la Revue Française de Sociologie, XXXIV.

執筆者一覧（執筆順，＊印編者）

＊宮島《みやじま》　喬《たかし》　お茶の水女子大学名誉教授
＊太田《おおた》　晴雄《はるお》　帝塚山大学人文学部教授
坪谷《つぼや》美欧子《みおこ》　横浜市立大学国際総合科学部准教授
イシカワ エウニセ アケミ　静岡文化芸術大学文化政策学部准教授
山脇《やまわき》千賀子《ちかこ》　文教大学国際学部准教授
竹ノ下《たけのした》弘久《ひろひさ》　上智大学総合人間科学部准教授
小林《こばやし》　宏美《ひろみ》　文京学院大学人間学部准教授
田房《たぶさ》由起子《ゆきこ》　獨協大学国際教養学部ほか非常勤講師
西口《にしぐち》　里紗《りさ》　立教大学大学院社会学研究科博士課程
佐久間《さくま》孝正《こうせい》　東京女子大学名誉教授

外国人の子どもと日本の教育
——不就学問題と多文化共生の課題

2005年6月15日　初　版
2012年8月31日　3　刷

［検印廃止］

編　者　宮島　喬・太田晴雄

発行所　財団法人　東京大学出版会
代表者　渡辺　浩
113-8654　東京都文京区本郷7-3-1
電話 03-3811-8814　Fax 03-3812-6958
振替 00160-6-59964

印刷所　株式会社平文社
製本所　矢嶋製本株式会社

ISBN 978-4-13-050162-0　Printed in Japan